예수의 가르침 속에 나타난

하나님의 나라

Norman Perrin / 이훈영, 조호연 옮김

THE KINGDOM OF GOD
IN THE TEACHING
OF JESUS

도서출판 솔로몬

차 례

서 문
약어표

I. 논의의 출발점 : 철저적(徹低的) 종말론의 대두 / 11
- 슐라이에르마허·· 12
- 리 츨·· 13
- 요하네스 바이스·· 16
- 달 만·· 25
- 알버트 슈바이처·· 33

II. 후속적 논의 : 1. 바이스와 슈바이처의 문제 제기에 대한 영미 계통의 자유주의적 반응 / 45
- 샌 디·· 45
- 옥스포드 종교사학 회의·· 47
- 에미트··· 49
- 버키트··· 49
- 묵시의 변형··· 25

III. 후속적 논의 : 2. 묵시의 부인과 승리 / 57
- 라우센부쉬와 사회복음·· 57

- 묵시의 부인 ··· 61
- 철저적 종말론의 두 대변자들 ······················· 66
- 묵시의 승리 ··· 70

Ⅳ. 도드와 "실현된 종말론" / 75
- C. H. 도드 ··· 75
- "실현된 종말론"에 대한 비판 ························ 83
  1. 마가복음 1:15의 해석과 "하나님의 나라가 가까왔다"와 같은 관련 구절들 ·· 83
  2. 마가복음 9:11과 미래적 하나님의 나라와 관련된 여타의 구절들에 대한 해석 ································ 87
  3. 그 나라의 비유들에 대한 해석 ······················· 96
- 예수의 가르침에서 그 나라를 현재적인 것으로 보는 증거개요 ·· 98

Ⅴ. 예수의 가르침에서 현재적인 동시에 미래적인 하나님의 나라 / 107
- 카두, 가이, 헌터, 테일러, 풀러 ······················ 107
- 예레미야스 ··· 110
- 예수의 가르침에서 그 나라를 미래적인 것을 보는 증거개요 ·· 112
- 예수의 가르침에서 현재적—미래적 강조점 간의 관계성에 대한 영국학계의 견해 ································ 114

- 풀러의 예기적 종말론·················· 118
- 예수의 가르침 속에 있는 현재적— 미래적 강조점 간의 관계성에 대한 예레미아스, 큄멜, 쿨만의 견해 ············· 119

Ⅵ. 맨슨과 "인자" 주제에 대한 변형된 여러 주장 / 123
- T. W. 맨슨·· 123
- 맨슨의 "하나님의 나라" 해석에 대한 비판············ 133
- 맨슨의 "인자" 해석에 대한 비판····················· 133
- 예수의 가르침 속에 나타난 "인자"의 기원··········· 138
- 다양한 "인자" 구절들의 진정성······················ 140
- "인자"와 "고난 당하는 종"··························· 145
- 쿨만 : 신약의 그리스도론··························· 147
- 새로운 방법론의 필요성 : 제임스 로빈슨············ 148
- H. E. 퇴드 : 공관복음 전승 속에 나오는 인자 ········ 149

Ⅶ. 하나님의 나라와 인자에 관한 불트만과 "불트만 학파"의 견해 / 153
- 불트만··· 153
- 불트만의 견해 요약···································· 161
- "불트만 학파"·· 164
  1. 그 나라의 성격 ···································· 165

  2. 그 나라의 도래 ································· 166
  3. 예수의 소명의식(Sendungsbewusstsein) ············ 170
  4. 종말론과 윤리 ································· 174

Ⅷ 예수와 재림(Parousia) / 179
  • 비슬리 — 머레이 ································· 179
  • 쿨만 : 구속사 ································· 186
  • 글래슨 ································· 188
  • J. A. T. 로빈슨 ································· 179
  • 그래써 : 재림의 지연 ································· 200
  • 본 논의의 결과 ································· 204

Ⅸ. 예언자로서의 예수에 대한 미국학계의 견해 / 205
  • 맥카운 ································· 206
  • F. C. 그랜트 ································· 208
  • 녹스 ································· 211
  • 와일더 ································· 215

Ⅹ. 예수의 가르침 속에 나타난 하나님의 나라 / 219
  • 논의의 현 위치 ································· 219

- 더 진전된 토론을 위한 질문들 ····················· 211
  1. 묵시와 예수의 가르침 속에 나타난 "하나님의 나라" ······ 222
     A. 역사와 인간의 경험에 대한 하나님의 결정적인 개입과 연관된 "하나님의 나라" ························· 233
     B. 역사와 인간의 경험에 대한 하나님의 개입의 지향점으로 계획된 구속받은 자들의 최종 상태와 관련된 "하나님의 나라" ··································· 248
  2. 예수의 가르침에서 하나님의 나라에 관한 현재와 미래 사이의 긴장 ·· 258
     A. 현재와 미래로서의 하나님의 나라 ············· 258
     B. 예수의 가르침에 나타난 현재와 미래 사이의 긴장의 직접적 반영 ······························ 265
  3. 예수의 가르침에 나타난 종말론과 윤리의 관계 ······· 280
     A. 주기도문에 포함된 가르침 ···················· 280
     B. 산상수훈에 관한 예레미아스 교수의 주장 ········· 281
     C. 성서적 율법 개념 ··························· 284

인명 색인
성구색인

서 문

본서는 원래 1959년에 괴팅겐 대학에 제출된 신학박사 학위논문의 개정판이다. 본인은 그 대학의 신학부 교수단이 본서를 논문 출판에 필요한 요건을 충족한 것으로 받아들이길 소망하고 있다.

이제 본인이 본서를 저술하는 여러 단계에서 힘 입었던 도움에 대해 심심한 감사를 표하는 일이야말로 본인의 유쾌한 의무이다. 본인이 맨체스터 대학에서 학창시절을 보낼 때 예수의 가르침에 대해 연구하도록 처음으로 관심을 불러 일으킨 분은 T.W.맨슨 교수였다. 그리고 괴팅겐에서 연찬의 매 단계마다 본인을 인도하며 도와주신 분은 본인의 지도교수이기도 한 예레미아스(J.Jeremias) 교수였다. 예수의 가르침을 공부하는 모든 학생들은 이들 두 위대한 학자에게서 엄청난 빚을 지고 있으며, 본서가 작으나마 장점을 가지고 있다면 그것은 본인이 그분들 가까이에서 연구하면서 향유했던 특권에 상당 부분 기인한다. 그 다음으로 이분들보다는 덜하지만 본인은 제임스 로빈슨 교수에게 적잖이 신세지고 있다. 그는 본인이 괴팅겐에 교수로 와있는 동안 본인의 논문 초고를 읽고 그에 대해 세밀하게 비평을 아끼지 않음으로써, 본인에게 크나큰 도움, 특히 개정작업에 큰 도움을 주었다.

실제적 차원에서 본인은 베를린의 기독교 대학(Kirchliche Hochschule)에서 일 년 간 지낼 수 있도록 장학금을 제공한 세계교회협의 회와 교통비 장학금을 준 윌리엄 박사의 기금(Dr. William's Trust)과, 특히 괴팅겐에서 2년 동안 박사과정 연구를 하도록 연구원 장학금을 제공해 준 알렉산더 폰 훔볼트 재단(Alexander von Humboldt Foundation)의 도움을 힘 입었다. 본서를 출판하도록 처음 격려한 분은 예레미아스 교수였지만, SCM 출판사의 편집담당자인 D.L. 에드워즈 목사의 도움과 격려가 없었더라면 그같은 자극이 실제적인 출판으로 열매맺을 수 없었을 것이다. 또한 그의 편집 조수인 진 커닝햄 양의 재능이 아니었더라면 본래의 원고가 현재의 형태를 갖출 수도 없었을 것이다. 본인의 두 조교인 존 셰파드와 존 톰슨은 인용문을 검토하고 자료를 열독하며 색인을 준비하는 작업에서 지대한 도움을 주었다.

순서로 보면 마지막이지만 결코 적지않은 감사를 나의 아내인 로즈마리에게 돌려야 할 것이다. 왜냐하면 그녀의 부단한 격려와 기꺼운 자기 희생의 자세 및 본 작업에 필요한 흥미와 관심이 없었더라면 본서 중 어느 부분도 완성될 수 없었을 것이기 때문이다.

애틀랜타. 에머리 대학교
1963년 1월
노먼 페린(NORMAN PERRIN)

약 어 표

BJRL   *Bulletin of the John Rylands Library*
DJD   Barthélemy and Milik, *Discoveries in the Judaean Desert*, 1955 ff.
ET   English translation
EVV   English versions
ExpT   *Expository Times*
JBL   *Journal of Biblical Literature*
JBR   *Journal of Bible and Religion*
JEH   *Journal of Ecclesiastical History*
JR   *Journal of Religion*
LXX   Septuagint
MT   Massoretic Text
NEB   New English Bible
NT   *Novum Testamentum*
NTS   *New Testament Studies*
PEQ   *Palestine Exploration Quarterly*
PL   Migne, Patrologia Latina
RGG   *Religion in Geschichte und Gegenwart*
RSV   Revised Standard Version
SJT   *Scottish Journal of Theology*
TLZ   *Theologische Literaturzeitung*
TR   *Theologische Rundschau*
TWNT   *Theologisches Wörterbuch zum Neuen Testament*, ed. G. Kittel, 1932 ff.
VT   *Vetus Testamentum*
ZNW   *Zeitschrift für die neutestamentliche Wissenschaft*
ZTK   *Zeitschrift für Theologie und Kirche*
         For abbreviations of Qumran scrolls, see *DJD* I

I
논의의 출발점

철저적(徹底的) 종말론(konsequente eschatologie)의 대두

　예수의 가르침 속에 나타난 하나님의 나라에 대한 현대적인 논의는 슐라이에르마허(Schleiermacher)와 더불어 시작되었다고 할 수 있다. 그 이유는 그가 특별히 예수의 가르침 속에 사용되었던 그대로의 개념에 관심이 있었기 때문이 아니라,-절대로 그렇지 않다!-그가 그 개념 자체를 자기 신학의 중심에 놓고 이를 현대 신학 논의의 초점이 되게 했기 때문이다. 그를 뒤이어 리츨(Ritschl) 역시 하나님의 나라를 중심으로 하여, 그의 개념 사용을 예수의 가르침과 연관시키려고 어느 정도 노력하였다. 그 다음으로 요하네스 바이스(Johannes Weiss)가 등장하여, 이 점에 있어서 예수의 가르침이 공정하게 다루어지고 있지 않다고 주장하면서 그 가르침에 대한 자기 이전의 여하한 해석과도 판이하게 다른 해석을 제시했다. 마지막으로 알버트 슈바이처(Albert Schweitzer)가 예수의 가르침에 대한 바이스의 해석을 받아들여 이를 예수의 생애에 대한 자신의 도전적인 해석의 기반으로 사용함으로써 폭넓은 관심을 불러 일으켰고, 그 결과 진실로 현대적인 논의가 진행되었던 것이다.

슐라이에르마허

슐라이에르마허는 자신의 대작인 「기독교 신앙」(The Christian Faith)[1] 에서 하나님의 나라를 기독교의 가장 중요하고 진정으로 포괄적인 개념으로 이해한다(§9.2). 그것은 하나님께서 가능케 하시고 그리스도가 그 참된 기초가 되시는 그리스도인들의 공동체적 삶으로서(§87.3;90.1), 사람들은 그 안에서 진정으로 하나님을 의식하게 된다(§90.2). 이처럼 하나님의 나라된 공동체적 삶 안에서 하나님을 의식하는 것은 여하한 적절한 의미로서도 오직 그 안에만 신성이 내재하고 있는 그리스도의 신(神) 의식 때문에 가능한 것이다. 그리스도의 신 의식이야말로 그를 통하여 인간의 신 의식이 인간의 본성 내에서 하나님의 실재로 화(化)하도록 만드는 자극이자 동력이다(§94.2).

그러므로 슐라이에르마허에게 있어서 하나님의 나라는 인간 본성 속의 신적실재와 그리스도의 신 의식의 결과로써 생겨나게 되는 인간의 집단적인 신 의식인 것이다(§164.1). 이 하나님의 나라는 신적 세계 통치의 유일한 목적이며, 신적인 보살핌이 그 나라에서 신자들의 활동을 촉진시키는 것, 즉 그들의 공동체적 신 의식을 통하여 이 세상에서 하나님을 나타내는 데 중점이 두어져 있다는 점에서 개개 신자들은 신적 보살핌의 대상이다(§164.f).

신국 즉 집단적 신 의식은 비록 약화되고 억압되어 있지만 인간 본성 속에 이미 존재하는 신 의식이 그리스도의 생기있는 영향력과 그의 역동적인 신 의식의 주입(소개)을 통해 자극, 강화되었다는 의미에서, 그리스도의 구속적 사역의 결과였다(§106.1). 그 나라 안에서 그리스도에 의하여 그의

---

1) *Der Christliche Glaube*, ¹1821, ²1830. 2판의 영역본은 H.R.Mackintosh and J.S.Stewart,ed. *The Christian Faith*, 1928.

무죄한 완전성이 다른 사람들에게 전달되며 또한, 이 공동체적 삶 속에서 절대적으로 강력한 그리스도의 신 의식이 다른 사람들에게로 전달됨을 통하여, 이미 알려진, 그리고 장차 알려질 일체의 성장하는 복락이 있게 될 것이다 (§87f.). 구속의 결과로 세상에 존재하게 된 모든 것은 그 나라를 이루는 신자들의 교제 안에 포함된다 (§113).

슐라이에르마허에 대해서는 우리가 그의 사상 안에서 발견하는 것이 단지 아주 빈번하게 "유심론적 일원론(唯心論的 一元論)의 희석화된 교리일 뿐"이며,[2] 확실히 하나님 나라에 대한 그의 이해에는 성서주의보다는 일원론적 요소가 더 강한 것처럼 보인다고 언급되어 온 것도 무리가 아니다. 그러나 그의 저서가 중요한 것은 그가 제시한 해석 때문이 아니라, 오직 그가 자신의 사상에서 하나님의 나라에 그토록 중심적인 지위를 부여했기 때문이다. 그의 저서는 엄청난 영향력이 있었고,[3] 그가 하나님의 나라에 부여한 중요성으로 인하여 다른 사람들도 이 개념에 주목하게 되었는데, 그 중에 특히 알브레히트 리츨(Albrecht Ritschl)이 있었다.

리 츨

"하나님의 나라 개념은 알브레히트 리츨을 통하여 현재의 신학적 관심사의 중심부에 들어오게 되었다."[4] 요하네스 바이스(Johannes Weiss)는 이렇게 자신이 나중에 그 개념 이해를 아주 신랄하게 비판하게 될 사람에게

---

2) H.R.Mackintosh, *Types of Modern Theology*, 1937, p.100.
3) 그 자신 결코 슐라이에르마허의 추종자가 아니었던 칼 바르트는 그의 *Die Protestantische Theologie im 19. Jahrhundert*, ²1952 (*From Rousseau to Ritschl*, 1959, 영어 요약본)에서 타인보다 4배나 많은 지면을 (저 괴상하고 말썽많은 슈트라우스(D.F. Strauss)는 예외) 그에게 할애했는데, 소득이 없지 않았다.
4) Johannes Weiss, *Die Idee des Reiches Gottes in der Theologie*, 1901, p.1. 본서에서 어떤 인용구가 영어로 나오고 인용된 책이 독일어 제목으로 표기되었을 때에는 언제나 그렇듯이 그 번역작업을 본 저자가 하였다.

찬사를 보내고 있다. 리츨은 슐라이에르마허의 저서로부터 출발하여 하나님의 나라 개념이 기독교에 지극히 중요하며 신적인 최종 목적의 구현, 즉 그 목적을 위한 도구되시는 그리스도를 통해 이루어진 구속이라는 데에 슐라이에르마허와 의견을 같이하고 있다. 그러나 그는 슐라이에르마허가 하나님의 나라의 목적론적 본질을 신적인 목적으로서 제대로 평가하지 않았으며, 이 최종 목적과 중보자의 직능 사이의 상호관련성을 명확히 하지 않았다고 비판한다.[5] 리츨은 기독교를 단일한 초점을 중심으로 그려진 원이 아니라 두 초점을 축으로 하여 결정된 타원으로 묘사함으로써 슐라이에르마허의 견해에서 드러난 이러한 본질적 약점을 교정하자고 제안한다.[6]

이 두 초점의 첫번째는 그리스도께서 이루신 구속으로서, 곧 하나님의 부성(父性 : Fatherhood)의 성취를 통하여 획득 될, 죄책으로부터 그리고 세상에 대한 자유이다. 그것은 구속주를 통하여 모든 그리스도인을 위하여 이룩된 하나님의 사역이다. 그것은 하나님 안에서의 자유요, 하나님의 자녀들의 자유이며, 그리스도인 각자의 지향해야 할 개인적인 목표이다. 두번째 초점은 하나님의 나라이다. 이것은 특히 기독교의 목적론적 측면이다. 그것은 구속으로부터 발생되었기 때문에 사랑에 의하여 고취된 행동을 통한 인간의 도덕적조직(moral organization of humanity)이다. 그것은 동일한 공동체된 하나님과 그리스도인들의 일치된 목적이다. 그리고 그것은 신자가 그의 영적, 도덕적 행위의 방향을 설정하기 위한 푯대이다. 그러므로 구속은 구속자의 기능이요, 하나님의 나라의 확립을 지향하는 행동은 구속받은 자들의 기능인 것이다.[7]

---

5) A. Ritschl, *Rechtfertigung und Versöhnung*, 3 vols. ^{1}1870-74, ^{2}1883, (Vol. Ⅲ)1888. H.R. Mackintosh와 A.B.Macaulay, *The Christian Doctrine of Justification and Reconciliation*, ^{2}1902, p.9에 의하여 편집된 vol.Ⅲ의 영역본.
6) *Ibid.*, p.11.

Ⅰ 논의의 출발점 : 철저적 종말론의 대두 ○ *15*

　우리는 리츨의 사상에 나타난 구속과 하나님의 나라 사이의 관련성을 표현하기 위하여 세 가지 방법, 즉 각각 하나님과 그리스도와 그리스도인 각자에게 강조점을 둠으로써 그 특징을 파악할 수 있다. 우리는 하나님께 강조점을 둠으로써 하나님의 계시가 구속의 첫번째 목적, 그리고 또한 그분이 구속받은 자와의 교제 안에서 실현할 그 나라의 최종적 목표를 지향하고 있다고 말할 수 있다. 우리는 그리스도께 강조점을 둠으로써 기독교의 창시자인 예수의 생애와 사역이 구속과 동시에 하나님 나라의 창건을 가져왔고, 그가 자신의 제자들에게 그 나라의 확장을 도덕적인 과업으로 위임했다고 말할 수 있다. 우리는 개별 그리스도인에게 강조점을 둠으로써 그가 구속되었고, 하나님의 나라를 세우는데 헌신할 힘을 받았다고 말할 수 있다.

　이 모든 점에 있어 리츨은 하나님의 나라를 순전히 윤리적인 의미로서만 파악하였다. 예수는 하나님의 나라에서 인류가 수행해야 할 도덕적인 과업을 보았는데, 그것은 우리가 이미 말했듯이 사랑에 의하여 고취된 행동을 통한 인간의 조직이다.[8] 그러므로 기독교 자체는 완전히 영적인 동시에 철저히 윤리적이다. 그것은 구속을 통하여 하나님의 자녀들에게 부여된 자유, 곧 사랑의 동기를 통하여 행동하려는 욕망을 포함하고 있는 자유 안에서 완전히 영적이다. 그리고 이런 행동은 인간의 도덕적 조직, 곧 하나님의 나라의 정초(定礎)를 지향하고 있다는 점에서 철저히 윤리적이다.[9] 칼 바르트(Karl Barth)는 하나님이 성부로서 신자를 만나시며 그에게 세상에 대한 영적 지배권을 부여하사 하나님의 나라 안에서 활동하게 하신다는 완성된 화해(completed reconciliation)의 개념이 리츨의 사상의 핵심

---

7) *Ibid.*, pp. 11 -13.
8) *Ibid.*, p.12. Vol. Ⅱ,p.28 참조.
9) *Ibid.*, p.13.

을 이루고 있다고 말함으로써 그의 사상을 훌륭하게 요약해 주었다.[10]

요하네스 바이스

리츨의 하나님의 나라의 해석에 대한 가장 중요한 비판은 요하네스 바이스에 의한 것이다. 그는 약 67페이지에 불과한 짧은 저서[11]를 발표함으로써 그 논의에 공헌하기 시작했다. 본서 안에서 그는 현재의 신학적 논의에서 그 개념에 대한 관심이 높아가고 강조점이 주어진 것을 환영하면서, 예수의 가르침에서 명백한 중심 개념이었던 것을 사용할 경우 신학자들은 우선 신중하게 그 가르침을 원래적이고 역사적인 형태대로 해석하도록 시도함으로써 출발해야 하며, 여기에 예수가 가르쳤던 당시의 세계와는 이질적인 현대적 관념을 주입시키지 않도록 주의할 것을 지적했다.[12] 이 말은 명확하며 무해한 것처럼 들린다. 그리고 바이스가 그 문제를 67페이지로 다룬 것을 볼 때 이 문제를 별로 어렵게 생각하지 않았음이 분명하다. 그러나 예수의 가르침에 나타난 하나님의 나라에 대한 바이스의 역사적인 해석은 기존의 어떤 것과도 너무나 근본적으로 상이함이 입증되었고 그의 주위에는 명실상부한 논쟁의 태풍이 몰아쳤으므로 그는 자신을 변호하기 위하여 두 권의 책을 더 저술했다. 조직신학에서 사용되었던 하나님의 나라 개념에 대한 본격적인 비판적 연구[13]와 하나님의 나라와 관계된 예수의 설교에 대한 그의 저서의 제2판이[14] 바로 그것이다. 이 2판은 사실상 완전히 새로운 책이었다. 그것은 분량면에서 214페이지로 늘어났고, 몇몇 당대인들,

---

10) K.Barth, *Die Protestantische Theologie in 19. Jahrhundert*, ²1952, p.601(영역본 p.393).
11) *Die Predigt Jesu vom Reiche Gottes*, 1892 (= *Predigt*).
12) *Predigt*, p.7.
13) *Die Idee des Reiches Gottes in der Theologie*, 1900 (= *Idee*).
14) *Die Predigt Jesu vom Reiche Gottes*, ²1900 (= *Predigt*).

특히 그의 스승이자 장인이기도 한 리츨의 견해에 대한 철저하고 상세한 비판을 포함하고 있었다.

「설교」(Predigt)의 서문에서 그는 자신이 리츨의 학도로서 하나님의 나라에 대한 리츨의 이해와 예수의 가르침 속에 있는 그 개념이 아주 다른 별개의 것이라는 느낌 때문에 고통스러웠다고 적으면서, 자신의 저서에서 리츨에 대한 세 가지 주요한 비판을 전개시키고 있다. 우선 리츨은 모세승천기(Assumption of Moses) 10 : 1 이하와 같은 묵시적 구절 및 마태복음 12 : 25-29에 있는 예수의 가르침에서 발견되는 하나님의 나라와 사탄의 나라 사이의 대조점을 공정하게 다루고 있지 않다.[15] 두번째로 그는 그 나라를 건설하는데 있어서 인간들의 활동에 강조점을 두고 있는 반면에, 예수의 가르침에서는 강조점이 왕이신 하나님의 사역으로서의 하나님의 나라에 있다. 하나님의 나라는 인간들의 작업에 의하여 세워지거나 진전되기는 커녕, 왕되신 하나님께서 역사 속으로 돌발적으로 개입한 것으로서 이전 사건들 중에서는 노아의 홍수가 그와 가장 유사한 것이다.[16] 세번째로 리츨은 예수의 의도를 인간의 도덕적인 조직으로 발전하게 될 모종의 일을 시작하려는 것으로 보고 있다. 이것은 예수의 강림을 새 시대의 출발로 보고 인간역사의 연속성을 가정한 것이다. 그러나 예수 자신은 전적으로 이와 상반되는 견해를 취했다. 그는 자신이 세상의 마지막이요, 역사의 마지막에 서 있음을 의식하고 있다. 이제 남아있는 한 가지는 심판이다. 심판 이후에 등장하게 될 것은 인간사에서의 발전이 아니라, 어떠한 발전과도 정면 대립되는 하나님이 전부가 될 만물의 완성인 것이다.[17]

리츨에 대한 바이스의 비판은 리츨이 우리가 예수의 가르침에서 발견하는

---

15) *Idee.*, p.111; *Predigt*, pp.26-35.
16) 눅 17 : 26에 대한 언급. *Idee.*, pp.111 f.; *Predigt*, pp.2-11, 105ff.
17) *Idee.*, pp.112 f; *Predigt*, pp.40-48

이해의 기반 위에서 하나님의 나라에 대한 지식을 축조하고 있지 않다는 데 불과하다.[18] 바이스는 자신의 저작에서, 우리가 위에서 언급했듯이, 이 점에 관한 예수의 가르침의 정확한 역사적 해석의 제시에만 관심을 두었다. 그는 하나님의 나라의 개념이 통치자로서의 하나님에게 강조점이 두어지느냐 그 통치에 순종하는 자로서의 인간에게 강조점이 두어지느냐에 따라 두 가지로 이해 될 수 있다고 지적함으로써 출발점을 삼고 있다. 이 두 가지 강조점은 유대사상에서 모두 발견될 수 있으며, 두번째 강조점은 인간들이 하나님의 통치를 알게되는 순간 또는 경험에 관심을 집중하는 경향을 보인다. 이같은 발달의 정점은 한 인간이나 민족이 하나님의 나라의 멍에를 스스로 담당하는 순종행위의 랍비적 개념이다.[19] 이 개념 속에 그 무엇인가 영원한 것으로서의 신적 통치의 개념, 즉 어떤 인간이 부인하거나 배척할 수는 있지만 자신의 경험 안에 그 나라가 임하려면 복종행위로써 이를 받아들여야만 하는, 만유의 연속되고 영속적인 질서개념이 포함되어 있다. 그러나 예수의 가르침에서 하나님의 나라는 이와는 아주 다른 것으로 생각되고 있다. 그것은 파괴하고 갱신하기 위하여 역사 속으로 분출하며, 인간이 진전시킬 수도, 영향을 미칠 수도 없는 압도적인 신적 권능의 폭풍같

---

18) 그는 *Predigt*의 서문에서 이렇게 쓰고 있다. "나는 아직도 그의(리츨의) 신학적 체계, 특히 이 중심 개념 곧 하나님의 나라가 기독교 신앙의 측면에서 우리 세대 사람들을 기독교에 보다 가까이 인도하며, 적절하게 이해되고 올바르게 사용된다면 오늘날 우리가 필요로 하는 건전하고 강력한 종교생활을 일깨우고 진작시키는데 극히 효과적인 형태의 가르침을 제시하고 있다는 견해를 가지고 있다"(p.v.). 이것은 독일에서 신학의 학문적 연구와 교회의 실제적인 활동 사이에 존재해온 큰 차이의 흥미있는 실례이거나, 그렇지 않다면 바이스는 단지 자기 스승이자 장인에게 경의를 표하고 있을 따름일 것이다!

19) 이것은 달만(아래의 pp. 25-29를 보라)과 나중에는 아래의 pp.126 이하에 나올 폴 빌러벡(Paul Billerbeck)을 추종한 맨슨(T.W.Manson)의 예수의 가르침에 대한 이해의 열쇠로서 사용되었다.

I 논의의 출발점 : 철저적 종말론의 대두 ○ 19

은 돌발적 출현인 것이다.[20]

 예수의 가르침의 진정한 배경은 통치자로서의 하나님과 그의 왕적(王的) 사역의 현현으로서의 그의 나라에 강조점이 두어지는 하나님의 나라에 관한 유대 사상의 측면에서 발견될 수 있다.[21] 바이스는 이것이 구약 성서의 주된 강조점이라고 주장하면서 그런 강조점 자체 속에 세상적, 혹은 인간적 왕권과의 대립 사상이 수반됨을 보여주고 있다. 그 개념은 하나님이 세상적인 왕권에 대한 심판 행위에 의하여 당신의 왕권을 입증하리라는 것이다.[22] 이같은 배경에 비추어 볼 때 선지자와 묵시문학 기자들이 임박한 대 위기를 선포할 때 하나님의 강력한 왕적 행위의 도래를 선포하는 형태로 하였던 것이 자연스러웠음을 알 수 있다. 우리는 그러한 선포를 이사야 40 : 10; 52 : 7; 52 : 9 이하(출애굽 사건이 그 원형이 되는 종말론적 구속행위의 도래, 스가랴 14 : 9; 16-21(모든 민족에 대한 일신교의 종말론적 승리), 오바댜(주의 날이 에돔의 파멸과 유대의 팔레스타인 재 정복을 가져다 줄 것이다)에서 찾아볼 수 있다. 이 모든 구절에서 우리는 하나님과 관련되어 사용된 히브리어 어근인 *m-l-K*(통치하다)에서 유래한 동사나 명사를 발견한다. 이들 선언에 표현된 소망은 하나님의 강력한 왕적 행위가 임함으로써 그의 백성이 구속함을 얻고, 그의 대적과 백성의 원수가 멸망 당하며, 현재의 악한 상태가 완전히, 영원히 역전되는 것이다. 이 소망은 모든

---

20) *Predigt*, p.5. 여기서 바이스의 독일어의 생생한 표현을 재현시키는 일은 불가능하다. 그는 예수의 가르침 속에서 하나님의 나라가 "*das Losbrechen eines überwältigenden Gottessturms, der vernichtend und erneuernd einherbraust ··· den der Mensch herbeiführen noch beeinflüssen kann*"라고 하고 있다.

21) 이것은 아래의 pp.25 이하에 기술된, "하나님의 나라"라고 번역된 어구의 실제적 의미에 관한 달만의 발견과 전적으로 궤를 같이하고 있다. 바이스는 사실상 달만의 저술을 이용할 수 있었음에도 심지어 *Predigt*에서도 히브리어와 아람어 용어의 의미를 논의하지 않고 있다.

22) *Predigt*, pp.9-11.

묵시가 기초하고 있는 초석이며, 분명히 그리스도와 거의 동시대에 유대교 회당에서 행해지던 옛 카디쉬(Kaddish : 유대교의 송영〔訟詠〕)기도문에 표현된 것도 이같은 소망이다. "그의 크신 이름이 그가 당신의 뜻을 좇아 창조하신 세상에서 위대해지며 거룩해지이다. 그가 너의 생전과 너의 시대에 그리고 모든 이스라엘의 집이 생존하는 동안 신속하고 조속히 당신의 나라를 세우소서."[23] 예수가 사용한 하나님의 나라라는 용어 뒤에는 바로 이같은 소망이 깔려 있다. "예수의 위대성은… 그가 하나님의 주권이 이제 곧 드러나며 영원한 승리를 획득하리라는 신념을 위하여 살았고 싸웠고 고난을 받았다는데 있다. 후기 유대교에서 먼 미래를 향한 동경이자 소망이었던 것이 예수에게는 임박하고 확실한 일이었다. 실로 하나님은 세상의 유일한 주요 왕이시다. 그가 이 사실을 입증하고 그의 모든 적을 멸할 때가 왔다. 예수는 이 새 시대의 전령이다. 그의 말은 교훈이 아니라 복음이며 그의 사역은 하나님의 일을 위한 투쟁이요, 그 출발점은 하나님이 승리한다는 확신이다. 그는 자신의 추종자들의 공동체에 하나님의 나라에 대한 새로운 가르침이 아니라, 사탄이 무너졌고 세상이 하나님의 수중에 있다는 확신을 남겨주었다."[24]

이것이 본 논의에 대한 요하네스 바이스의 위대한 공헌이다. 즉 그는 하나님의 나라에 관한 예언적, 묵시적 유대교의 가르침과 예수의 가르침 사이에는 근본적 연관성이 있다는 것과 이같은 배경에 비추어 예수의 가르침이 해석되어야 한다는 주장을 명석하고 단호하게 제기했던 것이다. 이같은 견해는 알버트 슈바이처에 의하여 보급된 후에 처음에는 특히 영국과 미국에

---

23) *Predigt*, p.15. 우리는 달만의 덕택으로 이 아람어 기도문이 오래되었음을 인식하게 되었고, 위에 번역된 그 원문을 확정지을 수 있었다. 그러나 달만은 그것을 다르게 해석했다. 아래의 pp.29 이하를 보라.

24) *Predigt*, p.35.

I 논의의 출발점 : 철저적 종말론의 대두

서 격렬하게 배척당했으나, 뒤에서 우리가 보게 되듯이 불가항력적임이 입증되었다.

요하네스 바이스는 이같은 통찰력을 기반으로 하여 예수의 가르침에 대한 해석을 시도하였다. 그의 첫번째 주안점은 하나님의 나라의 도래가 예수에 의하여 임박한 장래에 임할 것으로 기대되었다는 것이다. 그 나라가 "가까이"(*ēggiken*) 있다고 말하는 구절, 즉 마태복음 4 : 17, 10 : 7, 누가복음 10 : 9, 10 : 11, 21 : 31 (*eggus estin*), 마가복음 1 : 15은 "이미 임하였다"(*ephthasen*)고 말하는 마태복음 12 : 28=누가복음 11 : 20의 해석을 통제하기 위하여 사용되고 있다.[25] 예수의 가르침은 주로 도래하는 나라의 소망과 관련되어 있다. 그는 미래에 소망하는 것을 현재적인 것으로 선포한다는 점에서가 아니라, 그런 소망의 성취가 가까왔고 절대적으로 확실하다는 것을 선포 했다는 점에서 동시대인들과 다르다.[26] 그러나 이렇게 가까이 온 나라는 인간들의 사역에 의하여 세워지거나 진척되거나 발전될 수 있는 것이 아니다. 그것은 하나님이 주실 것이요, 사람들은 그것을 위하여 오직 기도 밖에 할 수 없는 것이다.[27] 그것은 사람들이 시작하는 모임이 아니요, 세상에서 점차로 성장하는 존재도 아니다(결코 성장이 아니라 대조의 우화인 복음서 속의 『성장의 우화』에는 미안한 일이지만).[28] 하나님의

---

25) Weiss, *Predigt*, pp.70 이하는 두 헬라어 동사가 혼한 아람어인 m•tā'로 소급된 다고 주장하면서 그 증거로 눅 10 : 9과 11 : 20가 의미상 유사함을 지적한다. 35년 후에 도드는 이 주장을 부활시켰으나 이로부터 반대되는 결론, 즉 m•tā'가 틀림없이 "임했다"는 의미이므로 이 모든 구절은 그렇게 해석되어야 한다는 결론을 도출하게 되었다. 아래의 pp.76 이하를 보라.
26) *Predigt*, pp.69-73. *Predigt*, pp.12 이하 참조.
27) *Predigt*, pp.73-78. 여기서 바이스는 리츨과 다른 사람들의 견해를 논의하고는 거부한다.
28) *Predigt*, pp.78-85. 이것은 아마 무엇보다도 괴팅겐의 예레미아스 교수의 결정적인 저서 덕택에 오늘날 이 비유들에 대한 정확한 해석으로 일반적으로 받아들여진

나라에 대한 모든 현대의 윤리적 해석은 하나님의 나라가 귀신 축출에서 나타난다는 마태복음 12 : 28=누가복음 11 : 20의 말씀 앞에서 무너지고 만다. 그것을 볼 눈을 가지고 있고 응답할 믿음을 가지고 있는 사람에게 그 나라는 사탄의 권세를 무너뜨린 축사(逐邪) 사건에서 이미 역사 속으로 돌진해 들어온 것이다.[29] 최후의 만찬에서 예수는 여전히 하나님의 나라를 대망하고 있으며, 제자들이 이 영광스러운 미래에 동참하리라고 약속하고 있다. 그의 가르침에서 그 나라가 임재해 있는 듯이 말하는 대목은 하나님께서 옛 언약을 급격한 장래에 이루고자 하신다는 징후를 가리키는 구절이다.[30] 영광스러운 소망은, 그것이 성취되면 유대인들이 후에 "도래할 시대"라는 개념 속에 포함시켰던 이 모든 요소들을 가져다 줄 것이며,[31] 고로 그 나라의 도래는 필연적으로 역사의 완전한 단절을 수반한다. 새 시대는 옛 시대로부터 유기적으로 발전되어 나온 것이 아니고 전혀 상이한 실체인 것이다. 거기엔 새롭고 상이한 세계와 인간성이 포함될 것이다. 예수는 이 영광된 미래에 있을 일들에 관해 아무런 체계적 설명을 하지 않았고 "하나님의 나라"를 그의 동시대인들이 메시야적 구원이란 개념하에 바라고 이해했던 일들의 총체를 가리키는 의미로 사용하였다. 그가 하나님의 나라

다. 이 저술의 세부사항에 대해서는 아래의 pp.110 이하를 보라.
29) *Predigt*, pp.78-85. 우리가 보게 되겠지만 후속 논의의 상당한 부분은 이 구절이 하나님의 나라가 예수의 사역 속에 실제로 임재했는지의 여부에 관한 것이었다. 바이스는 주로 이 구절이 예수의 가르침에서 하나님의 나라와 사탄의 나라 간의 갈등이라는 갈등적 요소를 의미한다고 주장하는데 주안점을 두었다. 그 나라의 현존에 관해서 그는 그것이 여전히 미래적이라고 주장하면서 이 구절과 기타 관련 구절이 가르치는 것은 제자들에게는 사탄의 능력이 이미 타파되었고 고로 그 나라가 마침내 임했을 때 그들은 이를 유업으로 받을 것을 희망해도 된다는 의미라고 말하였다(*Predigt*,p.95).
30) *Predigt*,p.101.
31) *Predigt*,pp.107 이하. 달만의 표현. 아래의 p.51,115를 참조하라.

의 복락에 관해 체계적으로 설명하지 않았다는 사실은 그가 동시대인들과 생각을 같이 했으며 그들의 기대감을 수정할 필요성을 하등 느끼지 않았음을 보여준다.[32] 예수가 강조하는 이 구원의 한 가지 특별한 측면은 이미 제자들로부터 시작된 사탄과 모든 악의 멸망 및 사망의 철폐이다. 이러한 강조점을 보면 예수가 정치적 활동에 관계되어 있었다고 가정하기란 불가능하다. 변화된 세계, 변모한 인성, 사탄과 그 사자들의 멸망, 사망의 철폐 등 예수는 이 모든 일에 관심을 기울인 나머지 현실 정치에는 무관심했다. 그 뿐 아니라 하나님의 나라는 오직 하나님만이 주실 수 있는 것으로서 여하한 함축된 정치적 회복이나 개혁도 예수의 사명과 관심 밖의 일이었던 것이다.[33]

만일 하나님의 나라가 예수에게 전적으로 미래적인 대망의 존재였다면 그 대망과 그의 윤리적 가르침과의 관계는 무엇인가? 윤리적 가르침이 그 나라의 도래를 위해 행해야 할 일을 명시한 것이 될 수 없는 것은 그 나라는 오직 하나님께로서 온 것이며 인간의 여하한 행위의 결과가 아니기 때문이다. 따라서 그것은 그 나라가 임했을 때 사람들이 그 곳에 들어갈 자격과 관계있음이 분명한 것이다. 윤리적 가르침은 임박한 하나님의 나라가 요구하는 회개의 요건에 포함되는 항목을 설명하기 위한 목적으로 만들어졌다.[34] 『설교』의 출판 이후 바이스는 예수의 윤리적 가르침을 지나치게 임박한 그 나라의 선포와 연관지었다는 이유로 공격받았다. 『설교』에

---

32) *Predigt*, p.115. 여기서 바이스는 예수가 하나님의 나라를 예언적 묵시적 의미로 속단하였다는 자신의 통찰을 열정적으로 주장하고 있다. 사실상, 후속논의에서 지적되겠지만 예수와 그 동시대인들 간에는 수많은 중대한 차이점이 존재하는 것이다. 아래의 pp. 51, 255 이하를 참조하라.
33) *Predigt*, pp.117-25. 바이스는 이같이 하나님의 나라를 정치 활동에 연계시키는 많은 사람들에 대해 미리 앞질러 답변하고 있다. 아래의 pp. 65, 115 참조.
34) Weiss, *Predigt*, pp.42-49.

서 그는 이를 어느 정도 시인하고 윤리적 가르침에는 종말론과 직접 연관되지 않은 측면(예컨대 특히 하나님과 이웃을 사랑하라는 계명)이 있다는 사실에 동의하면서도 이는 전체적 그림의 일면 만을 구성하며, 가르침의 비교적 사소한 측면이라고 주장였다.[35] 윤리적 가르침의 주안점은 그 나라의 도래 전에 회개의 요건을 설명하려는 데 있다. 하나님의 나라가 임하기 전에 남아있는 짧은 기간에 예수는 그 나라에 들어가기 위한 조건을 충족시키려는 사람들이 정상적인 상황 하에서는 불가능했을 위대하고도 초인적인 노력을 요구하였다. 그 나라가 임한 후에는 이 모든 일이 끝날 것이다. 왜냐하면 그 나라에서는 더 이상 계명도, 순종도 없고 오직 하나님의 뜻에 대한 더 이상의 반대가 없이 그 뜻의 온전한 통치만이 있을 것이기 때문이다.[36] 슈바이처는 예수의 윤리적 가르침에 대한 이같은 인식을 『중간 윤리』(*Interimsethik*)[37]라고 명명했는데 상당한 분량의 후속적 논의가 예수의 가르침 속에서 종말론과 윤리 간의 관계성 문제를 중심으로 전개되었다.

끝으로 바이스는 예수의 메시야적 자의식 문제를 다루는데, 이는 분명히 그의 종말론 이해 속에 포함되어 있는 것이다. 임박한 하나님의 나라를 선포할 사명과 자기 속의 사탄의 권능을 파할 능력을 자각함으로써, 예수는 자신이 하나님의 택함받은 자임을 알았음이 분명하다. 그러나 이는 그의 메시야적 자의식의 문제를 해결하지 못한다 - 그 나라의 도래에 대한 소망이 미래적 소망이었듯이 메시야 직분에 대한 예수의 주장 역시 미래지향적인 것이기 때문이다. 그가 자신을 "인자"라고 지칭하고자 했던 것도 바로 이 때문이다. 이것은 일반적으로 받아들여진 메시야의 칭호는 아니지만, 다니엘 7:13, 에스라의 묵시(Ezra Apocalypse)와 에티오피아역 에녹서

---

35) *Predigt*, pp.134-8.
36) *Predigt*, pp.138 이하.
37) 아래의 p.34 참조

(Ethiopian Enoch)에 기록되어 있는 그 나라의 확립과 연관된다. 예수는 이 칭호를 사용할 때에 자신을 분명히 이 인물과 완전히 동일시하지 않는다는 점에서 미래에 대한 자신의 불확실성을 노정하고 있다. 사실은 그가 현재에는 선생이요 선지자요 하나님의 사자요 하나님의 택하신 자요 다윗의 후손이요 심지어 하나님의 아들일 수 있지만, 궁극적으로 그 나라가 임하면 그는 사람의 아들(인자)이 될 수 밖에 없으며, 이 일을 결정하는 것은 전적으로 하나님의 손에 달려있는 것이다. 그래서 예수는 그 나라의 임박성 및 그 나라가 가까이 옴에 따라 자신이 인자로 드러나게 될 가능성을 믿었다.[38]

우리는 바이스의 견해가 알버트 슈바이처에 의하여 발전하고 보급된 과정에 대하여 눈을 돌리기 전에, 구스타프 달만(Gustaf Dalman)의 저술을 고찰해 보아야 한다. 그는 몇몇 언어학적인 문제들을 확정지은 사람으로서 유대 자료에 대한 그의 해석이 바이스의 경우와 다르기 때문에 바이스가 주장한 대로 예수의 가르침이 묵시적인 유대사상에 크게 빚지고 있는지 아닌지의 문제에서 우리의 당면 논점을 명확히 하는데 도움을 주고 있다.

달 만

신약학계는 측량할 수 없는 빚을 구스타프 달만(Gustaf Dalman)에게 지고 있다. 그는 일련의 저작에서 예수가 갈릴리의 아람어로 말하고 가르쳤음을 입증해 주었다. 또 그는 이 언어의 문법과 어휘목록을 우리에게 제공해 주었고 일련의 원문을 보기좋은 형태로 출판함으로써 그 언어가 연구될 수 있게끔 해 주었으며, 신약 연구를 위한 그 중요성은 기꺼이 인정되고 있다. 마지막으로 그는 예수의 가르침에 사용된 원어의 연구를 통해 계발해

---

38) Weiss, *Predigt*, pp.156-75.

낸 통찰력에 의거하여 그 가르침을 해석한 두 권의 책을 출간함으로써 다년간에 걸친 언어학적 연구를 완성하였다.[39]

달만은 "하나님의 나라" 혹은 "하늘 나라"로 해석된 히브리어와 아람어의 표현을 세밀하게 고찰함으로써 예수의 가르침 속에 있는 하나님 나라 해석의 출발점을 삼고있다. 그리고 그는 여기서 "하늘"은 "하나님"에 대한 완곡어법(婉曲語法)으로서[40] 두 표현은 전적으로 일치하며 "하늘나라"라는 표현에서 그렇게 지칭된 대상의 특별히 초월적인 성격을 상정해야 할 정당한 이유가 전혀 없음을 보여주고 있다.[41] "나라"(malkuth)로 번역된 단어와 관련해서 달만은 유대 문학에서 그 단어가 하나님에게 적용될 경우,

---

39) *Grammatik des judisch-palästinischen Aramäisch*, 1894², 1905.
Aramäisch-Neuhebräisches Handwörterbuch, ¹1887-1901, ²1922, ³1938.
Aramäischs Dialekproben, 1896.
Die Worte Jesu, ¹1898, ²1930(초판의 개정본이 케이[D.M.Kay]에 의하여 영역됨, *The Words of Jesus*, 1902 = *Words*).
Jesus-Jeschua, (1922 레버토프[Paul P. Levertoff]에 의하여 영역됨, *Jesus-Jeshua*, 1929).

40) 헬라어로는, *basileia tou theou* 혹은 *basileia tōn ouranōn*, 히브리어로는 *malkuth shamayim*, 아람어로는 *malkuthā dishmayā*.

41) *Words*, pp.91-93. 이 점에 관하여 최근에 William Strawson, *Jesus and the Future Life*, 1959, p.64에서 달만을 크게 오해한 바 있다. 스트로슨은 그로부터 "*basileia tōn ouranōn*은 초월적인 하나님의 주권이다"라는 말을 인용하면서 달만이 "하늘 나라"에 대해서 그것이 초월적인 하나님의 통치라는 사상에서 생겨나는 특별한 속성을 갖는다고 여기서 시사하고 있다고 주장한다. 그러나 스트로슨이 이렇게 달만을 해석한 것은 전적인 오류이다. 달만은 단지 "하늘"이라는 개념이 어떤 초월적인 의미를 지닌 것이 아니라, 단지 하나님을 지칭하기 위한 완곡어법일 따름이라고 말하고 있다. 비록 하나님이 분명 초월적이라 할지라도 그는 직접 지칭되든지 완곡어법으로든지 마찬가지인 것이다. 두 표현은 절대 동일함으로 전자 속에서 읽혀진 것은 후자 속에서도 역시 읽혀져야 한다. 그 둘을 구분하려고 하거나 "하늘 나라"에 보다 초월적인 의미를 부여하려는 시도는 전부 달만의 논지에 걸려 좌초당할 운명에 처해 있다.

"왕국"이 아니라 항상 "왕적 통치"를 의미한다는 것, 달리 말하여 그것은 왕에 의하여 통치되는 영토가 아니라 왕의 주권을 묘사한다는 사실을 논증하고 있다.[42] 그러므로 예수의 가르침에서 하나님의 나라나 하늘 나라라는 동의어는 언제나 하나님의 왕적 통치라는 의미로 이해되어야 한다. 그것은 하나님의 주권과 그의 통치행위를 지칭하고 있다.

여기까지는 달만의 저작은 획기적이다. 이 구절의 의미에 관한 그의 결론으로부터 철회되어야 할 것은 하나도 없다. 그러나 그는 하나님의 나라에 관한 예수의 전체적인 가르침을 해석하면서 그다지 확신있게 전진하지 못하고 있다. 왜냐하면 여기에는 그의 결론의 타당성에 방해가 되는 두 가지 요소가 개입되어 있기 때문이다. 우선 그는 유대 문헌을 하나의 단일체로 보고서 일방 예언적, 묵시적 저술에 사용된 하나님 나라의 용법과 다른 일방 보다 후기의 랍비적 문헌에서 사용된 하나님 나라의 용법 사이에 매우 현저한 차이가 있다는 사실에 충분한 주의를 기울이지 않고 있다. 두번째로 그는 하나님의 나라를 사람들의 마음 속에 들어오는 모종의 실체로서 인간 사회의 변혁과 관련된 것으로 상상하는 자유주의 신학자들의 구태의연한 관념에 지나치게 영향받고 있다.

달만은 유대 문헌 속에 나오는 *malkuth shamayim*/*malkuthā dishmayā*(하늘나라)의 어법에 대한 고찰로부터 예수의 가르침에 대한 자신의 해석을 시작한다. 그리고 그는 출애굽기 15:18의 "여호와의 다스리심(*malkthēh*:왕적 주권)이 영원 무궁하시도다"의 옹켈로스 아람어 역본 (*Onkelos Targum*)을 인용하면서 본문에서 하나님의 주권 개념[43]은 일차적으로 영원적인 것이라고

---

42) *Words*, pp.93-96. 우리는 여기에서 *malkuth shamayim*의 의미를 시 145:11 이하에서 아주 명확하게 확인 할 수 있다고 덧붙일 수 있다. 거기서 우리는 "주의 나라"가 "주의 능(能)"과 병립하며 "주의 능하신 일"과 "주의 나라"가 병립함을 보게 된다.

주장한다. 이 주권의 지상적 출현은 아브라함과 더불어 시작되었고("우리 조상 아브라함이 세상에 나기 전에 하나님은 사실상 하늘의 왕일 따름이었다. 그러나 아브라함이 등장 한 후 그는 하나님을 천지의 왕으로 삼았다"〔Siphre Deut.113〕). 또한 이스라엘 민족이 홍해와 시내산에서 이 주권에 충성하면서 시작되었다. 그래서 하나님의 영원한 주권은 한 개인 또는 민족의 충성의 고백을 통하여 세상에 드러나게 되었고, 그리하여 한 개인은 자신을 죄로부터 분리시킴으로써,[44] 율법을 받아들임으로써,[45] 쉐마를 암송함으로써[46] "하늘의 주권을 자신에게로 받아들일 수" 있다. 이 중 마지막 것은 랍비들 중에서 특히 중요해진다. 쉐마를 암송하는 것은 "하나님의 주권의 멍에를 자신이 지는 것이다"(e.g. j.Ber.4a;7b).[47]

이같은 랍비문헌의 언설(言說)에는 의심할 바 없이 하나님의 주권의 현현과 인간의 충성의 고백 사이에 어떤 관련성이 개재되어 있으며 달만은 이를 통하여 자기가 언급하는 나머지 유대 문학에 대한 자신의 해석을 규정하려고 한다.[48] 그는 시빌의 신탁집(the Sibylline Oracles)3 : 47 이하의 "불멸의

---

43) 달만은 그 용어의 의미에 관한 논의를 뒤따라가면서 조심스럽게 *Gottesherrschaft*라는 독일어를 사용한다. 영역자는 "하나님의 주권(Sovereignty of God)"과 "신권 정치(theocracy)"를 사용하고 있으나, 뒤의 용어는 유대인 개념을 제대로 전달하지 못하기 때문에 성공적이지 못했다. 우리는 달만의 견해를 제시하고 논의할 때에 통일적으로 "하나님의 주권"이라는 용어를 사용하고자 한다.
44) Siphra, ed. Weiss, 93 d.
45) 이 말은 시므온 벤 하키쉬(Simeon ben Hakish,주후 약 260년)가 했다고 한다.
46) Gamaliel Ⅱ(주후 약 110),Ber. 2.5.도 마찬가지이다.
47) Dalman, *Words*, pp.96-98.
48) 이와 대조적으로 요하네스 바이스는 하나님의 나라에 관한 유대적 개념에는 두 가지 강조점이 있는데, 이 랍비적 개념이 이들 강조점 중 하나의 최고 정점이며, 나아가 이것은 구약을 지배하고 예언적, 묵시적 저술에서 최고 정점에 도달한 다른 한 가지와 비교하면 보다 열등한 강조점이라고 주장했다. 위의 pp.19이하를 보라.

왕이 다스리는 지극히 강력한 왕국이 인간 위에 나타날 것이다"와 3 : 767 "그는 인간들 위에 만세 무궁토록 자신의 왕국을 세울 것이다"를 인용하면서, 이 두 구절을 장래에 온 세상이 하나님을 왕으로 인정하게 되리라는 의미로 해석한다.[49] 여기서 그는 분명히 오류를 범하고 있다. 시빌의 신탁집 3 : 47 이하에는 계속하여 메시야의 도래에 대한 묘사와 그 때 발생될 종말론적 투쟁, "라틴 민족들에 대한 가차없는 진노", "로마 위에 임할 파멸", 하늘로부터 "폭포수처럼 내리는 불"과 하나님의 심판을 가져올 전쟁에 대한 묘사가 나온다. 여기서 분명히 강조점은 하나님의 왕적 행위에 있지, 그에 대한 인간의 충성의 고백에 있지 않다. 이는 시빌의 신탁집 3 : 767 이하에서도 마찬가지이다. 비록 이것이 시온을 향한 전세계적 규모의 순례 묘사에서(772 이하) 충성의 서약에 대한 구절을 포함할 가능성도 있지만, 중심된 강조점은 하나님이 당신의 주권을 드러낼 때(769-71) 자기 백성에게 가져다줄 영원한 축복에 있는 것이다. 그러므로 이 두 인용구는 모두 바이스에 의하여 유대인의 하나님 나라의 개념에서 중심요소로 올바르게 묘사된 범주, 즉 통치자로서의 하나님과 그의 통치 행위에 강조점이 두어진 범주에 속하는 것이며,[50] 따라서 달만의 해석은 옳지 못하다.

달만은 또한 카디쉬 기도문, "그(하나님)는 너의 생전과 너의 시대에 그리고 모든 이스라엘 집이 생존하는 동안 신속하고 조속히 당신의 주권을 세우소서"와 솔로몬의 시편(Psalm of Solomon) 17 : 3이하 "우리 하나님의 권능은 영원히 자비롭게(우리 위에) 임하며, 우리 하나님의 주권은 심판 중에 영원히 열방들 위에 있도다"와 모세 승천기 10 : 1에서 "그의

---

49) *Words*, p.99.
50) 위의 pp. 17이하와 Weiss, *Predigt*, pp.8-29를 보라. 사실 바이스는 이 구절들을 전혀 「시빌의 신탁집」으로부터 논의하지 않았다. 그러나 그렇다고 그것이 그가 논의하는 구절들과 관계가 있다는 사실이 바뀌는 것은 아니다.

주권이 나타나리라"를 인용하고 있다. 처음의 두 인용구는 하나님이 주권을 세우시고 인간들이 자신을 그분의 멍에 아래 복종시키는 과정을 언급한다고 해석된다. 그리고 이것이 현재적 가능성이자 미래적 소망이기 때문에 그것은 장래의 소망으로서 세번째 인용구에서처럼 "나타나리라"고 언급될 수 있다.[51]

또한 달만은 여기서 부당하게 후기의 다른 랍비적 용법에 영향받고 있다. 모세 승천기의 구절은 계속하여 하나님이 이방인들을 벌하며 그들의 우상을 파괴하며 이스라엘을 행복하게 하기 위하여 그의 보좌로부터 일어나시게 될 경위를 상술하고 있다.[52] 그 인용구는 분명히 역사에 대한 하나님의 개입을 언급하는 것으로서, 그를 통하여 현재의 불행한 상태가 완전히 역전되고 유대인들은 그 적들이 완전히 멸망당함으로써 행복하게 된다. 솔로몬의 시편 제17편은 역사에 대한 하나님의 극적인 개입에 대한 동일한 소망을 노래한다. 3절 이하와 46절은 하나님의 영원한 주권을 언급하지만, 이것은 시편의 중심 메시지 즉 메시야적인 왕이 강림하는 형태로 하나님이 장차 역사 속에 개입하신다는 것과 메시야가 일으키게 될 극적인 변화에 대한 선포(vv.21-46)의 기초이다. 이 두 인용구 모두에서 강조점은 전적으로 하나님의 왕적 행위에 맞추어져 있다. 하나님은 모세 승천기 10장에서는 직접 행동하며, 솔로몬의 시편 17편에서는 메시야를 통하여 행동하지만 어느 구절에서도 하나님의 주권 구현의 수단으로서 인간의 충성에 강조점이 두어지지 않고 있다. 우리는 이 점에서 하늘 주권의 멍에를 스스로 짊어지는 랍비적 개념과는 다른 세계에 와 있는 것이다. 마찬가지로 모세 승천기 10장과 솔로몬의 시편 17편에서의 강조점에 비추어볼 때, 카디쉬의 기도문을 하나님이 당신의 백성의 상황을 극적이고 철저하고 영구적으로 변화시키

---

51) Dalman, *Words*, pp.99 이하.
52) Ass. Mos. 10 : 3, 7-8.

기 위하여 역사 안으로 돌발적으로 개입하게 될 순간의 도래를 간구하는 탄원으로 해석하는 것이 자연스럽다.[53]

그러므로 달만은 *malkuth shamayim*과 그 동의어의 유대적 어법에 대한 논의에서 랍비적 어법에 너무 지나친 비중을 두며, 보다 특징적인 예언적, 묵시적 강조점과 그 중요성을 과소평가하고 있다. 예수의 가르침에 대한 그의 논의에서 이 모든 것들은 리츨 등의 인물들의 견해의 부당한 영향으로 인해 더욱 강화되었다. 그래서 달만은 인간들이 하나님과의 아주 긴밀한 관계와 그 의지에 대한 온전한 순종에서 구원을 찾아야 하는 신적 주권의 현현의 맥락에서 하나님 나라에 관한 예수의 가르침을 해석한다. 그리고 예수에게는 "하나님의 주권이란 현재로부터 계속하여 부단한 진보를 통해 세계의 갱신을 달성하는 신적 능력을 의미했다"고 주장한다.[54] 여기서 우리는 리츨과는 대조적으로 신적 주권 개념을 신적 능력의 최종 결과인 완성된 상태로서의 하나님의 나라 보다는 그 능력을 가리키는 것으로 사용하고 있음을 보게 된다. 그리고 이것은 올바르게 방향잡은 조치이기는 하지만 "현재로부터 시작하여 부단한 발전과정"으로써 달성되는 "세계의 갱신"은 순전한 리츨주의(Ritschlianism)적 개념인 것이다. 그것은 바이스가 입증했듯이 예수의 가르침에서 아무런 기초도 가지고 있지 않다. 그것은 달만이 *malkuth shamayim*의 유대적인 어법을 논할 때 랍비적인 어법에 비중을 둔 덕분으로, 그에게만 가능한 것이다.

그러나 이 점에 있어 예수의 가르침에 대한 달만의 해석에는 진지하게 주목할 만한 또 다른 요소가 있다. 그는 "다가올 시대"(*ha'ōlām habā*) "다가올 시대의 생활"(*hayē ha'ōlām habō*)에 관한 예수의 가르침 사이에 몇가

---

53) 카디쉬 기도문에 대한 바이스의 견해에 대해서는 위의 p.20을 보라. 시빌의 신탁집, 모세 승천기및 솔로몬의 시편의 구절에 대해서는 pp.233 이하를 보라.
54) *Words*, p.137.

지 측면에서 유사성이 있음을 보여줄 수 있다. 이 표현들은 유대인들에게는 구속의 축복을 의미하는 포괄적인 용어가 되었는데 비록 그 표현들 자체는 예수가 사용한 어휘들 중에서 중요한 것이 아니라 할지라도 만일 그가 그것들을 실제로 조금이나마 사용하였다면,[55] 유대인들이 나중에 그런 표현들과 연계시킨 사상은 하나님의 주권과 연계된 예수의 가르침 속에서 발견할 수 있게 된다. 예수는 "하나님의 주권"이라는 용어를 현저히 종말론적 방식으로 사용하면서, 어떤 다른 것보다도 이 용어를 사용하려 했다. 왜냐하면 그것은 "하나님의 영광"을 강조하고,[56] 또한 하나님을 주권자로 설정할 경우 인간 편에 수반되는 구원과 축복과 절대적 복락을 의미하도록 사용될 수 있기 때문이다.[57] 이는 진정으로 타당한 통찰력이다. 예수의 가르침 속에서 인간의 구원은 하나님의 주권의 도래와 아주 깊이 연관되어 있는 것이다.

이제 우리는 달만과 바이스의 견해가 하나님의 나라라는 표현의 진정한 의미와 또한 인간의 구원이 그 나라의 도래 안에 포함되어 있다는 사실에 있어서 상호보완적임을 알 수 있다. 두 사람 사이에 예수의 어법의 직접적인 배경과 그 어법 자체에 대하여 강조점의 차이가 생길 경우 우리가 뒤따라야 할 사람은 달만이 아니라 바이스이다. 왜냐하면 달만은 랍비적 어법에 과도하게 의존하고 있고, 1세기의 유대사상이나 예수의 가르침에서 실제적 근거를 전혀 찾을 수 없는 자유주의 신학적 개념들에 의하여 너무 과도히 영향받고 있기 때문이다.

---

55) Dalman, *Words*, p.148. 바이스는 이 점에서 달만을 추종하고 있다. 위의 p.22를 보라.
56) 아주 가까우면서도 아직 멀다! 만약 달만이 랍비적 어법에 그토록 지나치게 의존하지 않았더라면 분명히 자신의 언어학 연구의 결과에서 도출되어 나온 논리를 따랐을 것이고, "하나님의 영예(honur)"보다는 "하나님의 행위(activity)"라고 말했을 것이다.
57) *Words*, p.136.

알버트 슈바이처

이제 우리는 요하네스 바이스에 의하여 처음으로 제시된 견해를 발전, 보급시킨 알버트 슈바이처의 저술에 도달하게 되었다. 슈바이처에게는 그에게 마땅한 정도의 영예가 주어져야 한다. 그는 신약학계가 예수의 가르침 속에 담긴 하나님의 나라에 관한 문제를 진지하게 숙고하지 않을 수 없게 만들었다. 그는 19세기 신학의 중심 주제였던 예수의 생애를 저술하려는 수많은 다양한 시도에 관련되었다. 그는 1901년에 저서 「메시야 직분과 그 고난의 비밀 : 예수의 생애에 관한 소묘」(*The Secret of the Messiahship and the Passion : A Sketch of the Life of Christ*)[58]에서 문제에 올바로 접근하기 위한 나름의 기본적인 이해를 개진하였다. 뒤이어 그는 1906년에 발표한 저서 「라이마루스에서 브레데까지」(*Vom Reimarus zu Wrede*)[59]에서 19세기의 업적에 대해 본격적인 비평을 가했다. 이 책은 독자에게 알버트 슈바이처를 인도자로 삼고 길고 험난한 길을 따라 여행하고 있다는 인상을 주도록 저술되었다. 여행객은 도중에 계속하여 분기점이 되는 양자택일의 선택에 직면하게 되다가 마침내 빌헬름 브레데(Wilhelm Wrede)의 철저한 회의론이든가 알버트 슈바이처의 철저한 종말론이라는 최종적이고도 궁극적인

---

58) *Das Messianitäts-und Leidensgeheimnis. Eine Skizze des Lebens Jesu*, 1901. 원래 이 책은 논문인 *Das Abendmahl*의 두번째 부분이었지만, 첫번째 부분과는 사실상 별개의 내용이었다. 그것은 월터 로우리(Walter Lowrie)에 의하여 영어로 번역되어 1925년에 *The Mystery of the Kingdom of God*(= *Mystery*)라는 제목을 가진 별도의 단행본으로 출판되었다.

59) 그 이후의 독일어판에는 *Geschichte der Leben-Jesu-Forschung*이라는 제목이 붙여졌다. 첫번째 판의 영역본은 몽고메리(W.Montgomery)에 의하여 번역되어 각각 ^{1}1910, ^{2}1911, ^{3}1954년에 *The Quest of the Historical Jesus*(= *Quest*)라는 제목으로 출판되었다. 우리의 모든 인용구는 제3판(1954)에 따른 것이다.

분기점에 다다른다. 인도자는 어떤 경우에도, 특히 마지막 분기점의 경우에는 더더욱 선택해야 할 길을 제시해 주는데 어김이 없다.

이제 그 책이 뛰어난 저술이며, 모든 점에서 아주 설득력있게 논지가 전개되었다는 데에는 의심의 여지가 있을 수 없다. 슈바이처는 19세기의 자유주의 신학의 한계 내에서 그리스도의 생애를 저술하려는 시도가 지닌 취약점을 여지없이 노출시켰다. 실로 그는 이런 약점들을 너무나 무자비하게 성공적으로 노출시켰기 때문에 독일의 신약학계에서 그리스도의 생애를 저술하려는 진지한 시도가 다시 일어나기까지에는 50년이 걸렸다. 그리고 그런 시도가 다시 기획되었을 때 그것은 19세기의 자유주의 신학과는 아주 다른 맥락에서 이루어졌다.[60]

슈바이처는 자신의 독자에게서 그리스도의 생애를 저술하려는 이전의 시도들을 철저하게 쓸어내리고 과거지사로 만들어버린 후에, 그의 생애에 대한 나름의 이해를 독자에게 제시하고 있다. 그 핵심은 예수의 가르침 안에 있는 하나님의 나라에 대한 요하네스 바이스의 해석의 확장이다. 슈바이처가 시도한 접근의 본질은 예수의 전 생애와 사역과 가르침이 확정적인 종말론적 기대감, 곧 우리가 유대의 묵시문학에서 발견하는 사상의 맥락에서 해석되어야 하는 기대감에 의하여 지배되었다는 가정이다.[61] 이러

---

60) 우리가 언급하고 있는 *Jesus von Nazareth*, 1956의 저자인 귄터 보른캄(Günther Bornkamm)은 슈바이처의 저술이 역사적 예수에 대한 자유주의적인 탐구에 대한 연대기인 동시에 그 장례용 추도사였다고 말한다. (p.11. 영역본 p.120의 주1을 보라, p.13). 카두(C.J.Cadoux)도 영국인의 견지에서 비록 그토록 함축성있게 표현하지는 않았지만 유사한 판단을 내리고 있다. "그 문제에 대한 자유주의적, 정신적 해석에 진정한 결정타를 날린 사람은 알버트 슈바이처였다… 일단 그의 견해가 영국 학생들에게 알려졌을 때… 사태가 결코 이전과 동일할 수 없으리라는 확신이 신속하게 지지를 확대해 갔다." (The Historical Jesus : a study of Schweiter and after,"*ExpT*, 46, 1934-5, p.406)
61) "예수의 종말론은 다니엘과 바르-코크바의 봉기 사이의 시기에 속한 특이한

한 기대감은 묵시록들과 신약성서에서 추출된 요소를 결합시킴으로써 재구성될 수 있고,[62] 재구성되어야 하는 바, 그 중심적인 특징은 도래하는 종말론적 하나님의 나라이다.

예수의 가르침 속에 있는 하나님의 나라는 묵시적 개념이요, 그 도래가 임박한 장래에 있을 것으로 기대된다. 그는 요하네스 바이스의 견해를 긍정적으로 요약하고 있다. "그 나라의 일반적 개념은 요하네스 바이스에 의하여 처음으로 제대로 포착되었다…하나님의 나라는 사실 '나라이 임하옵시며'라는 주기도문의 간구에서 암시되었던 것처럼 순전한 미래사이다…그것은 오직 구름이 그 그림자를 땅에 비췰 때 현재적이라(존재한다)고 말해질 수 있는 의미에서만 현재적이다. 즉 그 임박함은 사탄의 나라의 무력화를 통해서 인식되고 있다. 실제로 예수는 귀신들을 축출하고 있으며, 마태복음 12:25-28에 따르면 바리새인들은 하나님의 나라가 이미 그들에게 임하였다는 사실을 인정하도록 명령받고 있다."[63]

이러한 미래에의 종말론적 기대는 특히 예수의 윤리적 가르침에 영향을 끼쳤다. 이 이론에 따르면, 윤리적인 가르침은 오직 진정한 회개에 포함된 내용을 보여주는 데에만 관련되며, 회개를 향한 필연적인 요청을 수반하는 그 나라의 도래에 대한 선포와 실제적인 그 나라의 도래 사이에 존재하게

중간기적 유대 묵시문헌의 도움을 받아야만 해석될 수 있다"(*Quest*, p.365 이것은 바이스의 입장을 따른 것이다).
62) 슈바이처가 묵시문학의 기대를 조사한 뒤에 이것과 예수의 기대를 비교한 최초의 인물이 아니라는 사실을 유념해야 한다. 그는 묵시와 신약성서로부터 취한 요소들을 혼합하여 그것을 "예수 시대의 묵시"라고 호칭하면서 자신의 이론의 기반으로 삼고 있다(*Quest*, p.366을 보라). 이 점에서 그의 저술은 바이스보다 떨어진다.
63) *Quest*, p.238. 우리는 그것이 예수의 가르침 안에서 하나님의 나라를 현재적 경험으로 다루는 요소들에 대한 슈바이처의 유일한 언급이기 때문에 길게 인용했다.

될 짧은 시간 동안에만 적용된다. 슈바이처의 용어로 그것은 "중간 윤리"인 것이다.

예수의 윤리적인 가르침 뿐만 아니라 영어로 그의 "사역"(ministy)이라고 부르는 그의 모든 일은 종말론적 기대에 의하여 지배당했다. 슈바이처에 따르면 예수는 자신이 메시야로 지명되었으며, 그 나라가 도래할 때 인자로 밝혀지게 될 자라는 것을 알고 있었다.[64] 예수는 자신이 메시야라는 사실을 확실히 알고서 그 나라의 도래를 선포했고 제자들을 파송하여 동일한 메시지를 전하게 했다. 그는 그 나라가 동년(同年) 추수 때에 오리라고 기대했다(이것이 마가복음 4장의 비유의 의미이다). 그리고 그가 마태복음 10장에 기록된 바와 같이 사명을 주어 제자들을 파송했을 때 그는 제자들이 돌아오는 모습을 보기 전에 그 나라가 도래하리라고 기대했다.[65]

이 당시에 재림이 일어나지 않은 결과는 예수의 사역에서 전환점이 되었고, 이 때로부터 계속하여 그의 계획은 변경되었다.[66] 재림에 대한 예언 뿐

---

64) *Quest*, p.352. *Mystery of the Kingdom of God* 참조. 윤리에 대한 "예수"의 전체 이론은 그 나라의 도래를 위한 준비로서의 회개라는 개념 아래에 있음이 분명하다(p.53). "산상수훈의 윤리도 하나님의 나라에 들어가기 위한 회개의 일환으로서 중간 윤리이다"(p.55). 이에 관한 바이스의 견해를 알기 위해서는 위의 pp. 23 이하를 보라.

65) *Quest*, p.357. 마 10-11장에 나오는 제자들에 대한 사명 위임을 이 경우에 대한 (특히 10 : 23)예수의 가르침의 신빙성있는 기록으로 받아들이는 것이 슈바이처 이론의 핵심원리이다. 아래의 pp.39 이하를 보라.

66) *Quest*, p.358. W.G.Kümmel, *Promise and Fulfilment*, 1957(= *Promise*, (*Verheissung und Erfüllung*, 1956으로부터 D. M. Barton 에 의하여 영역됨). pp.62 이하는 자신의 저작 중 이 부분에서 슈바이처가 마 10장의 상황을 막 6장의 상황과 암묵적으로 결합시키고 있다고 지적한다. 그래서 그는 제자들에 대한 마태복음의 사명 위임을 막 6 : 6 이하의 맥락에 놓음으로써, 사실상 마태의 설명이 비록 제자들의 귀환을 생략하고 있는데도 제자들의 귀환과 자신을 무리로부터 분리시키려는 예수의 노력(막 6 : 30 f.)이 제자파송과 연장선상에 있는 것처럼 보이도록 하고 있다. "그러므로 이같은 결합은 파송에 대한 강화(講話)와 제자들의 귀환

만 아니라, 마태복음 10장에 나오는 고난에 대한 예언도 성취되지 않은 채로 남았다. 슈바이처의 해석에 따르면 이 고난은 유대의 묵시적 기대에서는 그 나라의 도래에 선행하거나 동반하는 메시야적 고통이었다.[67] 인자는 이같은 메시야적 고통을 겪어야 했고, 그 나라는 그 일이 일어난 후에야 도래할 수 있었다. 예수는 자신이 기대했던 재난이 발생되지 않았기 때문에 몸소 재난을 성취하고 그 나라를 가져오기 위하여 재난을 억지로 이루기로, 즉 예루살렘에 올라가 죽기로 결심하였다.[68] 그는 이런 식으로 자신의 메시야적 소명을 성취하고, 그 나라가 임하며, 그와 더불어 자신이 인자로 드러나고자 했다.

이것이 슈바이처의 『철저적 종말론』(*Konsequente Eschatologie*)[69]의 요점이다. 그가 1929년에 자신의 『자서전』(*Selbstdarstellung*)에서 기술했던 바 어떻게 여기에 이르게 되었는지에 대한 이야기는 그 이론 자체만큼이나 흥미있다. 슈바이처는 1894년 봄에 1년 동안의 군복무를 시작했다. 복무 마지막 쯤에 신학생으로 장학금을 신청하려는 것이 그의 의도였다. 이를 위하여 그는 헬라어 신약성서 시험을 보아야 했는데, 자신은 공관복음서 부분에

사이에 인위적인 연결점이 생겨나게 만든다. 여기에다가 제자들이 돌아왔을 때 세상의 종말이 임하지 않음으로써 예수가 실망했다는 주장을 뒷받침하는 근거자료가 전혀 없음을 부언해야 할 것이다."

67) *Quest*, pp.359-63.
68) "예수가 가이사랴 빌립보에서 제자들에게 밝힌 자신의 고난에 대한 비밀에는 전(前) 메시야적(Pre-Messianic) 곤경이 다른 사람들을 위하여 제거되고 폐지되며 그 자신에게만 집중되었다. 그 일은 예루살렘에서 예수 자신이 고난당하고 죽음당함으로써 성취되는 형태를 취하게 된다. 그것은 예수에게 동터오던 새로운 신념이었다. 그는 그 나라가 임하도록 하기 위하여…다른 사람들을 위하여 고난받아야 한다." *Quest*, pp.386 f.
69) "철저적 종말론"(*Thoroughgoing eschatology*). 이것은 그가 예수의 가르침에 대한 바이스의 해석과 그리스도의 생애에 관한 그 자신의 해석을 지칭한 용어이다. 우리는 그것을 바이스-슈바이처의 견해를 가리키는 전문용어로 사용할 것이다.

응시하기로 선택했다. 시험준비를 하기 위하여 그는 틈이 나는 대로 공부를 할 요량으로, 또 이전에 홀츠만(Holtzmann)의 공관복음 주석을 독파한 적이 있었기 때문에 그 해 가을에 전개된 기동훈련 중에도 자신의 헬라어 신약성서를 지니고 다녔다. 그는 구겐하임 마을에서 보낸 휴일에 마태복음 10장과 11장을 읽고 있었다. 그 이후의 이야기를 영어로 번역된 그의 말을 통하여 직접 듣고자 한다.

마태복음 10장은 열두 제자를 파송하는 이야기를 담고 있다. 예수는 그들을 파송하는 연설에서 그들이 핍박을 당하게 되리라고 단언했다. 그러나 이런 일은 일어나지 않았다.

그는 또한 그들이 이스라엘의 모든 동네를 다 다니지 못하여 인자가 오리라고 그들에게 선포했는데, 이는 그가 옴으로써 초자연적인 메시야의 나라가 건설되리라는 의미일 수 밖에 없었다. 그러므로 그는 제자들이 돌아오리라고는 기대하지 않았다.

예수가 사실상 일어나지도 않았던 일을 제자들에게 선포한 것은 어찌된 연유일까?

이 연설이 역사적인 예수에게서 유래된 것이 아니라 그의 죽음 이후에 예수의 언설(言說)을 수집, 조합한 것이라는 홀츠만의 설명은 나에게 만족스럽지 않았다. 사후(死後)에라면 이야기 속에 실현되지도 않을 일을 그가 말한 것으로 구태여 끼워 넣지 않았을 것이다.

본문 자체로 보아 나는 예수가 사실상 제자들이 박해당할 것과 인자가 올 것을 기대했으나 결과적으로 거짓임이 판명되었다는 결론을 내리지 않을 수 없었다. 그러나 그가 어떻게 그러한 기대를 하게 되었던 것일까? 그리고 사태가 그의 기대와는 다르게 나타나자 그에게 어떤 결과가 초래되었던가?[70]

---

70) Schweizer, *Selbstdarstellung*, p.4.

이후의 슈바이처의 모든 이론은 바로 이 경험에서 비롯되었으니, 이 경험이 그에게 질문을 유도했고 기꺼이 바이스의 저술을 받아들일 수 있게 했던 것이다. 우리가 그의 저술의 장점과 단점을 동시에 이해할 수 있는 것은 바로 이 때문이다. 그는 연구의 출발선상에서 자신의 기본적인 통찰력을 갖게 되었고, 통찰력을 배태시킨 그 경험은 그에게는 거의 계시적 힘을 지니고 있었기 때문에 이후에 나온 그의 모든 저술은 그에 의하여 지배되었다. 그 경험은 그에게 엄청난 위력을 가지고 임했으므로 그는 이를 다른 사람들에게 힘있게 제시할 수 있었고, 바로 거기에 그의 이론의 장점이 있다. 그러나 그것은 연구의 시초에 그에게 임했기 때문에 이후의 신약성서와 묵시문학의 연구는 그에 의하여 좌우되었으며, 거기에 약점이 있는 것이다. 아돌프 윌리허(Adolf Jülicher)는 슈바이처의 이론에 대하여 쓰기를, "그것은 그가 원전에 대한 상세한 연구에 들어가기도 전에 이미 다 자란 이론의 형태로 그의 머리로부터 솟아 나왔다"고 했다.[71] 사실 이런 일이 발생했던 것이다.

 본 이론이 신약 성서의 내용에 대한 연구를 얼마나 많이 지배하게 되었는지는 연관된 어떤 문제에 대한 증거의 비중보다 오히려 자신의 이론상의 필요에 더 좌우되는 듯이 보이는 신약 본문에 대한 그의 취급방식에서 확인될 수 있다. 우리가 이미 말했듯이 그의 이론은 마태복음 10장에 나오는 열 두 제자 파송에 대한 설명을 문자적으로 받아들인데 근거하고 있다. 우리가 보았듯이 그는 마태복음 10 : 23과 같은 성취되지 않은 그런 예언은 후대의 공동체가 예수의 말씀으로서 기록하려 하지 않았을 것이라고 주장함으로써 본 이론을 변호한다. 이 문제에 관하여 그는 아마 나름대로 상당한 타당성을 가지고 있으나, 이것이 마태의 설명 그 자체의 진실성을

---

71) *Neue Linien in der Kritik der evangelischen Überlieferung*, 1906, p.5.

제대로 변호해주는 것은 아니다. 헬라어 복음서의 개요를 한 번만 보더라도 우리가 여기서 복잡한 본문 역사를 가진 이야기를 다루고 있음을 알게된다. 또한 위와 같은 큄멜(Kümmel)의 입장을 따라 생각할 때, 제자 파송과 그 결과에 대한 슈바이처의 생각은 마태복음 10장의 명령과 마가복음 6:6 이하의 상황을 암묵적으로, 그러나 부당하게 결합한 데 근거하고 있다. 우리는 미리 설정된 이론이 본문를 다루는 방법을 결정하고 있다는 인상을 지울 수 없는 것이다.

미리 설정된 이론이 본문의 처리방식을 지배하는 또 다른 예는 변화산상의 사건과 베드로의 신앙고백을 다루는 부분에서 드러난다. 슈바이처는 마가복음 7:31-9:30 부분이 합성된 내용이며, 그것은 두 종류의 이야기로 구성되어 있는데 너무나 무질서하여 "우리가 각 부분의 이야기를 온전히 재구성할 수 없다"고 주장한다. 그는 가이사랴 빌립보에서의 신앙고백 이후에 또한 변화산상 기사를 포함하는 갈릴리 호수 북부 기슭을 중심으로 하고 있는 8:34-9:30 구절은 결코 그 부분에 속하지 않는다고 주장한다. 그것은 무리를 먹인 후의, 그리고 베드로의 고백 이전의 벳새다 기사 주변에 위치해야 한다. 이렇게 하여 그는 가이사랴 빌립보 사건 이전에 변화산상 사건을 위치시켜 놓고, 그것이 "사실상 제자들 중에서도 측근 그룹을 구성하던 세 명에게 메시야적 사명의 비밀을 밝혔던 것"이라고 주장할 수 있었다.[72] 무심결에 메시야적 사명을 접하게된 세 제자는 그에 대해 침묵하도록 명령받았으나, 베드로는 이 명령에 순종하지 않았다. 가이사랴 빌립보에서 그는 예수가 자신의 메시야 직분을 의식하고 있음을 열두 제자들에게 누설했고, 따라서 예수는 어쩔 수 없이 "열두 제자에 대하여 원래 의도했던 바와는 다른 행동노선을 취하게 된다 …예수는 자발적으로 자신의 메시야적

---

72) *Quest*, p.383.

비밀을 포기한 것이 아니라, 사건의 전개상 어쩔 수 없었던 것이다."[73] 이 모든 것은 메시야적 비밀에 관한 슈바이처의 해석과 정확하게 일치하지만, 원전에서 이것을 지지하는 어떤 실제적 증거가 있다고 말할 수는 없다. 많은 비평학자들은 마가복음 7:31-8:26에서 두 부류의 이야기를 추적할 수 있다는 데 합의하고 있다.[74] 그러나 그들은 또한 관련성있는 부분이 마가복음 7:31-8:26이라는 데에도 동의하고 있다. 슈바이처만이 그 복음서의 연관성있는 부분에 8:27-9:30을 포함하도록 확장시키려 하고 있다. 그러므로 그가 마가복음의 본문에서의 중복을 입증하는 실제적인 전거에 의해서라기 보다는 자신의 이론적 필요에 의하여 인도되고 있다는 것은 타당한 결론인 것이다.

그러나 슈바이처의 이론은 온갖 약점에도 불구하고 한 가지 커다란 장점을 가지고 있다. 그것은 예수의 생애에 대한 한 해석을 철저하게 제시하고 있는데, 여기서 예수의 가르침 속에 있는 하나님 나라 개념은 전적으로 유대 묵시의 견지에서 고려되고 있는 것이다. 그것은 예수의 가르침 속에 있는 하나님의 나라에 대한 해석으로서는 그 자체 많은 신세를 지고있는 요하네스 바이스의 업적보다 열등하다. 그러나 그것은 이상과 같은 맥락에서 그리스도의 생애를 해석하고 있기 때문에, 진실로 학적인 냉정함을 가지고 예수의 가르침과 이에 대한 자신의 해석이 조직신학에 대하여 갖는 관련성에만 자신을 한정시킨 요하네스 바이스의 경우보다 훨씬 큰 영향을 끼쳐왔다. 슈바이처는 바이스와는 달랐다! 그는 그리스도의 전 생애에 몰입했고, 그래서 신약학에 대한 학문적 관심 여부와는 상관없이 모든 그리스도인들에게 엄청난 관심과 의미를 부여해 주고 있는 것이다. 이처럼

---

73) *Quest*, p.384.
74) 예를 들면 이러하다. J.Wellhausen, *Einleitung in die Drei Ersten Evangelien*, 1905, pp.48 f; J.Weiss, *Die Schriften des Neuen Testaments* I ,1906, *ad loc.*

슈바이처의 『탐구』(Quest)는 명석하게 저술되고 일반의 관심을 끄는 주제에 집중하였기 때문에,광범한 대중에게 도달하는데 성공함으로써 신약학자들이 응답하지 않을 수 없을 만한 전반적인 흥미를 불러 일으킬 수 있었다. 그리고 예수의 가르침 속에 있는 하나님의 나라에 대한 철저한 해석이 제시됨에 따라 논쟁이 촉발되지 않을 수 없게 되어, 찬반 양론이 철저하고 때로는 열기있게 진행되었다. 형편이 그와 같았으므로, 이제 우리는 이 논쟁의 주요한 측면에 대한 서술과 논의로 들어가고자 한다.

그러나 우리가 이 문제로 나아가기 전에 이 논쟁이 독일에서보다 영미에서 더 많이 벌어졌음을 지적해야 한다. 이렇게 된 이유는 다양하며, 나름대로 흥미롭다. 한 가지 이유는 일방 독일과, 다른 일방 영국과 미국을 둘러싸고 있는 환경이 아주 상이하다는 점이다. 독일인들에게는 신학적 논쟁이 교회의 일반 평신도들의 영역이라기 보다는 오히려 학문적으로 훈련된 신학자의 영역이었고, 현재까지도 그러하다.[75] 그러나 영어권에서는 비록 학문적으로 낮은 수준이기는 하지만 신학적 논의가 훨씬 광범위하게

(p.133); E.Meyer, *Ursprung und Anfänge des Christentums*, Ⅰ, 1921, pp.130-32;E. Klostermann, *Das Markusevangelium*(Handbuch zum Neuen Testament 3),1950, p.78;A.E.J.Rawlinson, *The Gosepel According to St. Mark*, ⁷1949,pp.103 ff..; V.Taylor, *The Gospel According to St. Mark*,1952, pp.628-32.

75) 이 상황은 오늘날 변화하고 있다. 히틀러와 투쟁하던 "고백 교회"의 역할, "복음주의 학자들"과 같은 전후의 운동들, 그리고 "교회 회의"(Kirchentag) 운동, 비신자 학생들 사이에 퍼진 디트리히 본회퍼의 활동에 대한 커다란 관심 등이 모든 일들과 여타의 것들은 2차대전을 기점으로 하여 그 전과 후의 상황을 아주 상이하게 만드는데 기여하고 있다. 예를 들어 1956년에 귄터 보른캄의 *Jesus von Nazareth*이 문고판으로 출간되었는데 첫 두 해 동안 2만 부가 인쇄되었다. 그리고 "성서적 신앙과 기독교적 생활을 진작시키기 위한" 일련의 문고판 시리즈인 *Calver Hefte*에는 산상수훈(No.27, *Die Bergpredigt*)과 역사적 예수에 관한 문제(No.32. *Das Preblem des historischen Jesus*)에 관한 요하임 예레미아스의 저서가 수록되어 있다.

상황 하에서 순수한 학문적인 장점보다는 일반인의 관심을 더 끈 슈바이처의 저술이 독일에서보다 영국과 미국에서 더 큰 흥미를 유발할 수 밖에 없었다. 또다른 이유는 1차 세계대전 이전과 이후 사이의 시기에 개재된 단절이 토의되고 있고, 그에 대한 평신도들의 관심이 비교적 독일보다 크다. 이런 영국이나 미국에서보다 독일에서 훨씬 컸다는 점이다. 이 전쟁의 결과는 영어 사용권보다 독어 사용권에 훨씬 더 파국적이었으며, 따라서 신학적 논의가 재개되었을 때 그 상황은 아주 달랐다. 변화하는 상황의 결과, 독어권 사람들은 칼 바르트(Karl Barth)에게서 자기들의 예언자를 발견했고, 보다 순수한 신약학은 새로운 관심분야인『양식비평』(Formgeschichte)으로 넘어갔다.[76] 그러므로 독일에서 철저적 종말론에 관한 논의는 그같은 극적인 단절이 없었던 영국과 미국에서와 동일한 방식으로 계속되지 못했던 것이다.

따라서 우리는 그 논의가 계속 진행된 것은 영어권이기 때문에 이후의 논의에서는 독일어로 된 논쟁보다는 영어로 된 논쟁에 더 관심을 기울이게 될 것이다. 그에 대한 독일어권의 저술도 있어왔고 그것들이 아주 중요하기는 하다. 그러나 그것들은 영어로 된 연속된 논의의 전반적인 기술 속에 매우 적절하게 편입될 수 있으므로, 우리는 이후에 이같은 과정을 따르게 될 것이다.

---

76) 독일에서 제1차 세계대전으로 인해 초래된 단절이 신약학에 미친 결과에 대해서는 W.G.Kümmel, *Das Neue Testament. Geschichte der Erforschung seiner Probleme*, 1958 특히 pp.417-20에 나오는 논의를 보라.

II

후속적 논의

1. 바이스와 슈바이처의 문제 제기에 대한 영미계통의 자유주의적 반응

샌 디(Sanday)

영어권 신학계에 대한 철저적 종말론의 영향은 윌리엄 샌디(William Sanday)의 저술, 특히 1907년에 나온 「최근의 그리스도전 연구」(*The Life of Christ in Recent Research*)와 더불어 시작된다.

샌디는 한동안 그리스도의 생애에 대한 연구에 깊은 관심을 쏟다가 헤이스팅의 「성서사전」(*Dictionary of the Bible*)을 위하여 "예수 그리스도" 항목을 집필하였다.[1] 이것은 슈바이처의 영향이 미치기 전에 그 주제에 대한 전형적인 영미 계통의 자유주의적 접근의 좋은 실례이기 때문에 이로써 슈바이처가 새로이 제시하게 되었던 몇몇 문제에 대한 영미 측의 기존 견해를 간단히

---

1) Hasting's *Dictionary of the Bible*, Vol. II, 1899, pp.603-53. 이 논문은 나중에 *Outlines of the Life of Christ*, 1907이라는 책으로 별도로 출판되었고 아주 광범한 영향을 미쳤다. A.M.Hunter, *Interpreting the New Testament* 1900-1950, 1951는 20세기 전반부에 그리스도의 생애에 대한 연구에 가장 현저히 기여한 열 권의 저서 중에 속한다고 평가하고 있다.

예시할 수 있을 것이다. 예수에게 있어서 하나님 나라의 진정한 의미는 하나님이 통치권을 행사하며 인간 세상에서 당신의 목적을 수행하는 것이었다. 그것은 온갖 종말론적, 혹은 파국적 예상과는 완전히 별개로서 예수의 사역에서 시작되어 그의 성령의 영향 아래 계속되면서 인간 세상에서 점진적이고 필연적으로 성장해 가는 실체이다. 그것은 예수의 사역의 현재에서 시작되어 계속되었고 계속되고 있으며 미래에 성장하게 될 것이기 때문에, 현재적인 동시에 미래적이다. 예수는 그가 심은 씨가 필연적으로 성장하리라고 확신했기 때문에 그의 지상 생애 동안 그 나라가 정확히 어느 정도까지 확장될 수 있을지에 대해서는 무관심하였다. 예수의 가르침에서 종말론이 중요한 역할을 전혀 하고 있지 않기 때문에 윤리학에 미친 종말론의 영향 문제는 애당초 생겨나지 않는다. 예수는 자신이 하나님 나라의 주요 설립자요 항구적인 부(副) 통치자라고 생각했다. 그가 인자라는 용어로 자신의 직분을 표현했을 때, 이는 자신이 이상적인 인간이요 인류의 대표임을 의미한 것이었다.

  슈바이처의 책은 샌디에게 큰 영향을 끼쳤다. 샌디는 1907년에 발표한 『최근의 그리스도전 연구』에서 슈바이처의 책을 아주 높이 칭찬하면서 자신이 본서로 부터 영향받아 이전에 견지했던 몇몇 입장을 재고하게 되었음을 인정했다. 전에 그 책은 그로 하여금 "우리 주님의 사역과 사명이 심지어 동시대인이 보고 추종했던 견지에서도 그 무게중심을 얼마나 많이 무덤 너머에 두고 있는지"와 또한 "그(예수)가 어느 정도까지 자신의 가르침의 중심 개념인 하늘 나라를 본질상 초자연적인 것으로 생각했는지" 깨닫게 해주었다. 샌디는 슈바이처를 읽은 결과 이제 "우리 주님이 당대의 유대적 관념을 초월하면서도 거의 매순간 얼마나 그로부터 시작하시는지 우리가 제대로 이해했는가" 의심하게 되었다.[2]

---

2) *Life*, pp.121 f.

여기서 우리는 한 학자에게 슈바이처의 이론이 끼친 일반적이고 직접적인 영향의 실례를 보게 된다. 이전에는 무시되었던 하나님 나라 개념 속에 포함된 종말론적, 묵시적 요소가 이제는 고려되어야 한다. 샌디는 시간이 경과함에 따라 그 문제를 보다 세심하고 면밀하게 숙고하였고, 그 결과 1911년에는 그 주제에 관한 자신의 두번째 견해를 출판하였다.[3] 그는 이제 복음서에는 진실로 묵시적인 요소가 있으며, 예수에 의하여 채택된 많은 지도적 용어들이 묵시적 용어라는 것을 인정했다. 그러나 그는 예수가 이들 용어를 사용할 때에 의미상으로 심오한 변화를 도입했었다고 주장했다. 예를 들어 이제 하나님의 나라는 묵시적 용어로서 받아들여졌으나, 예수가 건설하고자 했던 그 나라는 본질적으로 내면적이고 영적인 성질을 가지고 있었으므로 그는 용어에 이같이 새로운 의미를 부여하고 있다고 주장되었다. 예수는 묵시적 비유를 사용하고 있지만, 거기에 새롭고 비묵시적인 의미를 부여하고 있다. 이런 식으로 샌디는 슈바이처 이론의 위력 앞에 굴복하면서도, 동시에 자신의 옛 입장 중 핵심부분을 유지할 수 있었다. 이런 점에서 그는 이 시기에 예수의 "묵시적 변형"(transformation of apocalyptic)에 대하여 말하고 있던 많은 학자들을 대표하고 있다.[4]

옥스포드 종교사학 회의

슈바이처의 직접적인 영향은 샌디의 저술에서 뿐만 아니라 1908년 옥스포드에서 개최된 제3차 국제종교사학 회의에서도 발견될 수 있다. 그 회의의 제8분과인 "기독교"에서는 종말론을 주제로 한 많은 논문이 발표되었다.[5]

---

3) "The Apocalypic Element in the Gospels', *Hibbert Journal* 10, 1911, pp.83-109.
4) 이들 학자들의 견해를 자세히 알고자 하면 아래의 pp.50-56을 보라.
5) E. von Dobschütz, "The Significance of Early Christian Eschatology";

이들 논문 중에서 슈바이처 이론의 다양한 제 측면이 논의되었다. 폰 돕쉬츠 (E. von Dobschütz)는 예수의 가르침 속에 나타난 하나님의 나라가 그 주된 강조점을 순수한 미래적 소망으로서의 나라가 아니라 하나님과 맺은 깨어지지 않는 연합이라는 현재적 경험으로서의 그 나라에 두고 있기 때문에 부분적으로만 종말론적 개념이라고 주장했다. 버키트(F. C. Burkitt)는 예수가 자신의 죽음의 의미에 대해 가진 개념을 우리가 이해하기 위한 보조수단으로서 악한 농부들의 비유의 의미에 관해 논의했다. 그는 예수가 열두 제자를 파송할 때 와야할 종말이 오지 않자 자신의 죽음을 "대 파국을 초래하기 위한 도구"로 보았다는 슈바이처의 주장을 받아들였다.[6] 피바디 (F. G. Peabody)는 예수의 가르침에서 강조점은 종말론이 아니라 "세상 양심이 그 속에서 자문관과 인도자를 발견했던" 그의 윤리에 두어져 있다고 주장하면서 종말론과 윤리의 관계에 대한 문제를 제기했다.[7]

우리는 샌디의 저술 및 제3차 국제 종교사학 회의에서 발표된 여러 논문에서 영미계통에서 처음으로 철저적 종말론이 논의된 모습을 본다. 그 논의는 다음 십년 동안에도 활발히 논의되어 일련의 저술이 출간되었다.[8]

F.C.Burkitt, "The Parable of the Wicked Husbandsmen"; F.G.Peabody, "New Testament Eschatology and New Testament Ethics". 이 모든 논문은 *Transactions of the Third International Congress for the History of Religions*, Vol. Ⅱ, 1908에 재인쇄되어 있다.

6) *Transactions*, Ⅱ, p.326. 모든 영국 학자들 중에서 버키트가 슈바이처의 견해에 가장 많이 영향받은 사람에 속했다. 그의 주저(主著)는 우리의 논의 중 다음 시기에 속하며, 직접적인 영향보다는 오히려 상당 기간의 간접적 영향의 결과임을 보여 준다. 그래서 우리는 그같은 연대기적 위상 내에서 그의 저서를 다루고자 한다.

7) *Transactions*, Ⅱ, p.308.

8) F.C.Burkitt, "The Eschatological Idea in the Gospel", in *Some Biblical Questions of the Day* edited by H.B.Swete, 1909; E.F.Scott, *The Kingdom and the Messiah*, 1911(= *Kingdom*); C.W.Emmett, *The Eschatological Question in the Gospels*, 1911(= *Question*), E.C.Dewick, *Primitive Christian Eschatology*, 1912(=

에 미 트

이들 저작들 중에 오직 하나, 에미트(C.W.Emmett)의 글만이 철저적 종말론을 완전히 배척한다. 그는 그것을 단지 최근의 신학 풍조로서 예수에 대한 거짓된 인상을 우리에게 전해주기 때문에 격렬하게 배척되어야 하는 풍조로 간주한다. 그는 종말론자들에 의하여 묘사된 그리스도와 자유주의자들에 의하여 묘사된 그리스도를 비교하면서 이렇게 결론짓는다. "그들(자유주의자들)은 비록 논리적으로 우리가 경배해야 하는지는 약간 의심이 든다고 할지라도 막힘없이 존경하고 사랑할 수 있는 예수상을 우리에게 묘사해 준다. 종말론의 예수는 존경도 사랑도 하기 어렵다. 더욱이 그를 경배하기란 확실히 불가능하다."[9] 에미트에게는 우리가 묘사하는 예수를 존경하고 사랑하거나 경배할 수 있는지 여부의 주관적 요소가 이 상(像)이 역사적으로 정확한지에 대한 객관적인 고려보다도 더 중요했다. 슈바이처는 역사적 예수에 대한 자유주의 신학적 탐구의 약점 중의 하나가 각 개인이 자신의 성격이나 이상에 따라 나름의 예수상을 창작하는 것이라고 논증했었다.[10] 에미트의 주장은 철저적 종말론에 반대되는 주장으로서 결정적이라기 보다는 이런 경향의 완고함의 실례로서 보다 흥미있다.

버 키 트

버키트(F. C. Burkitt)는 하나님의 나라는 당대 유대의 묵시로부터 예수가 채택한 개념이라는 주장을 받아들였다. 그러나 그는 예수의 그 용어 사용이 "대중적인 이상을 설교하는 만큼이나 그에 대한 비판에 가깝

Eschatology; J.Moffatt, *The Theology of the Gospels*, 1912(= *Theology*); J.H.Leckie, *The World to Come and Final Destiny*, 1918(= *Final Destiny*); Wiliam Manson, *Christ's View of the Kingdom of God*, 1918(= *Christ's View*).
9) C. W. Emmett, *Question*. p.77.
10) *Quest*, p.4 참조.

다 …하나님의 나라가 임박했다면 무엇보다 앞서는 것은 하나님의 선택된 백성에게 회개하라는 요청이었다 …그러나 우리 주님의 사역이 계속됨에 따라 다른 요소들이 점차로 전면에 부각되었다. 그런 요소들 중에 구약성서에서 유사한 실례는 예레미야와 에스겔 시대에 과거의 민족국가가 종교공동체로 변화되는 과정에서 발견된다. 유대 민족은 통치자나 일반 백성이나 전체적으로 예수의 요청에 순종하지 않았다"고 주장하였다.[11] 최종적인 순종행위는 그 나라의 도래를 위한 근본적인 준비의 일부였다.

묵 시 의 변 형

이 단계의 논의에 참여한 나머지 기고자들은 그들 사이에 상당한 의견의 통일성이 있기 때문에 한 집단으로 간주 할 수 있다. 슈바이처에 대한 그들의 주요 비판은 그가 예수의 가르침 속에서 윤리적인 측면을 지나치게 경시한다는 것이다. 그는 순수한 윤리적 종교적 예수의 가르침을 고려하지 않으며, 그의 이론에서 소박한 경건에 대한 예수의 가르침이 차지할 공간을 찾아볼 수 없다.[12] 예수가 소박한 경건을 가르쳤다는 것은 자명한 것으로

---

11) F.C.Burkitt, *op. cit.*, pp.204 이하. 남은 자 사상, 제자들에 대한 예수의 개인적인 가르침, 그리고 그 나라의 도래를 위한 준비로서 순종적 요소에 대한 이런 강조점은 20년 후에 T.W.맨슨의 저술에서 커다란 역할을 하게 되었다. 아래의 pp.123-130 특히 p.127을 보라.

12) 예를 들어 E.C.Dewick, *Eschatology*, p.137; J.Moffatt, *Theology*, pp.59-61; Wm.Manson, *Christ's View*, pp.100,116 이하를 보라.

13) 예를 들어 J.H.Leckie(*Final Destiny*, pp.46 이하)는 세상에 관한 묵시론자들의 비관론을 강조하면서 이것을 그가 예수의 가르침에서 발견하는 낙관론과 비교한다. 이것은 지나치게 피상적인 접근이다. 예수와 묵시론자들 사이에 실재했던 차이점에 대해서는 A.Schlatter, *Die Geschichte des Christus*, ²1923, p.210이 보다 잘 서술하고 있다. 슐라터는 예수가 묵시론자들처럼 미래에 대한 정교하며 통일적인 상(像)을 제시하려고 하지 않으며, 그의 가르침에는 묵시문서들 중 어느 하나에 대해서도 직접 언급했던 경우가 단 한 번도 없음을 지적한다. 창세기 6장에 나오는 천사의 타락이나 에녹서의 표상과 같이 묵시에 종종 언급되는 내용이 예수의 가르침에는

간주되고 있는 것이다.

　두번째 비판은 우리가 유대 묵시의 견지에서 예수의 종말론을 해석할 수 없도록 예수와 묵시문학 저자들 사이에 근본적인 차이가 존재한다는 것이다.

　또한 묵시문학 자체를 다루는 슈바이처의 방법에는 상당히 아쉬운 점이 많다고 주장되고 있다. 그는 "역사적인 자료를 놀랄만큼 제멋대로 다룬다. 예를 들어 그는 유대문헌 전체에서 재림에 대한 가장 생생한 예언이 요한과 예수의 동시대인에 의하여 기록되었다(모세 승천기)는 사실에도 불구하고, 세례 요한은 묵시적 예언이 침묵 속으로 빠져든 순간에 등장했다고 말하고 있다. 또한 그는 그 나라에 대한 유대교의 교리가 단 하나만 있었던 것처럼 말하고 있지만, 사실은 그런 교리가 여럿 있었다. 그리고 나아가 솔로몬의 잠언에는 명백한 반대 증거가 있음에도 불구하고, 요한계시록에 표현된 것과 같은 메시야적 기대속에 모종의 정치적 색조가 있음을 인정하지 않고 있다."[14]

　현재 우리가 논의하고 있는 저자들에게 있어서 예수의 종말론적 가르침을 이해하기 위한 열쇠는 예수가 당대 유대의 묵시로부터 몇몇 요소를 물려 받았지만 그 과정 중에 그것들을 변형시켰다는 것이다.[15] 그들은 예수의

전혀 나오지 않는다. 묵시가들이 자기들의 전거이자 종말의 도래의 징표라고 주장하는 특별한 체험은 예수의 가르침 속에는 완전히 결여되어 있다. 묵시적 저자들은 끊임없이 자기들의 과거 역사를 회고하며 그들이 기대하는 잣대로 미래를 대망하며, 다양한 상징을 구사하여 하나의 통전적인 상을 형성하고 있다. 예수의 가르침에는 이런 요소가 전혀 없는 것이다.
　이 모든 지적은 사실이며, 여기에 더 많은 것들을 추가 할 수도 있다. 그러나 이것이 예수와 묵시적 저자들 사이에 여전히 남은 한 가지 중요한 공통점, 즉 미래적 소망과 관련된 "하나님의 나라"의 용법까지 변경시키지는 않는다.
14) J.H.Leckie, *Final Destiny*, p.42. E.C.Dewick, *Eschatology*, pp.131 이하의 경우도 동일하다.
15) 우리는 종말론에 관한 샌디의 "재고찰"에 관한 논의에서 이 시기의 저술

가르침 속에서 하나님의 나라가 본질적으로 비묵시적 이라는 해석을 유지하기 위하여 이같이 예수가 묵시를 변형시켰다는 개념을 구사하고 있다. 스코트(E. F. Scott)는 그 나라에 대한 예수의 관념에서 중심된 요소는 "인간이 하나님의 의지에 순응하여 그와의 교제에 들어갈 것이다"라는 것으로서 여타 모든 것은 여기에 부수된다고 주장한다.[16] 드윅(E.C.Dewick)은 "우리 주님의 종말론적 언어, 특히 거룩한 삶과 천부와의 영적 교제에 대한 부르심 뒤에는 보다 고매한 영적 진리가 있었다"고 말한다.[17]

이들 저자들은 예수가 묵시를 변형시켰다는 개념을 지나치게 기꺼이 사용했다. 사실상 예수의 언어가 묵시적이었던 반면에 그의 근본적인 사상은 그렇지 않았다고 말하는 것으로는 충분하지 않다. 우리가 이렇게 말할 수 있기 위해서는 묵시적 배경에 비추어 예수의 가르침에 대한 상세한 연구를 제시하면서 양자 사이의 유사점과 상이점을 주의깊고 상세하게 설명해야 할 것이다. 우리는 여기서 이같은 점을 발견하지 못하고 있다. 그 대신에 우리는 철저적 종말론에 비추어 보면 더이상 자명하지도 않은, 예수의 가르침의 본질적 성격에 대한 전제들을 자명하다고 가정하는 일반론을 목도할 뿐이다.

또한 이들 저술가들은 예수가 하나님의 나라를 순수한 미래적 대망으로 생각했다고 본 점에서 슈바이처가 잘못이었다는데 만장일치로 동의하고 있다. 스코트로부터 윌리엄 맨슨(William Manson)에 이르기까지 모든 사람들은 예수가 하나님의 나라를 어떤 의미에서는 현재적인 실체로 가르쳤다고 주장한다. 스코트와 렉키(Leckie)는 이에 관한 일반적 진술로 만족하

중 이같은 경향에 대해 주목한 바 있다. 위의 p.46을 보라.
16) *Kingdom*, p.99.
17) E.C.Dewick, *Eschatology*, p.202. J.Moffatt, *Theology*, pp.67-69; J.H. Leckie, *Final Destiny*, p.46; Wm.Manson, *Christ's View*, pp.72,78의 경우도 마찬가지이다.

지만, 모패트(Moffatt)와 드윅과 맨슨과 같은 사람들은 모두 그 점을 상세하게 논하고 있다.[18] 예를 들어 그들은 마태복음 12 : 28과 누가복음 11 : 20에 있는 *ephthasen*(임하였느니라)이 예수의 사역에서 그 나라가 임재해 있음을 가리키고 있으며,[19] 누가복음 17 : 21에 있는 *entos hymōn*(너희 안에) 은 "하나님의 나라가 너희 안에 있음"을 의미한다고 주장한다. 즉 윤리적, 영적 질서 속에 현존해 있다는 것이다.[20] 그들은 마태복음 11 : 2 이하와 누가복음 7 : 18 이하에 나오는 세례 요한의 질문과 예수의 대답을 지적하면서, 여기서 예수가 자신의 사역에서 메시야 시대의 예언을 성취했음을 주장하고 있다는 견해를 제시한다. 그들은 누가복음 10 : 23과 마태복음 13 : 16에 있는 제자들의 축복에 관한 구절을 주목하면서, 이것이 제자들이 그 나라를 이미 경험했음을 암시한다고 주장한다. 마태복음 11 : 12 이하 (눅 16 : 16 참조)에 나오는 매우 난해한 구절에는 예수의 때가 세례 요한의 때와 대립되게, 즉 현재와 과거의 관계로 설정되어 있으며, 이는 하나님의 나라가 바로 이 현재에 속해있음을 가리킨다고 해석되고 있다.[21]

그 논의에 대한 진정한 공헌이 바로 이 점에 있다는 사실에는 의심의 여지가 없다. 슈바이처가 예수의 가르침의 이같은 전체적인 측면을 보지 못한 채 지상에 그림자를 드리우는 구름이 현재적이라는 의미에서 그 나라가 현재적이라고 이야기 될 수 있을 따름이라고 주장한 것은[22] 전적으로 부당

---

18) E.F.Scott, *Kingdom*, pp.111 이하; J.H.Leckie, *Final Destiny*, p.61; J. Moffatt, *Theology*, pp.49-57; E.C.Dewick, *Eschatology*, pp.133-5; Wm. Manson, *Christ's View*, p.81 이하.
19) 이 점에 대한 바이스의 주장에 대해서는 위의 pp.20 이하를 보라.
20) 바이스는 예수에 대한 바리새파 반대자들을 겨냥한 말씀을 그렇게 해석하는 것이 매우 비정상적이라는 근거에서 이를 배척했다(*Predigt*, pp.85 이하).
21) 바이스는 이 구절을 그리스도의 시대에 무력에 의하여 하나님의 나라를 세우려고 시도하였던 열심당 유형의 메시야 운동을 가리키는 것으로 해석했다(*Predigt*, pp.192-7).

하다. 이후의 논의에서 중심 부분을 차지한 것은 이 문제를 둘러싼 것이었고, 도드(C. H. Dodd)가 공헌한 것도 이러한 배경에서이다. 그러나 우리가 지금 살펴보고 있는 논의 단계에서 그 나라에 대한 예수의 관념 중 이런 측면이 도드가 해석하듯이 해석되고 있지는 않다는 것을 강조해야 할 것이다. 이 단계에서 그 나라의 현재적 측면은 본질적으로 "도덕적이고 종교적인 영역"과 관련되어 있거나 "도덕적이고 영적인 질서 속에 현존"하거나 "인간들이 얻으려고 애쓰는 모종의 행복의 경험"과 같은 그 나라에 대한 자유주의적 해석을 유지하기 위한 수단으로 사용되고 있다. 이 모든 것들은 도드의 "실현된 종말론"(realized eschatology)과는 아주 판이하게 다르다. 이 시점에서 우리가 논의하고 있는 학자들은 신약성서의 증거 중에 그 나라에 대한 슈바이처의 해석에 부합되지 않는 측면에 관심을 기울이고 있었다. 그러나 그들은 아직도 그들 바로 앞서의 자유주의적이고 심리분석적인 해석에 너무나 근접해 있었기 때문에 그에 대한 적절한 해석을 제시할 수 없었다.

또한 종말론과 윤리의 관계성에 관한 문제에 대하여 이들 학자들은 만장일치로 슈바이처의 중간 윤리를 배척하고 있지만, 그 대신에 그 관계성에 대한 진정한 해석으로 무엇을 제시해야 하는지에 대하여는 결코 합의에 이르지 못하고 있다. 드윅은 여전히 그 나라가 그리스도에 의하여 영감받은 도덕적 행동의 결과로 현세 가운데 임한다는 관념의 영향을 받고 있다. 그래서 그는 예수의 가르침이 다가오는 사건의 예언이라기보다는 오히려 위대한 가능성에 대한 선포이자 하나님이 그 나라를 기꺼이 시작하려 하신다는 기쁜 소식이었다고 주장한다. 그 나라의 출발 목표는 회개와 윤리적 노력에 의하여 도달될 수 있었다.[23] 모패트는 윤리적 가르침을 본질적으로

---

22) 위의 p.34를 보라.
23) E.C.Dewick, *Eschatology*, pp.142 이하.

그 나라를 위한 준비라고 보고 있다. "예수는 그 나라 자체에 속한 성격과 특징들을 규정하고는 회개나 심령과 생활의 변화를 유도함으로써 이를 위하여 사람들을 준비시키기 위해 애쓰고 있다."[24]

이런 견해의 취약점은 예수에게는 그 나라가 어떤 의미에서는 이미 현재적이었다는 사실의 의미를 제대로 인식하지 못한다는 것이다. 이 점에서 맨슨(Wm. Manson)이 보다 확실한 안내자이다. 왜냐하면 그는 예수가 진정한 의를 "그 나라로부터 흘러나오는 모종의 실체", 곧 그 나라에서 놓여난 신적 구속능력의 새로운 흐름으로부터 솟아나온 생명으로 생각하였음을 인식하고 있기 때문이다. 예수의 윤리적 가르침은 "하나님 나라의 새로운 율법이며, 은혜와 자율과 능력이라는 그 새로운 맥락에서 고려되어야 한다."[25] 이것이 바이스와 슈바이처의 중간 윤리보다 훨씬 우월하며 전적으로 타당한 견해라는 것은 아래에서 논의될 것이다. 그리고 맨슨이 오직 그 나라를 현재적 경험의 사실로 보는 예수의 가르침에서 그같은 요소를 명확히 간파하고 있기 때문에 상기의 견해에 도달할 수 있었음을 주목하는 것이 중요하다.

예수가 그 나라에서 자신의 역할에 대해 취했던 견해에 관해 우리가 검토하고 있는 학자들 사이에 벌어진 논의는, 기꺼이 예수의 내면적인 심리상태에 대해 말하려 한다는 것과[26] 예수가 자신의 메시야성을 인지하고

---

24) J.Moffatt, *Theology*, p.61. E.F.Scott도 마찬가지이다. "예수의 목적은 단지 기다리는 기간의 가치를 규정하려는 것이 아니라, 도덕법이 그 나라에서도 유효하다고 선언하는 것이었다. 그는 사람들에게 그들이 새로운 의를 위하여 미리 어떻게 노력해야 하며, 그래서 어떻게 그 나라와 내면적 조화를 이룰 것인지 가르쳐 주었다." (*Kingdom*, p.127).
25) Wm.Manson, *Christ's View*, pp.116.
26) 예를 들면 이러하다. "…그는 그 나라를 선포할 때 그에 대한 자신의 관련성을 반영할 수 밖에 없었다. 그가 새로운 질서를 대표했다는 믿음은 훨씬 더 구체적인 형태를 요했다. 그래서 그는 어쩔 수 없이 자신을 메시야로 인정하게 되었다." (E,

있었고 이사야가 말한 종(Isaianic Servant)의 견지에서 메시야 직분에 대한 전통적 관점을 재해석했다는 견해를 단순히 반복한다는 특징이 있다. 복음서 속의 메시야 본문에 관계된 브레데(Wrede)의 회의론[27]과 슈바이처가 관심을 환기시켰던 스토리 상의 난점들에 대해서는 "예수가 메시야라고 주장했던 것은 비평학적 견지에서 볼 때 온당한 의심의 대상이 아니다."[28] 와 같이 신뢰할 만한 일반론으로 답변하면 충분한 것으로 보여졌다. 그러나 사실상 예수가 자신에 관해 가졌던 내적 확신에 대해 그 같이 확신있는 진술을 하기에는 때가 이미 너무 늦은 것처럼, 독일의 회의론이 그토록 쉽사리 움추러들기에는 시기적으로 이미 너무 늦었다. 이 문제들에 대한 영미계통의 논의는 그 회의론을 보다 진지하게 받아들이고 그 이유들을 보다 철저하게 조사한 연후에야 중요성을 갖게 되었던 것이다.

F.Scott, *Kingdom*, p.173). Wm.Manson, *Christ's View*, p.126; E.C.Dewick, *Eschatology*, pp.60 이하도 마찬가지이다.
27) W.Wrede, *Das Messiasgeheimnis in den Evangelien*, ¹1901, ²1913. 이 책은 불행하게도 영어로 번역되지 않았다.
28) Wm.Manson, *Christ's View*, p.125.

III
후속적 논의

2. 묵시의 부인과 승리

두번째 시기인 대략 1920-30년대 사이의 10년은 세 가지 점에서 흥미를 끈다. 그 시기는 미국의 사회복음운동이 철저적 종말론과 접촉하게 되었던 시기이자, 하나님의 나라에 관한 예수의 가르침에서 묵시의 영향력을 부인하려는 최종적인 광범위한 시도들이 나타난 시기였다. 그리고 이 시기는 이같은 시도들이 실패하고 하나님 나라가 묵시적인 용어이며 그렇게 해석되어야 한다는 견해의 전반적 승리가 확정되었던 시기였다.[1]

라우센부쉬와 사회복음

미국의 사회복음운동의 대표적인 신학자는 1919년 『사회복음의 신학』(*A Theology for the Social Gospel*)이라는 아주 중요한 저서를 발표했던 월터 라우센부쉬(Walter Rauschenbusch)였다. 라우센부쉬는 이 운동을 위한 신학이 예수의 가르침 속에 있는 하나님의 나라에 대한 특별한 해석의 기반 위에 정립되어야 한다는 점을 보여주었다. 사실 그는 하나님의 나라에 관한 예수의 가르침의 근본적 성격과 그 나라의 건설을 위한 관심의 본질적인

---
1) 다소 간의 예외에 대해서는 p.72를 보라.

동력이 교회에 대한 관심 때문에 수 세기 동안 무시된 이후 이 운동으로 말미암아 재발견되고 있다고 주장했다. 예수 자신은 항상 하나님의 나라에 관하여 말했고, 나중에 그를 위하여 활동하는 것으로 자처했던 일종의 제도, 곧 교회를 건설하는데 관심이 없었다. 예수에게 하나님의 나라는 사회변혁과 관련된 하나의 이상이었다. 그것은 윤리적인 가르침과 사회개혁과 정치활동과 유관한 운동에 의하여 실현될 이상이었다. 그것은 기원과 성장과 완성에 있어서 신적인 운동이었고 운동이다. 이 운동은 예수에 의하여 시작되었고, 예언자적 정신이 그 안에서 정점에 도달하였으며, 성령에 의하여 유지되고, 적절한 시기가 오면 하나님의 능력에 의하여 완성될 것이다. 하나님의 나라는 인류 속에 의의 공동체를 건설하는데 관심이 있는데, 그것은 인간 생활 안에서 스스로 실현되는 하나님의 능력이며, 하나님의 의지에 따른 인간의 조직이며, 사회질서의 기독교적 변형이다.[2]

라우센부쉬는 하나님의 나라에 대한 이같은 이해가 예수의 가르침에 근거하고 있다고 주장하지만, 이런 이해를 지탱하는 방향으로 예수의 가르침을 해석하려는 시도는 전혀 하지 않는다. 그는 종말론을 논의할 때, 단지 초기의 비유를 보면 예수가 "그 나라의 점진적 성장의 개념을 표현하기 위하여 유기적 생명체로부터 실례들을 구했으며" 비록 묵시적 분위기가 그가 가르침을 시작한 배경의 일부였다고 해도 그것은 그의 개인적 산물이 아니었고, 스스로 그로부터 탈피하고 있음을 보여준다고만 말한다.[3]

예수의 가르침에 대한 일개 해석의 측면으로서의 하나님 나라에 대한 사회복음운동의 이해는 그것이 전혀 예수의 가르침에 관한 해석이 아니라는 단순한 이유 때문에 용납될 수 없다. 여기서는 잡다한 여러 곳에서 긁어모은 개념들을 모자이크 식으로 조립하여 사용하며, 이를 역으로 예수의

---
2) Rauschenbusch, *Theology*, pp.131-45.
3) *Idid.*, p.220.

가르침 중에서 그런 이념들을 적용할 수 있는 측면 속에 끼워 맞추어 해석하고 있는 것이다. 우리는 이 운동 안에서 기독교의 윤리적 측면에 대한 강조나 구원의 사회윤리적 개념이나 복음서와 구약성서에서 인용된 도덕적 교훈이나 필연적인 진보에 대한 진화론적인 개념은 찾아볼 수 있지만,[4] 예수의 가르침에 대한 적절하거나 상세한 해설은 찾아볼 수 없다. 그 이유는 분명하다. 그러한 이해는 복음서에 기록된 말씀의 세부적 주해를 위한 기초로 삼는 그 순간에 무너져 내리기 때문이다.

사회복음학파의 저술 중에 이런 근본적이고 총체적인 취약점이 드러난 좋은 예는 『종교 윤리 사전』(*A Dictionary of Religion and Ethics*)에 게재된 셰일러 매튜스(Shailer Mathews)의 논문, "하나님의 나라"[5]에서 찾아볼 수 있다. 여기서 하나님의 나라는 "현세적이든 초월적이든 이상적이라고 생각되는 사회질서에 대한 하나님의 통치"로 정의되어 있으며, 곧 이어 "어떤 주석학적인 문제점들이 등장한다"는 것이 시인되고 있다. 그러나 이런 질문들에 대한 대답은 언어학이나 사전편찬에 의해서 보다는 유대인들이 보유한 관념을 둘러싼 일군의 사상들을 연구함으로써 가장 잘 찾아볼 수 있다." 이로써 매튜스는 그같은 해석이 그리스도 시대의 유대인들이 사용했던 *malkuth shamayim*의 실제적 의미나 용례에 비추어 어떻게 정당화될 수 있는지에 관한 답변하기 힘든 질문에 직면할 필요도 없이, 예수가 "하나님의 나라는 용어를 인류가 향유할 수 있는 최고선의 관습적 상징어로 사용하고 있다"고 주장할 수 있었다.[6] 마찬가지로 그는 그 논문에서 전적으

---

4) 이 모든 내용은 이 운동의 초기 단계의 역사가인 C.W.Hopkins의 *The Rise of the Social Gospel in American Protestantism, 1865-1915*, 1940에서 입증되었다. 특히 pp.99,109,121 이하, 127을 보라.
5) *A Dictionary of Religion and Ethics*, edited by Shailer Mathews and Gerald Birney Smith, New York, 1921, pp.245 이하.
6) 이 문제에 관한 달만의 중요한 저서에 대해서는 pp.27 이하를 참조하라.

로 주석학을 무시하고 있기 때문에[7] 예수의 가르침 속에 있는 하나님의 나라에 대한 이같은 이해를 마가복음 1 : 15과 마태복음 12 : 28과 같은 하나님의 나라에 대한 구절에 전제된 신적 활동의 침입사상과 조화시켜야 하는 난점도 피할 수 있었다.

사회복음운동이 미국의 교회생활과 사역 및 미국사회 전반에 놀랄만큼 의미있는 기여를 했다는 것은 부인 할 수 없다. 이같은 측면에서 하나님의 나라에 대한 그의 이해는 중요하다. 그러나 예수의 가르침 속에 있는 하나님의 나라의 해석에 관해서는 그 관점이 예수의 가르침에 관한 주해로부터 파생되지 않았다는 사실 때문에 사실상 본 논의에 하등 중요한 기여를 할 수 없었던 것이다.

그러나 우리가 라우쉔부쉬에게서 본 바대로 예수의 가르침에서 어떤 묵시적 영향도 부인하려는 경향은 1920년대에 미국과 영국에서 광범위하게 확산되게 되었다. 이 기간은 시기적으로도 철처적 종말론의 영향으로부터 훨씬 멀리 떨어져 있었고, 앞의 제2장에서 보았지만, 그 이전 10년 간의 업적 이후였던 것이다. 그러므로 우리는 이제 본 논의가 이미 놓인 토대 위에 선 건축물에 의하여 더욱 더 진전될 것으로 기대할 수 있다. 예를 들어 하나님의 나라가 유대의 묵시로부터 차용된 용어라는 사실이 수용되었다면, 예수의 어법에서 가장 중요한 요소가 무엇인지 확정짓기 위해 유대 묵시에서 그 용어가 사용된 사례를 배경으로 하여 예수가 이를 사용한 사례를 조사함으로써 그 논의는 더욱 진척을 볼 수 있었을 것이다. 또한 앞서의 논의가 하나님의 나라에 관계된 예수의 가르침 중에 슈바이처가 무시하고 요하네스 바이스가 부인했던 요소 -즉 그것은 어떤 의미에서는

---

7) p.246에 나오는 삽입구(비록 어떤 학자들은 현재적인 나라를 눅 17 : 20-22 및 다른 몇몇 구절에서 발견하려 하지만)는 논문을 통틀어 볼 때 신약의 실제적 본문에 대한 유일한 인용문이다 !

현재적 체험이라는- 에 주의를 환기시켰기 때문에, 이같은 노선을 더욱 깊이 탐구하도록 기대할 수도 있었다. 실제로는 이 시기에 이런 일들이 전혀 일어나지 않았다. 그 대신에 예수가 사용한 하나님의 나라와 인자라는 용어가 묵시에 어떤 빚을 지고 있느냐 여부의 문제, 즉 우리가 이미 해결했다고 생각했을 문제로 되돌아가 있었다. 그러나 영국과 미국에서는 예수가 이들 용어를 사용한 것은 묵시에서 그것들이 사용되었던 데 어느 정도 기인하고 있다는 점을 전적으로 부인하려는 진지한 시도들이 있었다. 이 용어들이 유대의 묵시에서 사용되었다는 점은 부인되지 않았다. 그러나 묵시에서의 용법이 예수가 사용한 그 용어들의 용법에 중대한 의미를 지닌다는 사실이 부인되었다. 여기서 당시에 언급되고 있던 사실과 그 이전에 언급되었던 사실 사이에는 미묘한 차이가 있다. 이전에는 예수가 이들 용어를 **사용했고 또한** 사용하면서 변형시켰다고 주장되었다. 그런데 이제는 예수가 그런 용어들을 전적으로 비묵시적인 의미로 사용했다고 주장하는 것이다. 요컨대 우리는 묵시의 변형으로부터 묵시의 부인으로 옮겨왔던 것이다.

묵 시 의 부 인

예수가 비묵시적 가르침을 표현하고 강요하기 위하여 묵시적 형식과 용어를 사용했다고 논증하려는 미국의 가장 권위있는 시도는 일군의 대표적인 학자들이 공동 집필한 "종말론에 관한 심포지움"(Symposium on Eschatology)이다.[8] 구약의 예언으로 돌아가서 "(구약의 예언자들 중에)

---

8) Kemper Fullerton of the Oberlin Graduate School of Theology, Nathaniel Schmidt of Cornell University, Louis Ginzberg of the Jewish Theological Seminary of America, E.F.Scott, at this time at Union Theological Seminary, New York and B.W.Bacon of Yale University. 본 "심포지움"은 *JBL* 41,1922,pp.1-204에 수록, 출판되었다.

초자연적이고 묵시적인 것보다 오히려 그 안의 윤리적이고 영적인 것을 강조하는 해석은 그것을 현대화하려는 시도가 아니라 그 진정한 성격을 공들여 인식한 결과"라고 주장함으로써 그 시도가 출범되게 되었다.[9] 묵시 자체가 유대교에서 결코 중요한 역할을 한 것이 아니라고 주장하는 역할은 긴즈버그(L. Ginzberg)가 떠맡았다. "묵시가들은 실생활과는 유리되었다. 랍비들은 민족의 인도자요 지도자로서 이들 몽상가들의 분방하고 막연한 환상이 이스라엘의 물질적, 영적 행복에 진정으로 위협이 됨을 직시하는 데 어김이 없었다."[10]

이같이 해서 자신을 위한 무대가 준비되자 스코트(E. F. Scott)는 예수의 가르침의 묵시적 요소에는 "그것을 표현했던 형식 이상의 의미를 지닌 실제적인 종교적 목적이 있었다"고 주장한다. 묵시적 가르침의 기능은 "비(非)묵시적인 메시지를 강조하는 것이다…그는 새로운 종류의 삶, 하나님과의 새로운 관계를 요구했다. 그가 그 나라를 대망하는 동안에도 그의 관심은 그 나라에 수반되는 윤리적 요구에 있었다."[11] 베이컨(B. W. Bacon)도 마찬가지 견지에서 복음서에 나오는 인자 구절들에 대한 문제에 접근하면서 그 구절들을 예수가 두 가지 방식으로 사용하였다고 주장한다. 갈릴리 사역 동안에는 다가오는 심판주로서의 인자를 지칭하였는데, 이는 묵시에서 차용된 개념으로서 예수가 회개의 요청을 강조하기 위하여 사용하였다. 가이사랴 빌립보 사건 이후로는 그 용어가 다니엘 7장과 관련되며,

---

9) K.Fullerton, "Symposium", p.101.
10) L.Ginzberg, "Symposium",p.134. 사실상 랍비들과 묵시문학 사이의 관계는 긴밀한 것이었다. 왜냐하면 묵시문학은 아마도 십중팔구 서기관들의 비의적(秘儀的) 가르침을 대변한 것이기 때문이다. J.Jeremias, *Jerusalem zur Zeit Jesu*, Ⅱb, 1937, pp.106-11. 긴즈버그의 주장에 대한 더 진전된 논평을 위해서는 아래의 pp.68 에 나와 있는 이스턴의 저작을 참조하라.
11) E.F.Scott, "Symposium", pp.138 이하.

예수는 이 인물을 최후 승리의 보증을 명시하기 위해 사용한다.[12] 그래서 우리는 다시금 비묵시적 요소를 강조하기 위하여 묵시적 개념이 사용된 경우를 보게되는 것이다.

이렇게 예수의 가르침에서 묵시적 요소를 제거시켜 설명하려는 특별한 시도가 갖는 치명적인 약점은 외적인 묵시문학적 형식들과 이 형식들이 표현하며 강조하고 있는 것으로 여겨지는 메시지의 내적 의미 사이에 근본적인 모순이 존재한다는 것이다. 스코트도 중심개념인 하나님의 나라 개념과 연관해서는 이 점을 인정하고 있다. 그럼으로써 그는 최소한 예수의 사고 전개가 지극히 어설프다고 비난해야 하는 입장에 내몰리게 된다. "우리는 예수가 채택한 형식과 그의 메시지의 내적인 취지 및 의도 사이의 모순을 해결해야 한다. 그는 묵시가들이 가르쳤듯이 그 나라가 미래적이라고 선언했다. 그러나 그는 현재 하나님이 통치하며 묵묵히 일하고 계시다는 믿음에서 결코 요동하지 않는다. 그 자신은 그 모순을 인식했을까? 아마도 그렇지 않은 것같다. 그는 당대에 통용되던 묵시적 이념의 근저에 있는 철학이나 그 기원에 대해 숙고해 보지도 않고 그 이념을 답습하였다."[13] (원문 그대로의 인용임). 우리는 사상가, 특히 종교사상 분야의 사상가로서 역사적 예수의 **역량**을 평가하도록 요구하는 접근방식을 따르기를 정당하게 거부할 수 있을 것이다.

베이컨은 계속하여 1928년에, 「예수 이야기와 기독교의 출발」(*The Story of Jesus and the Beginning of the Christian Church*) 이라는 저서에서 예수의 생애와

---

12) B.W.Bacon, "Symposium", pp.145-7.
13) E.F.Scott, "Symposium", p.141. 그는 예수의 가르침의 본질적인 내용과 묵시적 형식 사이의 관계에 대한 자신의 이같은 판단의 결과에 구애받지 않고 그 후의 두 권의 저서에서 그 논제를 되풀이 하였다. *The Ethical Teaching of Jesus*, 1924, 특히 pp.140-2와 *The Kingdom of God in the New Testament*, 1932에서 특히 pp.57,69,115 이하.

사역에 대해서 완전한, 그리고 철저히 비묵시적인 그림을 제시한다. 여기서 그는 그 나라가 세상에서 점차적으로 성장하는 내면적인 영적 실체라는 자유주의적 견해를 되풀이하면서, 우리가 예수를 단순한 광신자로 보는 견해를 배척해야 한다는 이유 때문에 철저적 종말론을 배척하고 있다.[14] 그의 저서에 나타난 예수의 궁극적인 목적에 대한 견해는 다음과 같다. "그는 아주 시초부터 헌신했었던 대의, 즉 이스라엘로 하여금 여호와의 종이자 증인으로의 민족적 소명에 충성스럽게 순종하도록 하기 위하여 지혜롭게 계획했고 용감하게 투쟁했다." 그는 "민족적 열망과 구상"을 품고 있었다. 그는 현실 정치의 차원에서 일했으며, 평민들의 지지를 호소하면서 대중운동을 조직하려고 노력했다. 그의 목적은 이스라엘 나라와 민족을 개혁하는 것, 즉 민족적인 회개 행위와 자신의 지도력을 수용함으로써 성전예배를 정화하고 진정한 신정정치를 반영하는 정치제도를 구비한 개혁된 이스라엘을 수립하는 것이었다.[15] 그러나 예수의 가르침 속에 있는 그 나라의 종말론적 성격을 그렇게 가볍게 무시해서는 안된다. 베이컨은 여타의 사회복음학파의 학자들처럼 예수와 그 당대 사람들이 사용했던

---

14) 이것은 오늘날에 이르기까지 미국 학계에서 들려오는 논조이다. 최근의 실례에 대해서는 아래의 pp.205-218에 나와 있는 미국의 "예언자 예수(Jesus as a prophet)" 학파에 관한 장을 보라.

15) *Op. cit.*, pp.208-24. 베이컨은 *Schaff-Herzog Encyclopedia*, Vol.VI, 1908, pp.160-7에 실린 자신의 논문 "예수 그리스도"에서 예수의 목적에 대하여 유사한 해석을 제시했었다. 유사한 견해는 사회복음학파(예를 들어 Rauschenbusch, *Christianity and the Social Crisis*, 1907, p.66)의 상투적 주장의 일부였다. "그 누구도 '모든 사람들이 예수의 영적 지도력을 받아들였더라면 어떤 일이 발생했을까?'라고 자문해 보지 않는다면 진정으로 예수의 생애를 이해하지 못할 것이다. 그의 통치를 배척한 것이 갈릴리 성읍들과 예루살렘의 정치적 멸망을 수반했다면, 그의 통치를 받아들이는 것은 아무런 정치적 결과도 내포하지 않았을 것인가?" 그같은 견해들은 오늘날에 이르기까지 영국과 미국에서 계속 표명되어 왔다. 가장 최근의 예는 영국에서 나왔다. R.Dunkerley, *The Hope of Jesus*, 1953.

*malkuth shamayim*이라는 용어의 본질적 의미를 충분히 고려하지 않았으며, 이를 파괴하고 갱신하는 신적 행동의 역사 속으로의 개입으로 인식하지 못했다. 그는 또 정치적인 회복이나 개혁이 전혀 예수의 사명과 관심 밖의 일이었음을 입증한 요하네스 바이스의 논리에 제대로 대응하지 못했다.[16]

다시 영국으로 눈을 돌려보면, 에미트가 그 논의에 재합류하여 다시 한번 철저적 종말론이 배척되어야 한다고 주장한다. 그는 이제 복음서 자료 속에 묵시문학적 자료가 배열되어 있는 것을 보면, 그 자료의 상당 부분이 초기 기독교 저술가들에 의하여 예수의 말씀으로 잘못 돌려졌다고 하면서, 또한 나머지 부분은 상징적으로 해석되어야 한다고 주장한다. 묵시적 가르침, 특히 악인들에 대한 장래의 형벌을 다루는 부분은 하나님의 부성적 사랑의 교리와 너무나 불일치하므로, 양자 중 하나는 예수에게서 나오지 않은 것으로 거부되어야 하며, 그 중 묵시적 가르침이 보다 원초적이지 않는 것으로서 배척되고 있다. 예수는 묵시적 나라가 아니라, 완만하고 끈기있는 개개인의 중생과정과 교제와 협력이 가능한 독립적인 인격의 창출과 개발에 의한 사회건설을 고대했다.[17]

이들 논리의 취약점은 명확하다. 비묵시적이고 윤리적인 스승에 의하여 형성된 제자들의 공동체가 어떻게 하여 묵시적 기대에 강렬한 관심을 가지게 되었으며, 그러한 기대감의 출처를 자기들의 스승에게로 돌리게 되었는지에 대해 설명하려는 시도가 전혀 보이지 않는 것이다.[18] 또한 그들에게는 하나님에 대한 자유주의적 감상주의와 인간에 대한 자유주의적 낙관론이 엿보이는데 이는 전적으로 비성서적인 것이다. 아직도 예수가 19세기의

---

16) 바이스의 이런 주장에 관해서는 위의 pp.18 이하를 보라.
17) C.W.Emmett(with L.C.Macdougall), *The Lord of Thought*, 1922, pp.268 이하.
18) H.A.Guy, *The New Testament Doctrine of the Last Things*, 1948, p.84의 논평 참조.

자유주의적 이상을 공유함이 틀림없으며, 그러므로 그는 주후 1세기의 묵시사상과는 전혀 공통점이 없다고 가정되고 있는 것이다.

헤들람(A. C. Headlam)[19]은 철저적 종말론이 하나의 강력한 이념에 의하여 지배당하고 있으므로 자료본문에 충실하지 않은 해석이라고 하여 배척하고 있다. 그에게는 묵시적 언어는 "영적 진리의 회화적 표현"[20]이며 하나님의 나라의 묵시적 묘사에서 나타난 영적 진리가 곧 기독교의 사실이자 교회의 성장임이 자명한 것이다.

철저적 종말론의 두 대변자들

하나님 나라에 관한 예수의 가르침에서 이처럼 묵시적 요소를 배제시키려는 태도는 대서양 양편에서 반발을 불러 일으켰다. 영국에서는 버키트[21]가 요하네스 바이스와 슈바이처의 견해를 옹호하기 위하여 일어섰고, 미국에서는 이스턴(B. S. Easton)이 계속 진행되는 논쟁에서 똑같은 역할을 하였다.

버키트의 저작[22]은 한 가지 점에서 슈바이처보다 진보를 이루었다. 그는

---

19) A.C.Headlam, *The Life and Teaching of Jesus Christ*, 1923, and *Jesus Christ in History and Faith*, 1925.
20) *Life and Teaching*, p.249.
21) 우리는 위의 p.48에서 모든 영국 학자들 중에 버키트가 슈바이처의 견해에 가장 많이 영향받은 사람에 속한다고 지적한 바 있다. 그리고 우리는 이미 본 논의에 대한 그의 두 가지 초기 공헌들을 다룬 바 있다. 위의 pp.48 이하를 보라.
22) 이 단계의 논의에 대한 그의 저술은 이러하다. *Jewish and Christian Apocalypses*, 1914 (= *Apocalypses*); *Earliest Sources for the Life of Jesus*, 1910, 2nd, greatly revised edition, 1922 (= *Earliest Sources*), *Christian Beginnings*, 1924; *Jesus Christ, and Historical Outline*. 이 책은 원래 여러 작가들에 의하여 출판된 *History of Christianity in the Light of Modern Knowledge*, 1929의 일부분이었으나, 1932년에 후기를 달고 분리 출판되었다 (= *Outline*).

유대의 묵시에 관하여 철저한 연구를 수행함으로써 슈바이처보다 더 책임성 있게 이 자료를 취급하고 있다. 이들 자료를 다루는 능력이나 관련 언어의 구사력 면에서 버키트는 요하네스 바이스가 설정한 기준, 즉 이 논의에 대한 영미계통의 모든 필진들에게서는 기대할 수 없었던 수준을 충족시키고 있다.

버키트는 묵시적 자료에 대한 연구를 통하여 묵시적 저술들을 매우 높이 평가하게 되었고, 그것들을 자신이 유대 민족의 영웅시대라고 불렀던 마카비 봉기와 예루살렘 파괴 사이의 기간에 나온 작품으로 간주했다. [23] 그는 이들 문헌에서 하나님 나라에 대한 개념이 이 기간 동안에 유대인들의 본원적인 소망을 표현하기 위하여 발달했음을 보여주었다. 그 소망은 바빌로니아, 미디아, 페르시아, 셀레우쿠스 왕조 등 잇따른 열강들이 역사 속에 임한 하나님의 손길에 의하여 무너지고, 이로써 하나님 자신이 지배권을 그 손에 장악하게 되리라는 소망이었다. "하나님 자신의 나라가 시작될 것이다. 그는 영원토록 통치하면서 당신의 충성스런 백성을 보호하시며 그들이 이교도들의 손에서 겪었던 온갖 시련으로 인하여 그들에게 상급을 베푸실 것이다."[24] 버키트는 하나님 나라의 묵시적 개념을 이처럼 호의적으로 제시한 토대 위에서 복음서 이야기로 돌아가서, 이것이 예수의 가르침의 배경이라는 가정 위에서 어떻게 "복음서의 문장, 문구, 비유 하나하나가 그 곳에 위치하게 되었는지" 보여주고 있다. [25]

버키트는 예수의 사역에 관한 전반적인 묘사에서 슈바이처의 입장을 밀접하게 따르고 있다. 그는 묵시적 소망이 유대인들 사이에 확산되었기 때문에 예수의 사역을 그 소망의 맥락 속에 두면서, 이 소망을 "장차

올 좋은 시기"(The Good Time Coming)에 대한 믿음으로 특징짓고 있다.[26] 그는 예수가 자신의 사역을 시작하고 제자들에게 전파하도록 위임한 메시지가 단지 "하나님 나라가 가까왔다"는 것이라는 슈바이처의 주장을 받아들인다. 그는 예수의 가르침을 중간 윤리로서 간주하고 있다. 또 그는 그 나라의 도래가 지체된 사건이 예수에겐 핵심적인 문제였던 것으로 보며, 열두 제자의 파송 때 그 나라가 임하지 않았다는 사실을 그의 사역의 전환점으로 간주하고 있다. 이 시점으로부터 예수의 사역은 위기상황을 초래하려는 그의 결심에 의하여 지배되는 것이다. 그리고 그의 가르침에는 자신이 당할 고난과 그 고난의 의미라는 요소가 개입하게 되는 것이다.[27]

그러므로 버키트는 예수의 사역에 대한 자신의 설명에서 새로운 어떤 중요한 내용을 추가하고 있지는 않다. 그는 슈바이처의 견해를 반복하면서 자신의 학적인 권위를 가지고 그 견해를 강화하고 있다. 그 자신이 이 논의에 미친 중요한 공헌이라면 그가 하나님 나라에 관한 본질적인 묵시적 이해를 면밀하게 묘사했으며, 이같은 이해와 예수의 가르침에서 발견되는 이해 사이의 연관성을 보여주었다는 것이다. 이런 점에서 그의 영향은 여하튼 영국에서는 결정적이었다. 그러므로 그의 업적은 영국 학자들이 하나님의 나라에 관한 예수의 가르침에서 이같은 묵시적 요소를 부인하는 데 효과적으로 종지부를 찍게 만들었던 것이다.

미국에서는 버튼 스코트 이스턴(Buton Scott Easton)이 예수의 사역에 대한 묵시적 접근의 옹호자였다.[28] 그는 1922년 『성서문학 잡지』(Journal

---

26) *Outline*, p.6. 이같은 특징화는 맨체스터 대학의 T.W.맨슨의 강의에서 종종 등장하곤 했는데, 이는 역으로 본 논의에 현저한 기여를 하게 되었던 한 학생에 대한 버키트의 영향력을 입증해 주었다.

27) *Outline*, pp.32-38. 버키트는 초기와 마찬가지로 후기 저작에서도 예수의 죽음의 의미에 대한 이해의 열쇠로서 악한 농부의 비유를 사용한다. 위의 p.48과 *Earliest Sources*, ²1922, pp.70 이하를 보라.

of Biblical Literature)에 수록된 "종말론에 관한 심포지움"[29]에 대한 충분한 지식을 가지고 저술에 착수하여 여기에서 발견되는 1세기 유대교의 묵시적 요소를 극소화하려는 입장을 논박하였다. 그는 랍비적 자료들을 그리스도 시대의 상황을 위한 직접적인 증거로 사용하는 데에는 난점이 있음을 입증했고, "탈무드 저자들은 종종 서슴지 않고 후대인들에게 옳게 여겨지지 않는 어떤 문제에 대하여 과거 기록을 정정한다"는 사실을 보여주었다. 묵시에 관해 보면 랍비들의 분위기는 주후 66-70년과 130-135년의 파국적인 경험에 의하여 고정되었다. 그러므로 그들이 묵시에 대해 보인 무관심은 그보다 이른 시기로까지 소급되어서는 안된다. 사실 바리새인이던 사독(Saddouk)은 분명히 묵시적 호전론자인 갈릴리의 유다를 지지했고, 가장 위대한 랍비인 아키바(Akiba)는 묵시적 메시야로 자처한 바르-코크바(Bar-Cochba)를 지지함으로써 목숨을 잃었다. 우리는 모든 자료를 볼 때 예수가 사역을 시작하던 분위기는 묵시적 소망으로부터 자극받았으며, 예수가 이런 분위기에서 "하나님의 나라"와 같은 전문적인 묵시적 용어를 사용할 때 이를 일반 대중이 받아들였던 의미로 사용했음이 틀림없음을 알 수 있다. "자신의 교의가 비록 비묵시적이었다 해도 그는 이를 자신의 제자들이 명심하도록 만드는 데는 현저하게 실패했다."[30]

이스턴의 저서 중 이런 대목은 아주 설득력이 있다. 그러나 그는 더 나아가 종말론과 윤리 사이의 관계성 문제를 논하면서 놀랄만한 취약점을 보여준다. 그는 슈바이처의 **중간윤리**를 배척하고 있을 뿐아니라, 예수의 윤리적 가르침을 구원의 수단으로 보는 자유주의적 견해를 계속하여 견지하고 있다. 그래서 그는 예수의 가르침에서 묵시적 요소와 아울러

---

28) B.S.Easton, *Christ in the Gospels*, 1930 (= *Christ*).
29) 본 심포지움에 대해서는 위의 pp.61 이하를 보라.
30) Easton, *Christ*, pp.95-99, 161.

또한 윤리적 요소도 실재한다고 확신하면서 이 양자를 모두 구원의 수단으로 본다는 기이하고 아마도 유일무이한 입장에 서 있는 것이다. 그는 이 둘 사이의 관련성 문제에 대하여 해결책을 찾지 못하자 그 둘을 결합시키는 외의 다른 방도를 취할 수 없었고, 예수가 이중적 구원론을 가르쳤다고 주장한다. 한편으로는 "피조됨으로 인해 하나님의 자녀가 된 인간들은 아들됨 (sonship) 의 사실과 책임을 받아들임으로써, 그리고 그들이 스스로 얻을 수 없는 것을 천부께서 공급하도록 의탁함으로써 구원을 얻는다." 다른 한편으로 인간은 그 나라에 대한 예수의 메시지의 도전에 올바로 응함으로써, 특히 그것과 연관하여 예수의 사역에 동참함으로써 또한 구원을 얻을 수 있는 것이다. "그래서 우리는 공관복음서의 자료에 있는 그대로 예수의 언설에서 하나가 아니라 두 가지 체계의 종교적 이념을 발견한다."[31] 혹자는 이것을 비(非)철저적 종말론 (*inkonsequente Eschatologie*) 으로 묘사하려는 유혹을 받지만 그것은 분명히 넌센스이다. 예수의 가르침 속에 있는 하나님에 대한 근본적 관념은 하나의 단일적 존재(unity) 이며, 따라서 하나님의 의의 절대적 표현인 하나님의 나라와 그 의의 윤리적 요구사항 또한 하나의 단일체로 표현될 수 있어야 하는 것이다.

묵시의 승리

예수의 가르침 속에 있는 하나님의 나라에 대한 해석에서 묵시적 요소가 진정으로 승리한 것은 1927년 4월 2-9일에 캔터베리에서 개최된 6인의 영국 신학자와 6인의 독일 신학자들이 모인 회의에서 제출된 논문에서 확인할 수 있다. 이 회의는 하나님 나라의 본질 및 인간 사회와의 관계성을 논의하기 위하여 소집되었다.[32] 그들 중 네 명은 특히 신약성서와 예수의

---

31) *Christ*, pp.152-4.

가르침에 관심을 갖고 있었다. [33)] 이들 네 사람은 하나님의 나라를 묵시적 개념으로 간주하면서 이같은 이해에 따라 예수의 가르침을 해석하고자 하는 점에서 절대적인 의견일치를 이루고 있었다. 그 나라를 윤리적인 개념으로 보고 정치적, 혹은 사회적 개혁과 연관되어 발전하는 존재로 보려는 낡은 관념은 사라져 버렸다. 그 대신에 우리는 요하네스 바이스를 회상시켜주는 말투와 사상을 발견한다. 호스킨스는 "우리 신약성서는 거의 전적으로 하나님을 능동적이고 강력한 분으로 간주하려는 관념에 의해 지배되고 있다. 그것을 기록한 사람들은 하나님의 행동을 발전하는 역사 속에 포함된 행동이라거나 우주의 물리적 구조에 운동과 생명을 부여하는 에너지로 간주하려는 경향을 보여주지 않는다. 하나님의 행동은 시종일관 대변동으로 간주된다"라고 쓰고 있다. [34)] 마찬가지로 슈미트(Schmidt)도 이렇게 쓰고 있다. "우리는 주로 예언자들에게서 기원하고 나아가 묵시가들에 의하여 발달된 종말론적 개념을 다루어야 한다 … (이 개념은) 세상적 환경의 자연스런 발전이나 인간의 노력에 의해서가 아니라 오직 하늘로부터 하나님의 개입에 의하여 수립될 수 있는 나라를 묘사할 수 있을 뿐이다." [35)] 키텔

---

32) 여기에 제출된 논문들은 *Theology* 14, 1927, pp.249-95에 수록 출간되었다.
33) E.C.Hoskyns, Cambridge : "The Other-Worldly Kingdom of God in the New Testament", pp.249-
; K.L.Schmidt, Jena : "The Other-Worldly Kingdom of God in Our Lord's Teaching", pp.255-7; C.H.Dodd, Cambridge : "The This-Worldly Kingdom of God in Our Lord's Teaching", pp.258-60; G.Kittel, Tübingen, "The This-Worldly Kingdom of God in Our Lord's Teaching", pp.260-2.
34) P.253.
35) P.256. 슈미트는 또한 논문 *basileus-basileia* in *TWNT*, I, pp.576-95 (H.P. Kingdon이 영역, *Basileia*, 1957)에서 신약 부분을 집필했다. 여기서 그는 예수의 가르침 속의 *basileia*의 핵심적인 의미가 나라가 아니라 지배권(Herrschaft : 킹든은 이것을 "sway"라고 번역한다)이라고 주장한 점에서 달만을 뒤따르고 있다. 그리고

(Kittel)은 "'다른 시대'와 '내세'가 이 시대와 현세에로 쇄도해 들어오는데 대하여", 그리고 "이 세상으로 당신의 나라를 지으시는 하나님의 행동에 대하여" 말하고 있다.[36] 도드의 입장은 보다 복잡하다. 그는 이 경우에 예수의 가르침에서 묵시적 개념이 실제적 역할을 한다는 점에는 동료들과 신념을 같이 하지만, "하나님 나라의 멍에를 스스로 담당한다"는 랍비적 개념이 또한 그 가르침에서 실제적 역할을 하고 있다고 주장한다. 그는 이에 덧붙여 그 나라가 예수의 사역 중에 임재해 있다는 주장을 도입한다. 사실상 도드의 논문은 그의 "실현된 종말론"의 최초의 진술이다. 이것은 그 자체로서 전체적 논의에 상당한 기여를 하기 때문에 우리는 다음 장에서 도드의 총체적 공헌을 논할 때 이 논문도 논의할 것이다. 현재로서는 그의 논문이 결코 예수의 가르침에서 묵시적 요소를 부인하려는 시도가 아니라는 점에 주목하는 것으로 충분하다. 그는 오히려 이를 증명된 사실로 받아들이고 계속하여 새롭고 중요한 요소를 논의 속에 도입하고 있다.

논의의 장래는 하나님의 나라를 예수의 가르침 속에 있는 묵시적 관념으로 받아들이고 나아가 그 때 제기되는 그 이상의 문제들을 토의하려는 용의가 있는 사람들의 수중에 있었다. 바이스와 슈바이처의 첫번째 주장은 타당했다. 예수에게 그 나라는 전적으로 미래적이었다는 그들의 주장도 옳은 것인가? 예수의 가르침 속에서 종말론과 윤리 사이의 연관성에 대한 그들의 평가가 과연 수용될 수 있는가? 하나님의 나라가 묵시적 개념이라면, 그렇다면 인자는 어떠한다? 이제 논의가 지향하는 바는 바로 이같은

그는 역사 속에서 하나님의 개입이 강조되어 있다고 주장한 점에서 바이스를 뒤따르고 있다. 그들은 예수와 묵시적 저술가들 사이의 차이점에도 불구하고 그 나라를 만물을 변화시키는 우주적 대파국으로 이해한다는 점에서 일치점을 보이고 있다 (*TWNT*, I, pp.596 f.; *Basileia*, pp.45 이하).
36) P.261.

더욱 진전된 의문점들에 관한 것이다. 사실 영국과 미국에는[37] 첫번째 결론의 위력에 여전히 저항하려 하는 몇몇 학자들이 남아있지만, 이들은 숫적으로 점점 더 희소하게 되었고, 논의의 주류는 그들을 무시하고 있다.

---

37) 영국 출신의 세 사람의 실례는 매키논(J.Mackinnon), 카두(C.J.Cadoux), 그리고 커티스(A.H.Curtis)이다. 매키논은 *The Historic Jesus*, 1931에서 예수가 내적인 영적 종교의 스승이자 영원한 도덕적 가치의 스승이기도 했으며, 또한 이 현 시대(aeon)의 임박한 묵시적 변화를 선포하는 자였다고 주장했다. 그의 활동의 전자의 측면은 영속적인 가치가 있음이 입증되었고, 후자의 측면은 지나간 사고방식의 유산으로 뒤에 남겨졌다. C.J.Cadoux, *The Historic Mission of Jesus*, 1943과 A.H.Curtis, *Jesus Christ the Teacher*, 1943은 "하나님의 나라"를 일개 묵시적 개념으로 인식하지만, 예수의 가르침과 사역 내에서 이것은 그가 견지하고 또한 다른 사람들에게 주입하려고 노력했던 하나님의 자녀됨의 의식에 엄격하게 종속된 것이었다. 예수의 가르침에서 묵시적 요소를 부인하고 축소하거나 변형하려고 시도했던 몇몇 대표적인 미국 학자들의 저술은 다음의 9장에서 논의될 것이다. 독일에서는 옛 관념이 철저적 종말론의 공격과 1차 세계대전의 결과 및 그 여파에 직면하여 살아남지 못했다.

IV

C. H. 도드와 "실현된 종말론"

C. H. 도드

 예수의 가르침에 나타난 "하나님의 나라"에 대한 영미계통의 논의에서 단일인의 공헌으로서 가장 중요한 것은 의심할 여지없이 도드의 "실현된 종말론"이다. 도드는 "하나님의 나라"를 묵시적 개념으로 받아들이는 일반적 추세를 따르면서 예수의 가르침 속에 있는 그 나라의 도래에서 시간적 요소라는 문제를 제기하였다. 그는 예수에게는 그 나라가 현재적이었으며, 예수는 그 나라의 실체가 자신의 사역 중에 실현된 것으로 가르쳤으며, 따라서 예수의 종말론은 "실현된 종말론"이라고 주장했다.

 도드는 이런 견해를 일련의 저서에서 설명, 변호하였고, 결국에는 다소 변경하기도 하는데,[1] 그 중 첫번째 글은 독일과 영국 신학자들이 모인

---

1) "The This-Worldly Kingdom of God in our Lord's Teaching", *Theology*, 14, 1927, pp.258-60(위의 pp.70 이하를 보라); "The Gospel Parables", *BJRL* 16, 1932, pp.396-412; *The Parables of the Kingdom*, ¹1935, ⁴1948(= *Parables*); "The Kingdom of God has come", *ExpT* 48, 1936-7, pp.138-42; *The Apostolic Preaching and Its Develpments*, ¹1936, ²1944; *The Kingdom of God and History* (with H.G.Wood and others), 1938(= *Kingdom*); *The Interpretation of the Fourth Gospel*, 1953; *The Coming of Christ*, 1951(= *Coming*); *Gospel and Law*, 1951.

1927년의 캔터베리 회의에 제출한 논문이다.[2] 이 논문에서 그는 달만의 견해를 좇아 하나님의 나라의 랍비적 어법과 예언적-묵시적 어법을 둘 다 예수의 가르침의 배경으로 보았다. 그는 달만과는 달리 후자를 전자의 관점에서 해석하지 않고,[3] 그 둘을 분리하여 두 어법이 모두 예수의 가르침에서 발견될 수 있다고 주장한다. 인간의 경험 내에서 하나님의 뜻에 순종함으로써 실현되는 나라라는 랍비적 개념은 예수의 가르침 중에 "'어린 아이처럼 하나님의 나라를 받아들이라'는 말씀과 같은 구절들에서" 찾아볼 수 있다. 예수의 윤리적 가르침이 자리잡은 지점은 바로 여기이다. "예수는 확실히 당대의 교사들 못지않게 지금 이곳에서 하나님의 주권을 실현하는 것이 가능하다고 주장했다. 그의 윤리적 가르침은 그 방법을 우리에게 가르쳐 준다."[4] 또한 예언적-묵시적 개념은 예수의 가르침에서 미래적 소망으로서가 아니라, 현재적 실재로서 발견된다. 도드는 *phthanō*에 해당되는 70인역의 *naga'*와 테오도시안역 다니엘서의 *m'tā'*가 모두 확실히 "도착했다"는 의미이기 때문에, 마태복음 12 : 28 = 누가복음 11 : 20에 나오는 *ephthasen*은 "매우 명백히 미래가 현재가 되었다는 의미이다"라고 주장한다. 그는 *ēggiken*(가까왔다)도 유사한 의미를 지닐 개연성을 암시하지만, 그 이상 논지를 전개시키고 않고 있다.[5] 도드는 성장의 비유로 관심을 돌려 성장은 이같은 시공간적 질서의 한 특질이며, 따라서 이 비유들이 현세적 역사 질서 내에서 하나님의 나라가 점진적으로 드러남을 뜻한다고 지적하고 있다. 그러나 이 과정은 현재적 질서에만 한정되는 것이 아니다. 그것이 어느 정도 성숙단계에 도달할 때, "생명은 보다 높은 수준으로 전이한다."[6]

---

2) 위의 pp.70 이하를 보라.
3) 위의 pp.26 이하를 보라.
4) *Theology*, 14, 1927, p.258.
5) P.259.
6) P.260.

우리는 이 논문에서 개념이 복합적으로 혼합되어 있음을 보게 된다. 그 나라는 인간의 순종을 통하여 실현 가능하며, 윤리적 가르침은 그런 목적을 지향하고 있다. 또한 그 나라는 예수의 사역 속으로 하나님이 역동적으로 개입한 것이지만, 그 최종적 결과는 역사 속에서가 아닌 보다 높은 차원에서 나타날 것이다. 도드는 다음 몇 년 동안(성서 속의) 비유에 대한 연구를 진척시켰다. 그리고 또한 1934년에 발간된 루돌프 오토(Rudolf Otto)의 『하나님의 나라와 인자』(*Reich Gottes und Menschensohn*)를 접하게 되었다.[7] 그는 1935년에 "실현된 종말론"을 확정적으로 기술한 『하나님의 나라에 관한 비유들』(*The Parables of the Kingdom*)을 출판하였고, 그 안에서 비유에 관한 자신의 연구와 더 나아가 그 나라와 관련된 구절에 대한 연구, 그리고 오토의 책에서 자신의 논리를 강화시켜준다고 생각했던 견해를 한데 모아놓았다.

---

7) Floyd V. Filson and Bertram Lee-Woolf가 독일어 개정판으로부터 영어로 번역하였다. *The Kingdom of God and the Son of Man*, ¹1938, ²1943.
　오토는 모든 묵시 내에 본래적으로 불합리성이 있으며, 따라서 우리는 바이스와 슈바이처가 추구했던 것처럼 예수의 가르침에 대해 묘사할 때 철저하게 (konsequent) 추구하지 말아야 한다고 주장했다. 예수는 그 나라가 미래에 임박했으며 그와 동시에 현재 속으로 침입해 들어오는 구원의 영역으로서 구속적으로 기능하고 있다고 가르칠 수 있었고, 또한 가르쳤다. 그 나라는 침입해 들어오는 구원의 영역으로서, 사탄의 나라를 파괴하는 예수의 귀신축출 속에 현존한다. 그리고 사람들은 결단을 통해 자력으로 이를 빼앗을 수 있다(마 11 : 12). 비유들은 구원의 축복이 이제 인간의 행위가 아니라 하나님의 씨로서 현존한다고 가르치고 있으며, 누가복음 17 : 20은 하나님의 구원행위가 예수의 동시대인들 "중에" 있음을 보여준다(*Kingdom of God and Son of Man*, pp.97-146). 그러나 이것이 문제의 전부인 것은 아니다. 그 나라가 현재 안에서 위력을 행사한다고 할지라도 그것은 오직 "앞질러 나타나는(*effective in advance*)" 능력으로서 임하는 것일 따름이다(Otto, *op. cit.*, pp.109,147-9. 독일어판 p.85 참조. "그것은 발생했으며 출발하였다. 그것은 이미 완성된 것은 아니지만 흔적을 남기며 활동하고 있다. 그것은 아직도 자신의 완전한 현현을 고대하고 있다…").

비유에 관한 도드의 연구의 출발점은 비유가 예수의 생애에서 자리잡은 배경에 비추어 해석되어야 한다는 원리이다. 비록 전혀 새로운 원리는 아니라고 할지라도, 이는 이론을 실제화한 실로 최초의 성공적 시도였으므로 이 점에서 도드의 연구는 획기적이었다.[8] 도드는 이같은 관점에서 비유에 대한 해석을 시작하기에 앞서 하나님의 나라라는 용어의 의미에 대한 논쟁에 관심을 돌린다. 여기서 그는 달만을 따라 하나님의 *malkuth*는 하나님이 왕으로서 다스린다는 사실을 의미한다고 주장하면서, 예수의 가르침에서 그 용어가 랍비적 어법과 예언적-묵시적 어법에 상응하는 방식으로 사용되고 있다는 초기의 견해를 되풀이 한다.[9] 그렇지만 이러한 논리틀 속에 들지 않는 구절, 곧 종말론적 의미로서 "하나님의 나라"에 대한 예언적-묵시적 용법으로 사용되었지만 다음과 같은 차이를 드러내는 구절들도 있다 : "'종말론적인' 하나님의 나라는 사람들이 그들의 행동으로 받아들이든지 배척하든지 간에 인정해야만 하는 현재적 사실로서 선포되고 있다."[10]

이 시점에서 도드는 자신이 초기의 논문에서 가능성으로 제시했던 것을 이제 기정사실화하고 있다는 점에서 이전의 주장을 넘어서고 있다. 마태복음 12 : 28 = 누가복음 11 : 20 속의 *ephthasen*과 마가복음 1 : 15의 *ēggiken*은 모두 히브리어인 *nāga'*나 아람어인 *m'tā*'같은 공통된 셈계 원어로 소급되며 "하나님의 나라가 이미 임하였다"로 해석되어야 한다.[11] 도드는 또한 동일

---

8) Jeremias, *Parables*(아래의 각주 56을 보라), p.18은 도드의 *Parables*에 대해서 이렇게 말하고 있다. "이 특출하게 중요한 저서에서 사상 사상 최초로 비유를 예수의 삶의 정황에 비추어 설정하려는 시도가 성공함으로써 비유 해석의 신기원을 열었다."
9) *Parables*, pp.34-43.
10) *Ibid.*, p.44.
11) *Parables*, p.44. 이것은 이들 두 동사가 *m'tā*'와 같은 공통의 어원으로 소급되며 둘 다 "가까이"로 번역되어야 한다고 주장했던 바이스의 주장의 정반대이다. 위의 p.21을 보라.

한 메시지를 교훈하거나 의미하는 여타의 구절들에 대하여 언급하고 있다. 제자를 파송할 때의 명령에서는 사람들이 회개하든 않든 그 나라는 이미 왔다(눅 10 : 9-11, ēggiken). 제자들의 복됨(눅 10 : 23 이하)과 솔로몬이나 요나보다 더 큰 이(눅 11 : 31 이하)에 관한 구절은 둘 다 세례 요한의 질문에 대한 대답(마 11 : 4-6)과 마찬가지로 그 나라가 예수의 사역에서 이미 임하였음을 의미한다. 아주 난해한 구절인 마태복음 11: 12(눅 16 : 16 참조)는 분명히 과거와 현재, 율법과 선지자 및 하나님의 나라 사이의 대비를 함축하고 있다.[12]

도드는 이들 구절에 대한 논의로부터 다음의 결론을 도출해내고 있다. "우리가 어떻게 생각하든지 간에 하나님의 나라가 임했다고 선포하는 구절들은 명백하며 뚜렷하다. 게다가 그것들은 그 주제에 관한 복음서의 구절들 중에 가장 특징적이며 독특하다. 당대 유대교의 교설이나 기도문에는 그와 필적할 만한 것이 없다. 그러므로 우리가 하나님의 나라에 관한 예수의 가르침의 특이성을 찾고 있다면 바로 이 점에서 발견해야 한다."[13]

도드는 이제 하나님 나라의 미래적 도래를 의미하는 듯이 보이는 구절들로 관심을 돌리고 있다. 그는 마가복음 9 : 1을 놓고 다음과 같이 해석하고 있다. "여기 섰는 사람 중에 하나님의 나라가 권능으로 임하는 것을 보고 나서야 죽음을 맛볼 자들이 있느니라." 그리고 그는 이 구절을 "그 나라가 이미 그의 사역 중에 '권능으로' 임했으며, 듣는 자들이 후에 이 사실을 깨달을 것이라"는 의미로 해석하려고 한다[14].

---

12) *Parables*, pp.43-48.
13) *Ibid.*, p.49.
14) *Parables*, p.54. 그는 이 점에 대한 자신의 입장을 나중에 다소 변경하여 부활, 오순절, 그리고 새 시대의 시작이라는 견지에서 이 구절을 해석하고 있다. "the Kingdom of Christ on earth !" *Coming*, , pp.13 f. 아래의 pp.87이하를 보라.

그는 마태복음 8:11로 돌아가서 이렇게 주장하고 있다. "조상들이 잔치를 벌이는 그 나라가 이미 임했다는 말이 아니다. 아직 일어나지는 않았지만 장차 일어날 일은 세상적으로 드러난 '하나님의 나라'에 아직 속하지 않은 많은 사람들이 이후의 세상에서는 궁극적 완성을 향유하리라는 것이다."[15] 이것이 미래적 하나님의 나라를 의미하는 구절에 대한 도드의 이해의 핵심이다. 그 나라는 이미 예수의 사역 안에서 이 세상에 완전히 임했기 때문에 그 구절들은 미래에 이 세상에 임할 일에 대해 언급하는게 아니라 시공을 초월한 모종의 일을 지칭하고 있는 것이다. 그래서 마가복음 14:25이 가리키는 의미도 "시공간을 초월한 질서"에 있는 것이다.[16]

이제 도드는 그 나라의 여러 비유와 관련된 논쟁으로 관심을 돌리고 있다. 그는 비유를 그 "삶의 자리"에 의거하여 해석하고는 그 메시지의 취지는 그 나라의 도래라는 대 위기가 예수의 사역 안에 현존하고 있는 것이라고 주장하고 있다. 감추인 보화와 값진 진주(마 13:44-46)의 비유에서 가장 이익이 되는 재물인 하나님의 나라는 현존하고 있는 기회이다. 망대를 세우는 자와 전쟁하러 가는 임금의 비유(눅 14:28-33)는 사람들이 현재 임한 위기에 대비해 깨어 경성하여 큰 위험을 무릅쓰라고 도전하고 있다. 시장에 있는 아이들의 비유는 최대의 역사적 위기를 맞이하여 철없이 행동하는 사람들의 터무니없는 어리석음에 주의를 환기시키고 있다. 예수를 신랑으로 비유한 마가복음 2:18-19은 현재를 유대인들이 대망하는 축복의 시기와 동일시하고 있다. 낡은 옷과 낡은 가죽부대 비유는 예수의 사역이 전통적인 유대교에 적응할 수 없음을 암시하고 있다. 예수의 사역에서 그 나라는 이미 임했고, 그 임재의 특징 중의 하나는 잃은 자에 대한 전례없는 관심이었다. 이것은 잃어버린 양과 잃어버린 동전 비유의

---
15) *Parables*, p.55.
16) *Ibid.*, p.56.

주제이자, 마가복음 2 : 17과 같은 구절의 배경이 된다. 탕자의 비유도 예수의 사역에서 잃어버린 자들을 부르신다는 동일한 상황, 즉 큰 잔치의 비유에서 보다 정교하게 묘사되고 있는 상황을 가리키고 있다. 포도원 주인이 품꾼에게 베푼 관대함과 자비도 동일한 의미를 담고 있다.

위기의 비유들(충성된 종과 불충한 종들, 기다리는 종들, 밤에 오는 도적, 열 처녀)은 "예상되는 그리스도의 재림을 직접 지칭하려는 의도를 담고 있지만, 예수의 사역의 그 원래적 맥락에서는 하나님의 나라가 임재해 있고 사람들이 이런 위기를 당하여 그 행위로써 '충성스러운지 불충스러운지, 현명한지, 어리석은지' 스스로를 심판하게 되리라는 사실을 그들이 깨닫도록 강력하게 호소하려고 의도된 것이었다."[17]

성장의 비유(씨 뿌리는 자, 밀과 가라지, 은밀하게 성장하는 씨와 겨자씨)는 누룩 및 그물의 비유와 함께 생각되어, 예수의 사역이 시작되기 전에 이미 뿌려진 씨앗이 이제 그의 사역을 통해 추수되고 있음을 의미하는 것으로 해석되고 있다.[18] 이것은 이들 비유가 현재적 질서 내에서 하나님의 나라가 점진적으로 드러나고 있음을 가르치는 것으로 보았던 도드의 초기 견해의 변화를 의미한다.

윤리적 가르침과 관련해서 도드는 그 나라가 예수의 사역 안에 임재해 있다는 견해로 말미암아 윌리엄 맨슨의 경우와 마찬가지로 이를 그 나라의 새로운 율법으로 보게 된다. "사람들은 예수의 사역 이래로 계속하여 하

---

17) *Parables*, pp.154, 174.
18) *Ibid.*, pp.175-84. 도드는 이들 비유들에 대한 슈바이처의 해석을 무리하고 인위적이라며 배척하고 있다. 슈바이처는 겨자씨가 빨리 성장하는 식물임을 지적하면서 파종, 성장, 수확의 제 단계가 예수 사역의 시작과 그가 이를 가르쳤던 해의 추수기에 기대했던 그 나라의 돌발적인 침입 사이의 실제적인 시간 경과와 일치하도록 의도되었다고 지적했다(*Quest*, pp.353-6; Dodd, *Parables*, pp.175 f.). 이들 비유에 대한 바이스의 견해에 대해서는 위의 p.20을 보라.

나님의 나라와 그의 은혜와 심판이 밝히 계시된 새로운 시대에서 살아갈 것이다."따라서 '중간윤리'로서가 아니라 하나님의 나라를 받아들이고 이제 결정적으로 계시된 그의 심판과 은혜의 빛 가운데 살아가는 사람들을 위한 도덕적 이상으로서의 윤리적 가르침을 위한 여지가 존재한다."[19] 그러나 그가 이런 말을 했다 할지라도 예수의 윤리적 가르침에 대한 그의 실제적 해석은 이같은 안목에 미치지 못하는 듯이 보인다. 그는 「복음과 율법」(Gospel and Law)에서 그리스도의 율법을 "우리 속에 그 자체가 윤리적 활동인 한 과정을 정립함으로써"(by setting up a process) 역사한다고 하였고, 그리스도의 계명에 관해서는 "상상력을 불러일으키고 양심을 일깨우고 사상에 도전하며 의지에 자극을 주는" 것이라고 말하고 있다. 그리스도의 율법을 묵상함으로써 그리스도인들 속에는 점진적으로 "그 당시 '우리가 처한 변동하는 상황에 적합한 활동으로 나타나게 될' 모종의 인생관, 내적 경향, 도덕적 판단 기준"이 형성되게 된다.[20] 그러나 이 모든 항목 중에서 특히 하나님의 나라와 관련된 것은 무엇일까? 여기에서 특별히 기독교적인 것은 무엇일까? 고대나 현대의 도덕 철학을 추종하는 어떤 사람도 여기서 단순히 "그리스도"를 자기 스승의 이름으로 대체시키고 이 모든 내용을 그의 도덕 철학에 속한 것으로 말할 수 있을 것이다. 이 시점에서 두 가지 사항이 도드의 시야를 방해했던 것으로 보인다. 우선 그는 예수가 랍비들의 어법과 동일하게 "하나님의 나라"를 사용하며, 예수의 윤리적 가르침이 우리가 어떻게 우리의 순종을 증명하고 "그 나라의 멍에를 담당하는지" 보여주려는 의도를 가지고 있었다는 자신의 초기 입장을 결코 부인하지 않았다. 어떤 랍비도 도드가 예수의 윤리적 가르침에

---

19) Parables, p.109. History, p.125 참조; "하나님의 나라의 절대적인 윤리"; Gospel and Law, p.64; "구약의 율법을 대체하는 새로운 법-하나님의 나라의 율법."
20) Gospel and Law, p.77.

대해 설명한 그 나라의 명에 대하여 말했을 수 있을 것이다. 그러나 사실상 예수의 어법은 랍비들의 어법과 양립할 수 없는 것으로서, 이 점은 도드가 양자를 결합하려고 노력하면서 예수의 윤리적 가르침을 논할 때 가장 명확히 드러난다. 두번째로 도드는 구약 율법의 본질적 성격을 하나님의 당신의 백성을 위한 구원 행위에 대한 응답으로 그리고 예수의 윤리적 가르침의 본질적 성격을 그리스도 안에 계시된 하나님의 구원 행위(이것이 곧 하나님의 나라이다)에 대한 응답 즉 사람들이 이로써 스스로 그 나라의 능력을 소유하게 되는 응답으로 충분히 인식하지 못했던 것이다.[21]

"실현된 종말론"에 대한 비판

도드의 "실현된 종말론"은 폭넓게 논의되었다. 아마도 이 논의는 다음의 세 가지 제목으로 잘 요약될 수 있을 것이다. (1) 마가복음 1 : 15의 해석과 "하나님의 나라가 가까왔다"처럼 그와 연관된 구절들. (2) 마가복음 9 : 1에 대한 해석과 미래로서의 그 나라와 연관된 여타의 구절들. (3) 그 나라의 비유들에 대한 해석.

1. 마가복음 1:15의 해석과 "하나님의 나라가 가까왔다"와 같은 관련 구절들

도드의 『비유』(*Parables*)가 출판된 이후 그 나라의 도래에 대해 이야기하면서 헬라어 동사 *ĕggiken*과 *ephthasen*을 사용하는 구절에 대해 집중적인 논의가 이루어졌다. 그러나 이 토론에서 어떤 확정적인 결론이 도출되었다고

---

21) 이 점에 대해서는 아래의 pp.20 이하를 보라.

말할 수는 없다. 사실 누가복음 10 : 9(ēggiken)과 누가복음 11 : 20 (ephthasen)은 의미상으로는 일치하기 때문에 그 구절들은 동일함이 분명하지만,[22] 동시에 (원형인) eggizō와 phthanō는 그 의미가 정확히 일치하는 것은 아니며, 또한 보통 70인역에서도 동일한 셈어 계통의 동사를 의미하지 않는다. eggizō는 종종 q-r-b를 의미하면서도[23] n-g-ʿ 와 m-tʾ는 아주 드물게만 뜻하는 반면에,[24] phthanō는 거의 한결같이 n-g-ʿ 나 m-tʾ를 의미하지[25] 결코 q-r-b를 의미하지는 않는 것이다. 그러므로 다른 조건들이 동일하다면, 우리는 ēggiken은 원어 q-r-b 에 해당되어 "가까이 왔다", "임박하다"를 의미하며, ephthasen은 n-g-ʿ 나 m-tʾ 와 같은 동사에 해당되어 "이미 임하였다"를 의미한다고 추측할 수 있다. 그러나 누가복음 10 : 9과 누가복음 11 : 20의 유사성은 이런 구분을 극도로 어렵도록 만든다. 그래서 모든 것은 해석자 개개인의 소관으로서, phthanō/m-tʾ 에 강조점을 두고 이에 비추어 eggizō/q-r-b를 해석하든지, 아니면 그 반대 방식을 택하든지 여부에 달려있는 것이다. 켐벨(J. Y. Campbell)은 [26] 도드의 해석에 반대하여 후자의 대안을 선택하여, eggizō에 비추어 phthanō를 해석하였다. 도드는 이에 응하여[27] 단호하게 전자의 대안을 주장하면서 phthanō에 비추어 eggizō를 해석하면서 eggizō가 70인역에서 "도달하다"를 의미할 수 있는 사례들, 즉 요나 3 : 6; 예레미야 28(51) : 9; 시편 31(32) : 6; 시편 87(88) : 4; 시편 106(107) : 18; 집회서 51 : 6; 다니엘 4 : 8(70인역); 다니엘 4 : 19(70인역)을 지적하고 있다.

---

22) 바이스에 대해서는 위의 p.21 주 25를 보라.
23) 해치(Hatch)와 레드패스(Redpath)의 성구사전에는 eggizō가 나오는 128개의 구절이 되어 있는데, 이 중 72개가 q-r-b를 원어로 하고 있다.
24) n-g-ʿ 6회; m-tʾ 2회.
25) 70인역에 나오는 21개의 단어 중 18개가 해당된다.
26) "The Kingdom of God has come" ExpT 48, 1936-7, pp.91-94.
27) In ExpT 48, 1936-7, pp.139-42.

그 문제를 해결하기 위하여 다른 요인들도 연구되어 왔으나 별반 성공을 거두지 못하였다. 매튜 블랙(Matthew Black)[28]은 히브리어나 아람어에서 ēggiken에 가장 자연스런 대응어는 q-r-b일 것이라는데 동의하면서, 원래 폴 주옹(Paul Jouon)[29]이 제안한 바 q-r-b는 "우리는 '가깝다' 뿐아니라 '도착했다'라고도 말한다"와 같은 문장의 경우에 사용될 수 있음을 상기시켰다. 그래서 블랙은 q-r-b가 마가복음 1:15에서 ēggiken을 밑받침할 수 있으므로 "임하였다"로 해석될 수 있다고 주장했다.

허튼(W. R. Hutton)은 신약성서에서 eggizō가 "오다", "도달하다", "도착하다"로 번역되어야 하는 곳이 적어도 열네 군데인데 사전편집자들은 이 사실을 간과한 것으로 보인다고 주장하였다.[30] 허튼이 제시한 순서대로 그 사례들을 보면, 사도행전 21:33(천부장이 가까이 가서), 23:15(그가 가까이 오기 전에), 누가복음 15:1(모든 세리와 죄인들이 말씀을 들으러 가까이 나아오니), 18:40(저가 가까이 오매), 마찬가지로 누가복음 12:33, 22:47, 24:15, 24:28, 19:41, 18:35, 21:8, 21:20, 히브리서 7:19, 야고보서 4:8, 마태복음 26:45 등이다. 사실 이런 예들로 인하여 우리가 사전에서 eggizō에 새로운 의미를 첨가해야 하는 것은 아니다. 그것들은 단지 그 동사가 "가까이 오다"를 의미하며, 때때로 대략 "다다르다"(coming up to)는 의미로도 사용될 수 있다는 점을 지적할 따름이다.

신약성서에서 eggizō에 대한 보다 중요한 논의는 풀러(R. H. Fuller)에 의하여 이루어졌다.[31] 그는 신약성서에서 마가복음 1:15과는 별도로 시간

---

28) "하나님의 나라가 임하였다." *ExpT* 63, 1951-2, pp.289 이하.
29) "Notes Philogiques sur les Evangiles" in *Recherches de Science Religieuse* 17, 1927, p.538.
30) *ExpT* 64, 1952-3, pp.89-91.
31) *Mission and Achievement of Jesus*, 1954(=*Mission*), pp.21-25.

과 관계되어 본 동사가 사용된 실례를 조사한 뒤에, 그 모든 경우는 "아직 발생되지는 않았으나 임박한 장래에 속한 사건들"을 가리킨다는 결론을 내리고 있다.[32] 이것은 그 동사가 이와 유사하게 마가복음 1 : 15에서 사용된다는 전제를 낳고 있다. 그리고 이것은 하나님의 나라와 관련하여 공관복음서에서 사용된 *eggizō*가 70인역 구약성서의 제2이사야서에서 하나님의 "의"나 "구원"과 관련되어 사용된 그 단어의 용법과 관계되어 있다는 사실에 의하여 지지된다(사 50 : 8, 51 : 5, 56 : 1). 제2이사야서에서 그 단어는 포로로부터의 귀환 사건 당시의 하나님의 임박한 행동을 지칭하고 있으며 이 결정적인 사건은 비록 이미 "너무 임박하여 고레스의 예비적인 승리 속에 미리 효력을 나타내고 있지만"(사 41 : 25 등) 아직 미래에 속해 있다. 마가복음 1 : 15에 나오는 하나님의 나라도 이와 마찬가지이다. "하나님의 나라는 아직 오지는 않았으나 너무나 임박하여 이미 앞서 활동하고 있다."[33]

도드가 마가복음 1 : 15 및 관련 구절들에 대하여 내린 해석을 두고 벌어진 포괄적 논의에서 발췌한 이상과 같은 인용구들은 한 가지 사례로 이 해석에 대한 찬성과 반대가 전부 가능함을 보여준다.[34] 사실

---

32) Fuller, *Mission*, p.23. 이 분석에서 그는 W.G.Kümmel, *Verheissung und Erfüllung*, ²1953을 따르고 있다.
33) Fuller, *Mission*, p.25. 이같이 "미리 앞질러 활동하는" 나라라는 개념에 기반한 예수의 종말론에 대한 풀러의 해석은 다음 장에서 논의될 것이다. pp. 118 이하를 보라.
34) 마가복음 1 : 15의 논의의 광범한 성격에 비추어 완전한 논평은 불가능하다. 단지 이미 이루어진 다양한 학설의 몇몇 실례를 제시할 수 있다. M.J.Lagrange, *Évangile selon Saint Marc*, ³1928, 1947, pp 16 이하는 마가복음 1 : 15를 "하나님의 나라가 가까왔다(*est proche*')"로 번역하였으나, 그의 논의에서는 "임하였다('est arrivé')"는 쪽으로 기우는 경향을 보여준다. H.Preisker, *TWNT* II, pp.330 이하는 약속된 하나님의 나라의 도래가 현재에 가까이 다가선 것으로 말한다.

요하네스 바이스가 이들 구절에 대한 의문을 처음으로 제기한 이래로 반세기 동안 논의가 진행되었지만, 그와 관련하여 해결된 문제가 없다. 도드의 해석은 정설화되지도 못했고, 논의의 장으로부터 축출되지도 않았다. 예수의 가르침에서 그 나라를 현재로 볼 것이냐 미래로 볼 것이냐의 문제는 이들 구절에 대한 해석과는 다른 토대 위에서 해결되어야 한다.

2. 마가복음 9 : 1과 미래적 하나님의 나라와 관련된 여타의 구절들에 대한 해석

마가복음 9 : 1에 대한 도드의 해석은 캠벨[35]과 크리드(J. M. Creed)[36]에 의하여 배척되었다. 그들은 그 구절은 오직 미래의 사건만을 지칭할 수 있으며, 사람들은 이로써 오래전에 발생하지 않고 방금 일어난 어떤 일을 인식하게 된다고 주장하였다.[37] 도드는 이후 1951년에 나온 「그리스도

E.Loymeyer, *Das Evangelium des Matthäus*(ed.Schmauch), ²1958(on Matt. 4 : 17), p.69는 그 동사의 용법이 우리에게 그 나라가 현재적인지 미래적인지 결정할 수 있게 해주지 않는다고 주장한다. 그것은 현재적이자 미래적인데 *eggizō*의 용법은 이같은 이중적인 의미를 가능케 해준다. H.V.Martin, "The Messianic Age", *ExpT* 52, 1940-1,pp.270-5는 나중에 풀러가 취한 입장과 유사한 입장을 견지하고 있다. *eggizō*는 실제로 "임하였다"가 아니라 "가까이 왔다", "다다랐다"를 의미한다. 그러므로 그 나라는 예수의 사역에서 "예상으로만"(p.272) 임하였다. Kenneth W.Clark, "Realized Eschatology", *JBL* 59,1940,pp.367-83은 가까이 오는 경험이 아직 연속적이기 때문에 *eggizō*와 *phthanō*가 둘 다 실제로 도달하는 것이 아니라 "바로 접촉점까지 가까이 임하였음"을 의미한다고 주장한다. V.Taylor, *The Gospel According to St. Mark*, 1952, p.167은 마가복음 1 : 15에서 "가깝다"라는 해석에 기우는 경향을 보인다. C.E.B.Cranfield, *St. Mark* (Cambridge Greek Testament), 1959, pp.67 이하는 그 인용구가 주로 시간적이 아니라 오히려 공간적이며, 그 나라가 예수의 인격 안에서 사람에게 다가왔으며 그의 인격 안에서 실제로 사람들과 대면하고 있다고 주장한다.

35) J.Y.Campbell, *ExpT* 48, 1936-7, pp.93 이하.
36) J.M.Creed, *ibid.*, pp.184 이하.

의 강림」(*Coming of Christ*)에서 이 점에 관한 자신의 견해를 수정하고는 이제는 그 구절을 부활, 오순절, 그리고 "지상에 임한 그리스도의 나라"라는 새로운 시대의 출발이란 맥락에서 해석하고 있다.[38] 그는 이제 역사 내에서의 그 나라의 도래와 역사를 넘어선 그 완성을 구별하고 있으며, 전체적 과정 속에서 세 가지 요소를 상정하고 있는 것으로 보인다. 첫째로, 예수의 사역에서 그 나라가 도래한다. 둘째로 지상에 부활과 오순절과 그리스도의 나라의 시대가 "권능으로" 도래한다. 그러나 이 두 "도래함"으로 문제가 끝나는 것은 아니고 세번째 요소가 있다. "그러나 그것은 그리스도가 가르친 진리 전부가 아니다. 내가 너무 가볍게 지나쳤던 인자의 강림에 대한 몇몇 신비한 구절들이 있다. 그가 오기 전에 물리적인 우주가 소멸될 것이라고 말하는 구절도 있다 …태양이 어두워지고 별들이 떨어지리라는 말을 문자 그대로 받아들이는 것은 터무니 없는 일일 것이다. 그래도 역시 우리는 시공간과 물질계가 더 이상 존재하지 않게 되는 최후의 장면이 있으리라는 생각을 쉽게 떨쳐버릴 수 없다…전체적인 인상은 역사 속으로 그리스도가 강림한다는 예언이 … 초역사적인 강림에 대한 예언에 의하여 균형을 유지하고 있다는 것이다. 나는 분명히 역사 내에서 진행된 사건이라거나 심지어 마지막 사건이 아닌 초역사적인 강림이라고 말하고자 한다."[39]

마가복음 9:1을 부활, 오순절, 그리고 교회 시대를 가리킨다고 보는 이같은 해석은 분명 영국학계에서는 인기가 있으나,[40] T. W. 맨슨은 이에

---

37) 또한 이것을 수용한 Kümmel(*Promise*, p.27)도 참조하라.
38) *Coming*, pp.13 이하.
39) *Coming*, pp.15 이하.
40) 우리는 다음의 책에서 그 실례를 찾아볼 수 있다. H.B.Swete, *The Gospel According to St. Mark*, ³1909, *ad loc*; A.C.Headlam, *Life and Teaching of Jesus Christ*, 1923, pp.260 이하; C.Gore, *Jesus of Nazareth*, 1929, p.119; T.F.Glasson, *The Second Advent*, 1945, ²1947, p.112; and A.M.Hunter, *The Words and Works of Jesus*, 1950, p.75.

반대하는 주장을 단호하게 개진하였다. "그 나라의 도래를 성령의 강림 및 1세기 기독교의 놀라운 발전과 동일시할 수 없는 것은 이런 대 사건을 겪으면서 살았던 사람들이 이를 동일시하지 않았다는 사실로 확인될 수 있다. 로마 제국을 통하여 복음이 거둔 승리의 행진의 선두에 섰던 바울은 아직도 보다 위대한 어떤 일을 대망했다. 사도행전의 설명에 따르면, 베드로는 성령이 강림할 때 마가복음 9:1이 아니라 요엘 3:1 이하(EVV 2:28 이하)가 성취되었음을 깨달았다.[41] 우리는 복음전도자들도 그 구절이 부활이나 오순절이나 교회시대를 가리키는 것으로 보지 않았음을 첨가할 수 있다. 마가는 변화산상 사건(9:2-8)에서 적어도 부분적인 성취가 이루어진 것으로 보고 있기 때문에 그 구절을 9:1에 위치시켰는데 많은 교부시대의 저술가들도 이런 입장을 따르고 있다.[42] 마태(16:28)는 그 구절이 재림을 언급한다고 재해석하고 있다. 누가(9:27)는 단지 *elēlythyian en dynamei* 라는 어구를 생략해 버리고는 그 인용구를 아주 일반적인 구절로 만들고 있다. 이 모든 것들은 도드, 그리고 이 앞 페이지의 마지막 주에서 언급된 학자들이 본 구절에 대해 내리고자 했던 해석을 부정하는 아주 강력한 증거이다.

우리가 위에서 보았듯이 도드가 자신의 최근 저작에서 주장했던 해석으로서 마태복음 8:11와 마가복음 14:25과 같은 구절들이 "시공간을 넘어선 초월적인 질서"를 가리킨다고 내린 해석은 "실현된 종말론"에서 심하게 비난받는 부분이다. 이 본문 속에는 히브리적이라기 보다 헬라적인 관념이 도입되어 있으며, 이는 1세기의 유대교에서는 있을 수 없다고 지적되어 왔다.[43] 이 점에서 도드의 제자 중 한사람인 데이비스(W. D. Davies)가

---

41) T.W.Manson, *Teaching*, pp.281 이하.
42) H.B.Swete, *St. Mark*, p.186 속에 있는 인용구들.
43) 예를 들어 영국에서 다음의 경우가 그러하다. R.N.Flew, *Jesus and His Church*,

스승을 변호하면서 외로운 주장을 펴고 있다. 그는 후기 유대교에는 다가올 시대가 영원히 하늘에 존재하며 의인들의 영혼은 사후에 그 안으로 들어간다고 보았던 요소가 있다는 사실에 주의를 환기시킨다.[44] 그러므로 "도드 박사가 주창한…그런 개념은…팔레스타인의 유대교에는 친숙할 것이다."[45]

이제 우리는 하나님의 나라에 관한 예수의 가르침에서 미래적 요소와 연관된 아주 중요한 지점에 도달하였다. 유대의 묵시에서 인간의 최종적인 구원의 상태가 "하늘" 즉 시공간을 넘어선 초월적인 영역에 있다고 상상하는 요소가 있었음이 입증될 수 있다면, 도드의 해석처럼 미래와 관련지어 예수의 가르침을 해석하는 길이 열릴 수 있을 것이다. 그러나 반대로 그렇지 않다면 도드의 해석은 배척되어야 한다. 왜냐하면 예수의 가르침에는 하나님 나라의 미래적 측면과 관련하여 당대인들과는 판이하게 다른 새로운 개념이 도입되고 있다는 징후가 보이지 않기 때문이다.

일반적으로 유대의 묵시는 지구를 종말론적 드라마의 최종적 연기를 위한 무대로 묘사하고 있다는 것은 널리 인정되고 있는 사실이다. 몇몇 실례를 들어 보면,

> 그리고 땅이 기뻐할 것이라,
> 그리고 의인들이 그 위에 거할 것이라,
> 그리고 선택된 자들이 그 위로 걸어다닐 것이라.   에녹1서 51 : 5.

---

²1943, p.33 : 히브리적이라기 보다는 플라톤적이다." ; C.T.Cadoux, *Historic Mission of Jesus*, 1943, p.117 : "팔레스타인의 유대적 정신과는 아주 이질적이다." R.H.Fuller, *Mission and Achievement of Jesus*, 1954, p.33; "전적으로 비성서적인, 플라톤적 개념이다." 유사한 판단이 미국에서도 내려졌다. C.T.Craig, "Realized Eschatology", *JBL* 56,1937, p.22; Floyd V.Filson, *JBR* 7, 1939, p.62; Paul S.Minear, *JR* 24, 1944, p.87.

44) Davies, *Paul*, p.315는 주로 I Enoch 71 : 15와 39 : 4를 언급하고 있다.
45) *Paul and Rabbinic Judaism*, 1948, p.320.

…온 천하 열국의 위세가 지극히 높으신 자의 성민에게 붙인 바
되리니   다니엘 7 : 27

그리고 그는 예루살렘을 정결케하고 과거처럼 거룩하게 함으로써
열방이 그의 영광을 보기 위하여 땅끝으로부터 몰려올 것이다.
                          솔로몬의 시편 17 : 30 이하.

지상은 정화되고 변형되며 새로와졌고 심지어 재창조되었다고 묘사될
수 있으나, 그럼에도 불구하고 그것을 지상의 일이지 초월적인 영역이
아닌 것이다. 유대의 묵시와 관련하여 그 자체로 특징적인 요한계시록
의 고전적인 구절에서 우리는 만물의 최종적 상태에 대한 다음과
같은 기술을 발견한다.

또 내가 새 하늘과 새 땅을 보니 처음 하늘과 처음 땅이 없어졌고
바다도 다시 있지 않더라. 또 내가 보매 거룩한 성 새 예루살렘이
하나님께로부터 하늘에서 내려오니 그 예비한 것이 신부가 남편을
위하여 단장한 것 같더라. 내가 들으니 보좌에서 큰 음성이 나서
가로되 보라 하나님의 장막이 사람들과 함께 있으매 하나님이 저희와
함께 거하시리니 저희는 하나님의 백성이 되고 하나님은 친히 저희와
함께 계셔서 모든 눈물을 그 눈에서 씻기시매 다시 사망이 없고 애통하
는 것이나 곡하는 것이나 아픈 것이 다시 있지 아니하리니 처음 것들이
다 지나갔음이러라.
                              계시록 21 : 1-4

요한이 그린 것은 하늘과 땅 사이에 가로놓인 장벽이 완전히 무너져내리
고 하늘의 것들이 땅으로 내려와 지상에서 최종적인 지복 상태를 확립하는
데 역할을 하게되는 재창조된 우주였다. 예를 들어 찰스(Charles)는 「제
자리에 놓인 계시록」(*Revelation ad loc*)에서 계시록 21 : 1-4에 언급된 새

예루살렘은 계시록 21 : 10-21에서 묘사된 것과는 다르다고 주장했다. 그러나 이 주장이 반드시 필연적인 것은 아니다. 뒤의 구절에서 묘사된 도성은 지상에 임하기 전에 하늘에 존재했으며 최종 단계에 이르러 지상으로 임하고 있는 도성이다. 묵시를 기술한 요한이 하늘에 대해서 생각할 수 있었던 한, 그는 하늘을 종말론적 사건의 최종 단계에서 장벽이 무너져내리며 지상 위에 임할 존재들을 담지하고 있는 영역으로 생각할 수 있었다. 유대인들이 그런 개념을 익숙히 잘 알았던 것은 초대교회에서 그리스도가 지상에 강림할 때까지 하늘에 올라가 계신다는 사상이 기꺼이 받아들여졌던 사실로 보아 알 수 있다. 하늘에 대한 이같은 이해를 뒷받침해주는 새로운 증거는 쿰란 사본으로부터 찾아볼 수 있다. 우리는 전쟁 두루마리(I QM) 11 : 15-18에서 적들에 대항하여 "하늘로부터" 싸우는 방식으로서 당신의 위대함과 거룩함을 증명하는 하나님에 대하여 읽게 된다. 나아가 우리는 전쟁 두루마리 12장에서 하늘에 있는 거룩한 무리들 즉 천군들과 이 천상적 존재들이 지상으로 내려와 거룩한 전쟁에서 쿰란 공동체 편에 서서 싸우게 될 방식에 관하여 읽게 된다.[46] 이 거룩한 전쟁에서 모든 악이 파멸될 것이고 구속받은 자들의 최종적인 지복 상태가 지상에 수립될 것이다.

묵시가 하늘을 종말에 존재자나 사물들이 지상으로 내려올 수 있는 영역으로 생각할 수 있었다는 사실은 데이비스가 주의를 환기시킨 구절 중의 하나를 설명해 준다.

> 그리고 그 날에 회오리바람이 나를 땅에서 이끌고가서,
> 나를 하늘 끝에 내려 놓았다.
> 그리고 나는 그곳에서 또 다른 광경, 곧 거룩한 분의 처소와

---

46) 이런 맥락에서 사용된 "하나님의 나라"의 어법에 관해서는 아래의 pp.233 이하를 보라.

의인들의 안식처를 보았다.
이곳에서 내 눈은 그들이 하나님의 의로운 천사들과 거하며
그들의 안식처는 거룩한 분과 함께 함을 보았다.

에녹1서 39：3-5.

여기서 우리는 종말이 올 때 지상에 확립될 나라의 천상적 원형을 보게 된다. 이 처소가 영원히 초월적인 영역에 존재한다고 이해하거나 의인들이 사후에 혹은 종말에 이 초월적인 영역으로 이동하게 될 것으로 생각할 정당한 근거란 없다. 그러한 관념은 거듭 거듭 지상이 최종적인 구원의 장소로 묘사되며(38：2, 45：5, 51：5), 의인들이 하늘로 받아들여지는 것이 아니라, 죄인들이 지상으로부터 축출되는 것을 최종적인 지복 상태 수립의 필요한 선결요건으로 삼는(38：1, 45：6, 53：2, 69：27 이하) 에녹서의 비유들(I Enoch 37-71)의 전체 정신에는 생소한 것이다.[47]

데이비스는 에녹1서 71：15에 주의를 환기시키면서,

그리고 그가 나에게 말했다.
그는 장차 다가올 세상의 이름으로 너희에게 평화를 선포한다.
왜냐하면 창세 이래로 평화가 이곳으로부터 나왔고
영원히 너희들과 함께 할 것이기 때문이다.

이를 유대 묵시에 초월적 영역을 나타내는 개념이 존재한다는 증거로 보았는데, 그의 견해는 에녹1서와 슬라브역 에녹서(에녹2서)와 모세승천기가 유대 묵시문학에서 "구원의 완성은 지상이 아니라 천상에서 일어날 것이다"라는 사상이 실재하는 증거가 된다고 한 폴 빌러벡(Paul

---

47) 비록 I Enoch 39：3 이하에 관한 해석에서 그와 약간 다르다고 할지라도 N.Messel, *Die Einheitlichkeit der jüdischen Eschatologie*, 1915, pp.79-84를 따르고 있다.

Billerbeck) 같은 대가의 주장으로 인해 적잖은 도움을 힘입고 있다.[48] 그러나 사실 이 증거는 여기서 그로 인해 부과되는 문제점들을 감당할 수 없는 것이다.

에녹1서 71:15는 오직 하나님이 세상을 창조하신 이래로 그의 백성을 위하여 "하늘로부터" 끊임없이 간섭해 왔다고 말한다. 그리고 16절에 나오는,

> 그리고 모든 사람은 의가 그(=하나님)를 떠나지 않기 때문에
> 그의 길을 따라 걸을 것이다.
> 그들의 처소가 그와 함께 있고,
> 그들의 유업도 그와 같이 할 것이다.
> 그리고 그들은 영원토록 그와 떨어지지 않을 것이다.

이는 단지 의인들의 궁극적인 지복상태에 대한 예언이다. 16절 하단에 나오는 "그와 함께"는 반드시 "하늘에서"라는 개념을 포함하지는 않는다. 우리는 묵시 문학의 도처에서 의인들이 영원히 하나님과 함께 거하게 되리라는 소망을 찾아보지만, 이 최종적 결합을 위한 장소는 지상이다. 그리고 이것은 본문 자체 즉 에녹1서 45:6, 62:14, 105:1-2, 아담과 이브의 생활기(Vita Adae et Evae) 29:7, 스불룬의 유언(Test. Zebulun) 9:8, 단의 유언(Test. Dan) 5:13, 납달리의 유언(Test. Naphthali) 8:3에 의하여 당연히 명확해진다. 우리는 이와 관련하여 이들 본문의 일치성에 비추어 볼때 확실히 에녹1서 71:16 하단을 이런 식으로 해석할 수 있다. 다르게 해석하기 위해서는 하늘로 떠나가는 의인에 대한 어떤 특별한 구절이 발견되어야 하는데 그같은 인용구는 여기에서 찾아볼 수

---

48) H.L.Strack and P.Billerbeck, *Kommentar zum Neuen Testament aus Talmud und Midrasch*, 4 vols., 1922-8(=Billerbeck, *Kommentar*), 여기서 Ⅳ,p.806.

없다. 에녹1서 71장의 경우 에녹이 이런 일들을 하늘에서 본다는 사실에 강조점을 둠으로써만 그러한 의미를 읽어내는 것이 가능하다. 그러나 우리가 에녹1서 39 : 3-5와 연관하여 앞서 논증했듯이 에녹은 그것들을 단지 종말에 지상에 임할 일에 대한 천상적인 원형으로서만 볼 뿐인 것이다.

모세 승천기에서 핵심적인 부분은 10장이다. 우리는 이 부문에 대하여 앞서 언급하면서 여기서 가리키는 것은 역사 속으로 하나님께서 개입한다는 의미임을 논증한 바 있다.[49] 그리고 그 장은 분명 우리에게 이같은 개입과 그 결과에 대한 세 부분으로 된 일련의 생생한 묘사를 제공하고 있는 듯이 보인다. 첫번째 묘사(vv. 1-2)에서는 하나님의 나라가 계시되고 사탄이 패배 당하고 이스라엘이 그 대적에게 복수한다.[50] 두번째 묘사(vv. 3-6)에서는 하나님께서 그 보좌로부터 일어나서 그 자녀들을 위하여 공분과 진노하심으로써 지상에 임하시는데 이때 온갖 종류의 일월성신 및 지각 변동 현상들이 수반된다. 세번째 묘사(vv.7-10)에서는 지극히 높으신 분께서 이방인들을 벌주고 이스라엘을 행복하게 하기 위하여 일어나신다. 이스라엘은 별과 같이 높아지고 자기 대적들이 지옥에 있는 모습을 보고 기뻐한다. 그런데 이 구절을 초월적인 영역에서의 구원을 가리키는 것으로 해석하기 위한 유일한 방법은 이스라엘이 별들에 까지 들림받았다는 구절을 문자 그대로 받아들이는 것이다. 이같은 구절이 권능과 영광을 나타내는 단순한 비유로 빈번히 사용되어온 사례를 볼 때(사 14 : 13, 욥 4, 렘 49 : 16, 51 : 53, 솔로몬의 시편 1 : 5, 눅 10 : 15), 우리는 메셀(Messel)과 더불어[51] 이 인용구가 명백히 비유어임에도 불구하고 왜 그와 달리 해석해야 하는지 이해할 수 없는 것이다. 이것이 구원에 대한 팔레스타인 유대인들의

---

49) 위의 pp.29 이하를 보라.
50) 여기에 관해서는 나아가 아래의 pp.235 이하를 보라.
51) *Einheitlichkeit*, p.73.

믿음을 초월적, 천상적 영역으로 끌어올릴 근거가 되지 못함이 확실하다.

슬라브역 에녹서는 다른 전경을 제시해주지만, 이 책은 그리스도 당시 팔레스타인 유대교의 견해를 보여주는 자료가 되지 못한다. 본서를 주후 7세기 이전 작품으로 보기란 거의 불가능함이 확실하다.[52]

이상의 논의로부터 우리는 그리스도 당시의 팔레스타인 유대교에서는 시공간을 넘어선 초월적 영역에서 경험되는 구원의 상태에 대한 믿음을 지지할 만한 여하한 실제적 증거도 발견할 수 없음을 알 수 있다. 예수의 가르침에서는 그가 당대인들과는 현저하게 다른 새로운 개념을 도입하고 있다는 증거가 전혀 없기 때문에 도드의 "실현된 종말론"의 이같은 측면은 거부되어야 한다.

3. 그 나라의 비유들에 대한 해석

도드의 저술 중 가장 중요한 부분은 의심할 나위없이 그 나라의 비유들에 대한 그의 주석이다. "실현된 종말론"이 다른 면에서는 어떠한 취약점을 보이든지 간에 이 점에 있어서는 그 후의 논의의 시련을 거치고도 흔들리지 않았다. 비유를 『예수의 삶의 자리』(*Sitz im Leben Jesu*)에 준하여 해석하는 도드의 방법으로부터 후퇴하는 것은 불가능할 뿐만 아니라, 그 나라가 예수의 사역에서 현재적임을 그 비유들이 교훈하고 있다는 사실도 전혀 부인될 수 없다. 이 점에서 도드의 연구는 바이스-슈바이처의 입장을 단호하게 수정하였다. 그리고 그 나라가 예수에게 완전히 미래적 개념임을 주장하려는 이후의 시도는 불트만의 저술(오늘날에는 그 학파의 주요 인사들도 이를 추종하지 않고 있다)[53] 및 아마도 풀러(R. H. Fuller)가 영미계통

---

52) 이같은 결론으로 이끈 논의의 논평에 관해서는 H.H.Rowley, *The Relevance of Apocalyptic*, ²1947, pp.95 이하를 보라. 로울리 자신은 더 이상 이 책을 유대 묵시의 일부분으로 간주하지 않는다. p.8.

의 가장 중요한 대표자로 있는 "예기적 종말론자들"(proleptic eschatologists)에게 주로 한정되어 있다.[54]

예수의 비유적 가르침은 도드의 『하나님의 나라에 관한 비유들』(*Parables of the Kingdom*)이 출간된 이래로 보다 진전된 연구의 대상이 되었다. 그리고 오늘날 이 분야에서 가장 권위있는 업적은 괴팅겐의 예레미아스(J. Jeremias) 교수의 저서이다. 그는 도드의 책에 대한 비평으로부터 시작하여[55] 계속해서 비유에 관한 자신의 연구로 나아간다.[56] 여기서 그는 도드와 마찬가지로 비유가 현재로서의 그 나라를 가르치고 있음을 보여주었고, 아울러 도드와는 상반되게 비유 안에 또한 미래로서의 나라도 있음을 보여주었다. 그는 이같은 발견에 비추어 예수의 강조점을 나타내기 위하여 후크(Hooke)가 "실현 도중에 있는 종말론(an eschatology that is in process of realization)"[58]이라고 적절하게 번역한 표현, 즉 "실현되는 종말론"(sich realisierenden Eschatologie)[57]이라는 표현을 제안하였다. 도드는 원칙적으로 이같은 수정에 동의함으로써[59] 우리가 이미 그의

---

53) 불트만과 "후기 불트만주의자들"에 대해서는 아래의 pp.153-78을 보라.
54) 풀러의 "예기적 종말론"에 관해서는 아래의 pp.118 이하를 보라.
55) Jeremias, "Eine neue Schau der Zukunftsaussagen Jesu", *Theologische Blatter*, 20,1941, pp.216-22.
56) Jeremias, *Die Gleichnisse Jesu*, ¹1947, ²1947, ³1954, ⁴1956, ⁵1960. 이상의 판 중에 2,4판이 중요한 개정판이었다. 5판은 4판과 비교하여 단지 문헌목록적 부록만 추가되어 있다. 독일어판 3판은 S.H.Hooke에 의하여 영어로 번역되어 *The Parables of Jesus*, 1954로 출판되었다. 우리는 영어판을 *Parables*로, 독일어판 4판을 *Gleichnisse*로 인용하고자 한다.
57) *Gleichnisse*, p.194. 여기서 그는 이 용어는 하인헨(Haenchen)이 그에게 제안한 것이라고 말하고 있다.
58) *Parables*, p.159.
59) *The Interpretation of the Fourth Gospel*, 1953, p.447.n.1.

저서인 『그리스도의 강림』(*The Coming of Christ*)[60]과 관련하여 지적했듯이 그의 초기 저술에서 발견하는 전적으로 현재 일변도의 강조점을 엄격히 고수하지는 않고 있는 것으로 보인다. 예수의 비유적 가르침에서 그 나라의 현재성의 요소에 대한 서술은 전체 논의에 있어서 도드의 가장 중요한 공헌이며 공헌으로서 남아 있다. 그리고 이런 요소가 예수의 전체적인 가르침에서 발견된다는 사실의 확립은 그 가르침에서 "하나님의 나라"에 대한 진정한 이해를 위해 필수적이다. 그렇기 때문에 우리는 여기서 도드와 예레미아스의 업적[61]을 충분히 참작하고, 또한 몇 가지 강조점을 추가함으로써 그에 대한 증거를 요약하고자 한다.

예수의 가르침에서 그 나라를 현재적인 것으로 보는 증거 개요

1. 그 나라의 현재성은 비유로 전달된 메시지의 일부분을 구성하고 있다.

그 점은 다음의 비유 속에 필연적으로 암시되어 있다.[62]
- 감추인 보화와 값진 진주(마 13 : 44-46)[63]
- 망대 세우는 자와 전쟁하러 가는 임금(눅 14 : 28-33).[64]
- 무화과 나무(막 13 : 28)[65]

---

60) 위의 p.87을 보라.
61) W.G.Kümmel, *Promise*, pp.105-40도 예수의 가르침 중에 있는 이 요소에 대한 요약을 제시하고 있다.
62) 우리는 도드와 예레미아스 양자가 모두 이런 식으로 해석하는 비유들만 인용하고 있다.
63) Dodd, *Parables*, pp.112 f.; Jeremias, *Parables*, p.140.
64) Dodd, *Parables*, p.114; Jeremias, *Parables*, p.137.
65) Dodd, *Parables*, P.136; Jeremias, *Parables*, p.96.

- 평상 아래에 놓인 등잔(막 4 : 21)[66]

2. 예수는 종말론적 비유 속에서 시종일관 자신과 자신의 사역에 대하여 말하고 있다.

금식에 대한 질문에 대답하면서(막 2 : 18-22) 예수가 자신의 사역에 대해 사용한 세 가지 비유적 설명, 즉 혼인잔치, 생베 조각과 낡은 옷, 새 포도주와 낡은 가죽부대는 모두 메시야 시대가 그의 사역에서 이미 시작되었으며 금식이 효력을 갖는 낡은 질서가 지나가 버렸기 때문에 제자들이 금식하지 않는다는 주장을 내포하고 있다.[67]

예수가 자신과 자신의 사역에 사용하는 현저한 종말론적 상징은 다음과 같다.

- 목자(마 9 : 36, 마 10 : 6, 25 : 32, 막 14 : 27, 눅 15 : 3-7, 12 : 32).[68]
- 추수하기 위하여 일꾼을 보내는 주인(마 9 : 37 이하, 눅 10 : 1 이하).[69]

"종말론적 의미로서 사용한" 그 외의 예도 많이 있다.[70]

---

66) Dodd, *Parables*, pp.142 f.; Jeremias, *Parables*, p.96 n.34.
67) Jeremias, *Jesus als Weltvollender*, 1930(이후로 *Weltvollender*로 인용), pp.21-31; art. *nymphios*, TWNT Ⅳ, pp.1094 이하; *Parables*, pp.94 이하; Dodd, *Parables*, pp.115-17.
68) Ⅰ Enoch 85-90; Ps.Sol. 17 : 40 이하, Jeremias, art. *poimēn*, TWNT Ⅵ, pp.484 이하.
69) Dodd, *Parables*, p.187; Jeremias, *Parables*, pp.95 이하.
70) Jeremias, *Parables*, p.97; *Weltvollender*, pp.33 이하.

3. 예수는 전통적으로 메시야 시대의 복락을 가리키는 것으로 여겨졌던 구약의 예언을 자신과 자신의 사역을 적용시키고 있다.

누가복음 4 : 16-21은 이사야 61 : 1 이하가 사역에서 성취되었다고 주장한다.
마태복음 11 : 2-6(참조 눅 7 : 18-23)은 예수의 사역에서 이사야 35 : 5 이하, 61 : 1이 성취되었다고 기술하고 있다. [71]
그 증거의 이같은 측면은 우리가 특히 그것을 쿰란 사본에서 발견하는 것과 비교해 볼 때 중요하다. 쿰란 사본에서는 종말론적 축복의 예언이 아직 미래지사인 것으로 언급되고 있다. 예를 들어 쿰란 1호 동굴의 하박국 주석(1 QpHab) 10:4-11 : 2의 하박국 1 : 14를 주해하는 대목에서는 하나님의 영광의 지식이 아직 미래적인 기대로 남아있다.

4. 예수는 자신의 사역에서 메시야 시대가 시작되었음을 필연적으로 암시하는 어조로 그 사역에 대해 말하고 있다.

제자들의 복(마 13 : 16 이하=눅 10 : 23 이하)과 솔로몬이나 요나보다 더 큰 이(마 12 : 41 이하=눅 11 : 31 이하)는 모두 이를 의미한다. [72]
하나님의 사죄의 선물은 메시야 시대에 예상되는 최고의 은사였다. 마가복음 2 : 5에서는 이 선물이 현재에도 가능하다고 말하고 있다. [73]

---

71) Dodd *Parables*, p.47; Jeremias, *Parables*, p.93.
72) Dodd, *Parables*, pp.46 이하.
73) 마가복음 2 : 12에 대해서는 J.Schniewind, *Das Neue Testament Deutsch* I 과 Jeremias, *Parables*, pp.98,144 참조. 유대교에서 죄사함을 종말론적 소망 혹은 메시야적 소망으로 보는 증거는 페식타(*Pesiqta*) 149 상반절에서 발견될 수 있다. 여기서 메시야의 말씀은 곧 사죄와 용서이다. 그리고 에녹1서 5 : 6은,

하나님의 (메시야적인) 사죄 제의와 더불어 구원이 가난한 자들에게 보내어졌으며 예수가 죄인들의 구주로 왔다는 사실에 전체적 강조점이 맞추어지고 있다. 그의 사역에서 이것이 얼마나 큰 부분을 차지했는지는 이로써 야기된 허다한 공격 및 그것을 변호하려는 의도로 사용된 비유의 수로 보아 알 수 있다.[74]

5. 예수와 제자들의 귀신축출은 하나님의 나라의 현재적 현현이다.

예수의 사역에 관해서는 마태복음 12 : 28 = 누가복음 11 : 20.[75] 그의 제자들의 사역에 관해서는 누가복음 10 : 18.

사탄이 패배함으로써 종말론적 구원의 시기가 시작되었다(막 3 : 27에 나오는 강한 자의 결박을 참조하라). 또한 쿰란 사본은 그 증거의 이같은 측면이 얼마나 중요한지 알게 해준다. 쿰란 사본에서 그 종파는 자기들이 벨리알의 지배 하에서 고난당하고 있음을 자각하고 있으며 그 "나라"가 하나님의 종말론적 심판으로 파멸당할 날을 갈망한다. 예수는 이같은 심판이 자신의 사역과 제자들의 사역에서 시작되었다고 주장하고 있다.

6. 예수의 가르침은 모세의 율법에 나타난 가르침을 대신한다.

그리고 사죄와 모든 자비와 평화와 인내가 있을 것이다.
그들에게 선한 빛인 구원이 임하리라.
74) 모든 비유 중에 가장 중요하며 두드러진 몇몇 비유, 예컨대 두 아들, 두 람의 빚진 자, 악한 농부들, 탕자, 잃은 양, 잃은 동전, 포도원의 일꾼들, 바리새인과 세리 등이 이 가운데 들어 있다. Jeremias, *Parables*, pp.99-120을 보라.
75) Kümmel, *Promise*, pp.105-9, 113 이하 참조.

예수는 예컨대 마태복음 19：3-19(막 10:2-10 참조)에 나오는 이혼에 대한 논쟁에서처럼 모세를 통해 주어진 율법에 대항하여 하나님의 뜻에 대한 자신의 견해를 우위에 놓는다. 마찬가지로 그는 마태복음 5：17 이하에서 모세의 율법을 대신할 종말론적 율법을 하나님의 절대적이고 최종적인 뜻의 계시로서 제자들에게 제시하고 있다. [76] 또한 쿰란 종파는 그 창시자의 권위에 의지하여 오직 모세의 율법을 더욱 진지하게 순종한다. 왜냐하면 그들에게는 종말론적 율법이 미래적 기대의 대상이기 때문이다.

종말론적 율법에 관한 이 마지막 관점은 상당히 중요한 것이며 우리는 우리의 진술을 정당화하기 위하여 보다 세부적으로 그 문제를 다루어야 한다. 문제는 유대교에서 모세의 율법을 대체할 종말론적 율법, 말세를 위한 새로운 율법에 대한 기대가 발견될 수 있느냐이다. 데이비스는 구약과 묵시적, 랍비적 문헌과 다마스커스 단편(Damascus Fragment)에서 그 증거를 검토하고는 그 자료들은 일반적으로 "현존하는 형태의 율법은 메시야 시대에까지 지속되리라는 기대"가 엿보이지만[77] 동시에 "유대교의 메시야적 소망에는 혹자가 메시야 시대는 새로운 율법에 의하여 특징지워진다고 간주할 수 있게 할만한 초보적인 요소들이 존재한다"는 결론에 도달하였다. [78] 이 후자를 위한 증거는 "아주 인상적이라고 볼 수는 없지만," 그럼에도 불구하고 존재한다. 그리고 자료가 비교적 회소한 것은 반(反)기독교적 논쟁을 위하여 이를 "고의적으로 제거시켰던 데" 기인하는 듯하다. "새로운 율법 개념에 대해 랍비 문헌이 비교적 침묵을 지켰던 것은…초대 그리스도인들이 설교한 새로운 율법에 대한…역반응의 소이이다."[79]

---

76) Jeremias, *Weltvollender*, pp.61-69.
77) In *Torah in the Messianic Age and/or the Age to Come*(Journal of Biblical Literature Monograph Series, Volume Ⅶ),1952.
78) P.85.

쿰란 사본이 출판됨으로써 상황은 일변했다. 왜냐하면 우리는 여기서 새롭고 종말론적인 율법을 예기(豫期)할 만한 확실한 증거를 발견했기 때문이다. 관련 본문은 쿰란 1호 동굴 34 두루마리(1 Q 34 ii) 2 : 5-8[80]로서 다음과 같이 번역할 수 있다.

주(당신)은 그 기뻐하는 때[81]가 이르면 당신을 위해 한 백성을 택하실 것입니다. 왜냐하면 당신은 그 언약을 기억하셨기 때문입니다. 그리고 당신은 그들을 모든 민족에게서 거룩하고 뛰어나도록 성별하실 것입니다. 그리고 당신은 영광의 현시로써,[83] 그 거룩한 영의 말씀으로써, 그 손의 역사와 오른손의 새긴 글귀로써,[84] 그들에게 영광의 교훈[85]과 영원의 정점을 보이시고…그들을 위하여 충성스런 목자[86]가

---

79) Pp.86-90.
80) Published *DJD* I,p.154.
81) *qṣ rṣwnk*는 명백히 종말을 지칭하는 표현이다. *'t rṣwn*은 구약, 예를 들어 이사야 49 : 8에 나오는 종말론적인 약속의 맥락에서 발견된다.
82) *wtḥdš bryṭk*. 어원인 *ḥdš*는 "새로운"이라는 형용사를 낳는다.
83) 출애굽기 24 : 16-18 참조. Gaster, *The Scriptures of the Dead Sea Sect*, 1957, p.298.
84) An "allusion au Decalogue", Milik, *DJD* I,p.155.
85) *yswry kbwdš* Milik, *DJD* I,154. 는 그것을 "les regles de glorie"라고 번역한다. *yswry d‘t mšpty ṣdq*, 즉 "의로운 심판에 관한 지식의 교훈"이라고 나와있는 훈련교본 (1 QS) 3 : 1 참조. 다마스커스 규약(CD) 7 : 5에는 *Kl yswry bryṭ n' mnwṭ lhm*으로 나오며, 라빈(*The Zadokite Documents*, 1956, *ad loc.*)은 나아가 *bryṭ*를 복귀시키고는 "계약의 모든 지시에 따라 하나님의 계약은 그들에게 견고해질 것이다"라고 번역한다. 이런 맥락에서 *yswry*는 *yswdy*와 유사한 뜻을 지니는 듯이 보이며, 라빈은 다마스커스 규약 7 : 5로부터 "계약의 가르침"인 다마스커스 규약 10 : 6 *yswdy hbryṭ*에 대해 언급한다.
86) "즉 새로운 모세이다. 율법을 제정한 모세는 후기 유대교에서 '충성스런 목자'라고 알려졌다(출 3 : 1과 비교)." Gaster, *Scriptures*, p.298.도 그러하다. 종말론적 인물로서의 "목자"에 대해서는 위의 p.99을 보라.

되사 그들에 대한 당신의 언약을 새롭게 하실 것[82]입니다.

여기서 우리는 종말에 있게 될 일에 대한 묘사를 보게 된다. 충성스런 자들이 분리될 것이고 하나님은 그들과 언약을 갱신하실 것이다. 그리고 이전 계약의 조항들이 율법을 통해 첫번째 이스라엘에게 주어졌듯이, 하나님의 손은 당신의 율법을 다시 쓰실 것이고, 마지막 때의 새 이스라엘은 그 시대에 걸맞는 율법을 받게 될 것이다.

현재에 적합한 율법과 마지막 때의 율법 사이의 차이점은 다마스커스 규약(CD) 12 : 23과 14 : 19에서도 확인될 수 있다. 그곳에는 이스라엘 공동체가 행해야 할 율법은 "아론과 이스라엘의 메시야가 일어날 때까지의 기간 동안" 유효하다고 명시되어 있다. 종말론적 인물(들)의 출현으로 상황이 바뀌고 악의 시대는 종결된다. 쿰란 1호 동굴의 회중규칙(1Qsa)에서 우리는 마지막 때[87]의 이스라엘의 모습을 보게 되는데 여기에는 "악의 시대"나 "벨리알의 지배"[88]에 관한 언급이 전혀 나오지 않는다. "계약의 조항들"[89]이 전 공동체에 낭독되며, "율법의 계명들"[90]이 토론과 결단의 주제이다. 우리가 위에서 관찰한 바에 비추어보면, 회중규칙에서는 *twrh ḥdšh* (=새로운 율법)에 대하여 말하지 않고 있음을 분명히 인정해야 함에도, 이 내용은 새로운 상황에 적합한 새로운 율법에 관한 언급이라고 가정하는 것이 타당하다.

우리는 쿰란 사본에 있는 증거를 둘러싼 논쟁으로부터 새로운 종말론적 율법에 대한 기대가 그리스도 당시의 유대적 기대의 일부분이라고 결론지

---

87) '*dt yšr'l b'hryt hymym*, "종말의 이스라엘 공동체". 1 Qsa 1 : 1.
88) Frank M. Cross, Jr., *Ancient Library of Qumran*, 1958(= Ancient Library), p.66.
89) *ḥwqy hbryt* 1 Qsa 1 : 5.
90) *mšptwt htwrh* 1 QSa 1 : 11.

을 수 있다. 그리고 우리는 예수의 윤리적 가르침을 이같은 기대를 배경으로 하여 평가해야 한다. 예수는 모세의 율법보다 하나님의 뜻에 관한 자신의 생각을 우위에 놓고 아주 조심스럽게 자신의 가르침을 옛 율법의 가르침과 비교하면서,[91] 자신의 가르침이야말로 유대인들이 대망하는 새로운 율법이라고 주장하고 있다. 그의 사역에서 종말의 때가 시작되고 그의 가르침에서 그 때에 적합한 율법이 계시되고 있다.

그러므로 예수의 가르침에서 그 나라를 현재적으로 보는 증거는 설득력이 있다. 그리고 우리는 이미 말했듯이 이것이 하나님의 나라에 관한 예수의 가르침 속에서 진정으로 발견되는 강조점이라는 인식으로부터 후퇴하는 것은 불가능하다고 믿고 있다. 도드가 이같은 강조점에 대해 최초로 단호하게 현대 신약학계의 관심을 환기시킨 것은 그의 항구적인 명예인 것이다.

---

91) 위의 p.100을 보라.

V

예수의 가르침에서 현재적인 동시에 미래적인 하나님의 나라

카두. 가이. 헌터. 테일러. 풀러

도드의 업적은 예수의 가르침 속에 나타난 하나님의 나라에 대한 논의에 신기원을 열었다. 이제 논의는 "철저적 종말론"으로 부터 "실현된 종말론"으로 옮겨졌고, "묵시의 변형", "묵시의 부인" 및 과거의 견해를 유지하려는 다양한 다른 시도들이 무효화 되었다. 사람들은 예수의 가르침에서 그 나라를 현재적으로 강조하는 도드의 입장을 받아들이면서 이것이 그 가르침에서 강조된 유일한 내용인지 여부에 관한 문제점으로 옮아갔고 점차로 그렇지 않다는 주장이 우세하게 되었다. 하나님의 나라는 예수의 가르침에서 현재적인 동시에 미래적이기도 한 것이다.

도드가 영국학자이기 때문에 우리는 아마 일차적으로 이 점에 관한 영국 내의 논의로 범위를 한정짓는 것이 정당할 것이다. 그러므로 우리는 여기서는 우선 다음에 열거된 6권의 저술에 관심을 기울이고자 한다.

- C. J. Cadoux, 「예수의 역사적 사명」(*The Historic Mission of Jesus*), 1943 (= *Mission*).
- H. A. Guy, 「마지막 일들에 관한 신약의 교리」(*The New Testament Doctrine of the Last Things*), 1948 (= *Doctrine*).

- A. M. Hunter, 「예수의 말씀과 사역」(*The Words and Works of Jesus*), 1950, (= *Words*).
- Vincent Taylor, 「마가복음」(*The Gospel According to St Mark*), 1952, (= *St. Mark*).
  「예수의 생애와 사역」(*The Life and Ministry of Jesus*), 1954, (= *Life*).
- R. H. Fuller, 「예수의 사명과 업적」(*The Mission and Achievement of Jesus*), (= *Mission*).

카두, 가이, 헌터, 그리고 테일러 등은 모두 하나님의 나라를 예수의 사역에서 현존하는 것으로 본다는 점에서 도드의 견해를 따르고 있다.[1] 그러나 풀러는 그 문제를 다르게 보고 있다. 그에게는 하나님의 나라가 예수의 사역에서 임하지는 않았지만, "너무나 임박하고 임박하여 이미 앞질러 활동하고 있다."[2] 그러나 다섯 학자들 모두는 예수의 가르침에서 그 나라가 확실히 미래적인 요소들을 가지고 있다는 데에는 일치하고 있다. 그들은 마가복음 1:15이 미래적인 언급을 포함하고 있다고 해석하며, 마가복음 9:1은 그 나라의 미래적 도래로서 이외에는 달리 해석될 수 없다고 주장한다. 그들은 주기도문에 있는 "나라이 임하옵시며"라는 간구와 주의 만찬에 대한 종말론적인 전망(막 14:25)을 인용한다.[3] 그들은 마가

---

1) 예수는 "자신을 통해서 사람들 가운데 그 나라를 실현한 인물이다"(Cadoux, *Mission*, p.269). 예수의 가르침 중 어떤 측면에서 "그 나라는 확실히 현재적 실재로 생각된다"(Guy, *Doctrine*, p.44). "어떤 결정적인 의미에서 하나님의 통치는 예수의 인격과 사역속에 임하였다"(Hunter, *Works*, p.74). "그(예수)는 그 나라가 자신과 자신의 사역 안에 현존한다고 가르쳤다"(Taylor, *Life*, p.67).
2) 이 점에 관한 풀러의 입장은 예수의 종말론에 대한 그의 전체적 접근 중의 일부분이며 본장 후반부에서 논의될 것이다. 아래의 pp.118 이하를 보라.
3) Cadoux, *Mission*, pp.198 이하. Guy, *Doctrine*, pp.48-50. Hunter, *Works*,

복음 9 : 47, 10 : 15, 10 : 23-25, 마태복음 7 : 21 등의 구절에서 하나님의 나라에 "들어간다"거나 "받아들이는"데 대한 예수의 가르침이 미래를 가리키고 있다고 주장한다.[4] 그들은 또한 하나님과의 종말론적인 식탁교제에 대한 예수의 기대에는 미래적인 나라가 암시되어 있다고 보고 있다(마 8 : 11, 22 : 1-10, 눅 14 : 15-24, 22 : 29 이하).[5]

위의 내용에 덧붙여 가이와 풀러 두 사람은 마가복음 4장에 나오는 "성장의 비유들"은 "정점"(가이)이나 "결정적인 사건"(풀러)이 미래에 있음을 암시한다고 논증한다.[6] 풀러는 또한 예수가 말한 다른 비유들과 비유적 구절에서 미래적인 언급을 찾아내고 있다. 가령 그는 무화과 나무(13 : 28-29), 구름과 남풍(눅 12 : 54-56, 마 16 : 2 이하 참조), 고소할 자와의 화해(눅 12 : 58 이하, 참조 마 5 : 25 이하) 등의 비유에서 결정적인 사건은 전부 아직 미래에 있다고 생각한다. "결단의 비유들"(열 처녀; 마 25 : 1-13, 어리석은 부자; 눅 12 : 16-20, 진주와 감추인 보화; 마 13 : 44-46)은 모두 임박해 있지만 아직 미래적인 사건에 직면하여 결단을 촉구하고 있다. 또한 달란트(마 25 : 14-30, 눅 14 : 16-24)와 혼인 잔치(마 22 : 2-14,

---

p.75. Taylor, *Life*, pp.67 이하와 *St. Mark*, *passim*. Fuller, *Mission*, pp.21-25,27 이하, 33.
4) Guy, *Doctrine*, p.49. Fuller, *Mission*, pp.29-31. Taylor, *St. Mark*, p.423 (with reservations). 이들 구절에 나오는 이같은 주장은 H.Windisch, "Die Sprüche vom Eingehen in das Reich Gottes", *ZNW* 27,1928, pp.163-92에로 소급되는데 Jeremias, *Parables*, p.100 n.53.이 이를 뒤따르고 있다.
5) Guy, *Doctrine*, p.50. Hunter, *Words*, p.75. Taylor, *Life*, p.68. Fuller, *Mission*, p.33. 이 가르침에 나오는 식탁교제는 물론 하나님과 영원히 그가 계신 곳에 있게 될 복받은 종말론적 공동체 사이에 존재할 완전한 인격적인 관계를 상징한다. 우리가 이런 맥락에서 예수의 가르침 속에 나오는 상징의 성격을 인식해야 할 필요성에 관해서는 Jeremias, *Weltvollender*, pp.68 이하를 보라.
6) Guy, *Doctrine*, p.49. Fuller, *Mission*, pp.44 이하.

눅 14 : 16-24)와 포도원(막 12 : 1-9) 비유의 경우에 결정적인 사건은 현재나 과거가 아니라 아주 임박한 미래에 있다.

이 모든 경우가 미래를 지칭하는지는 확실하지 않다. 예를 들어 예레미아스 교수는 무화과나무 비유를 예수의 사역에서 구원의 때를 상징하는 것으로, 진주와 감추어진 보화 비유를 현재 복음에 대한 절대적인 자기희생을 예수가 요구하는 것으로 해석하려 한다.[7] 그러나 풀러의 논점의 타당성을 입증하는 증거도 충분히 많다. 예수의 비유는 현재적인 나라만이 아니라 미래적인 하나님의 나라도 가르치고 있는 것이다.

예레미아스

우리가 위의 제4장에서 도드의 저술 이래로 비유에 관한 가장 권위있는 업적이라고 언급했던 예수의 비유에 관한 예레미아스 교수의 저서 역시 이점에 있어서 중요한 기여를 하고 있다.[8] 왜냐하면 그것은 비유의 메시지가 그 나라를 현재로서만 아니라[9] 미래로서도[10] 강조한다는 사실을 명시해 주기 때문이다. 독일어로 나온 4판에서는 이 점이 특히 분명해졌다. 왜냐하면 예레미아스의 저작이 도드의 저작에 대해 갖는 관련성이나 예수의 사역에 큰 위기가 현존한다는 그의 강조점에만 유념하다 보면, 그가 예수의 가르침을 그 사역에 뒤이은 위기, 즉 미래로서의 그 나라를 기대하고 있다고

---

7) Jeremias, *Parables*, pp.96,140.
8) 위의 p.96을 보라
9) *Parables*, pp.93-99. "지금의 구원의 날이다"와 99-120, "죄인들을 위한 하나님의 자비". *Gleichnisse*, pp.98-106, 107-27.
10) *Parables*, pp.89-92, "큰 확신"과 120-6 "파국의 임박함". *Parables* 속에 담긴 이 항목들의 배열상의 비논리성은 *Gleichnisse*에서 정정되었다. 그래서 결국 현재로서의 그 나라를 다루는 부분(위의 주를 보라) 뒤에 사실상 미래로서의 그 나라를 다루는 부분이 따라 나오게 되었다. pp.127-39, 139-48.

해석하지 않는다는 오해를 낳기가 쉽기 때문이다.[11] 그래서 개정 4판에서는 재림의 지연에 관한 항목 속에[12] 새로운 단락을 삽입함으로써 예레미아스는 예수가 자신의 사역에 후속된 위기를 고대하였다는 그의 확신을 아주 분명히 하고 있다. 그리고 비유의 메시지 항목이 개정되고 순서가 재배치 됨으로써 죄인을 위한 하나님의 자비와 구원의 날을 현재적이라고 강조하는 내용 뒤에 미래적 위기에 대한 강조 부분이 연결되어 나온다.[13]

예수의 종말론 속의 미래적 요소에 대한 예메리아스의 증거는 두 부분으로 이루어져 있다. (1) 현재에 시작된 일이 성취되도록 미래를 고대하는 비유들 : 여기에 비추어보면 현재는 소망의 때이다.[14] (2) 임박한 파국을 예상하면서 미래를 대망하는 비유들 : 여기에 비추어보면 현재는 위기의 때가 된다.[15] 이 중 첫번째 부분은 본서의 개정 4판에서 확대되어 하나님의 때가 가까이 오고 있다는 부동의 확신을 가르쳐주는 네 개의 대조적인 비유(겨자씨, 누룩, 씨뿌리는 자와 인내하는 농부)를 포함하고 있다. "하나님은 명백한 직무태만에도 불구하고, 또한 실패로 인하여 방해받지 않고 무(無)로부터 하나님의 나라를 들여오신다."[16] 또한 본서는 미래에 관한 불변하는 확신을 반영하면서도 이번에는 당신의 백성을 향한 하나님의 자비에 강조점을 두는 불의한 재판관과 한밤중에 찾아온 친구의 비유[17]를 포함

---

11) 사실 로빈슨은 소위 위기의 비유에 대한 예레미아스의 해석을 그처럼 오해했다. 아래의 pp.200 이하를 보라.
12) *Gleichnisse*, pp.42 이하. 그것은 *Parables*의 p.41 중 첫번째 문단 끝에 나올 것이다.
13) 위의 주10을 보라.
14) *Gleichnisse*, pp.127-39; *Parables*, pp.89-92 참조.
15) *Gleichnisse*, pp.139-48; *Parables*, pp.120-6 참조.
16) *Parables*, p.92; *Gleichnisse*, p.133.
17) 눅 18:2-8; 11:5-8; *Gleichnisse*, pp.133-9. 초기 판에서 이 비유들은 복음을 **변호하기** 위하여 고안된 비유 안에 포함되었다. *Parables*, pp.115-18.

시키고 있다.[18] 이같은 미래적 요소의 두번째 측면은 파국의 임박성이다. 그에 대하여 예수는 장터에 있는 아이들의 비유(마 11 : 16 이하, 눅 7 : 31 이하), 시대의 징조에 대한 말씀(눅 12 : 54-56) 및 그와 유사한 구절(마 24 : 28, 마 6 : 22 이하, 눅 11 : 34-36)과, 소돔과 고모라(눅 17 : 28 이하) 및 홍수(마 24 : 37-39, 눅 17 : 26 이하)와 다른 많은 비유와 비유적 말씀에서 동시대인들에게 경고하고 있다.[19] 우리는 또한 이런 일반적인 경고에 덧붙여 특정 집단, 즉 예수를 반대하는 자들, 민중의 지도자 특히 서기관들, 산헤드린과 바리새인들, 백성의 대표로서의 예루살렘, 이스라엘 백성 그 자체, 메시야의 세대와 심지어 메시야적 공동체 자체를 향한 경고도 찾아 볼 수 있다.[20]

예수의 가르침에서 그 나라를 미래적인 것으로 보는 증거 개요

예수의 비유적 가르침에는 미래에 속한 결정적인 종말적 사건을 고대하는 주된 요소가 포함되어 있다는 데에는 의심의 여지가 있을 수 없다. 그리고 우리는 여기서 그의 가르침 중 동일한 메시지를 담고있는 다른 측면들을 추가시킬 수 있다.

그것은 현재의 생활질서를 뒤바꾸게 될 미래적 상태에 대한 예수의 대망에서 발견될 수 있다. 우리는 이런 기대를 팔복 강론(눅 6 : 20-26, 마 5 : 3-12),[21] 마태복음 19 : 30(먼저 된 자로서 나중 되고 나중 된 자로서

---

18) *Gleichnisse*, p.139.
19) *Gleichnisse*, pp.139-44; *Parables*, pp.120-4.
20) *Gleichnisse*, pp.144-8; *Parables*, pp.124-6.
21) Frank M.Cross, Jr., *Ancient Library*, pp.62,67 n.81에 의하면 (누가복음의 순서에 따를 때) 제1복과 2복은 하나님의 나라와 메시야의 잔치를 유업으로 물려받을 공동체의 맥락에서 시 37편에 대한 종말론적인 해석을 포함하고 있음이 지적되었다. 이 해석은 이미 쿰란 4호 동굴 시편 37편 주석(4QpPs 37) 1 : 8 이하와

V 예수의 가르침에서 현재적인 동시에 미래적인 하나님의 나라

먼저 될 자가 많으니라), 마태복음 10 : 26(감추인 것이 드러나지 않을 것이 없고), 마태복음 18 : 4(자기를 낮추는 그이가 천국에서 큰 자니라, 눅 14 : 11, 마 23 : 12, 눅 18 : 14 참조)등에서 찾아볼 수 있다.

그것은 새로운 성전에 대한 예수의 기대속에 암시되어 있다(막 14 : 58, 15 : 29). 이러한 기대의 신빙성은 예수의 재판에서 이를 죄명으로 사용한 데에서 입증된다. 새로운 성전이라는 상징으로서 하나님과 완전한 성례전적 관계를 맺고 있는 종말론적 공동체를 묘사하는 경우는 쿰란 사본에서 예증될 수 있다. 4호 동굴의 종말론 미드라쉼(4 Q Flor.) 1 : 1-7에서는 성소를 비유적으로 묘사하면서 "마지막 때"에 그 공동체가 누릴 복된 상태를 그리고 있다.

그것은 마태복음 10 : 23의 성취되지 않은 예언을 배경으로 하여 보아야 한다. 우리는 발견될 수 있는 모든 구절들을 역사적인 예수의 가르침을 재구성하기 위하여 막힘없이 사용할 수는 없다는 점에 동의할 것이다. 그러나 우리가 그 구절을 전체적 견지에서 어떻게 이해하든지 간에 그같이 완성되지 않은 예언을 가볍게 무시해서는 안된다.[22]

그것은 제자들에게 임할 장래의 고난과 갑작스런 종말에 대비하여 끊임없이 경성해야할 필요성에 대한 예수의 가르침 속에 암시되어 있다. 이것이 Q 자료에 기록된 대로 예수의 가르침 중 주요 부분이라는 것은 T. W. 맨슨에 의하여 입증되었는데[23] 이는 특히 누가복음 12 : 35-46, 12 : 49-53, 13 : 22-30, 17 : 22-30에서 찾아 볼 수 있다.

만일 우리가 예수의 가르침에서 그 나라가 현재적인 동시에 미래적이라는 입장을 받아들인다면, 반드시 즉각 다음과 같은 문제에 직면하게 된다.

---

2 : 10 이하에서 발견될 수 있다.
22) 이 점에 대해서는 분명히 슈바이처가 옳았다. 위의 p.39를 보라.
23) *Sayings of Jesus*, 1949, pp.114-48.

하나님의 나라에 관한 교설에서 이들 요소들 간의 관련성은 무엇인가? 우리가 본장에서 고찰한 바 있는 학자들 개개인마다 이 문제에 대해 답변하려고 시도해 왔다.

예수의 가르침에서 현재적─미래적 강조점 간의 관계성에 대한 영국학계의 견해

카두는 예수가 유대인들의 정치적 상황에 관심을 기울였고 이스라엘에서 민족적 소명감의 재각성을 통하여 지상에 하나님의 나라의 도래를 가져오기 위해 일했다고 믿고 있다. 예수의 사역에서 시작되었던 것은 "예수 자신과 그의 제자들과 재각성된 동포들의 활동을 통하여 하나님께서 대단원의 막을 내리실 때가 무르익기까지 온 세상으로 확대될 것이다. 로마에 대항한 반란이나 이방인들을 대상으로 하는 보복전에 관한 온갖 생각은 사라져버릴 것이다… 인자와 '지극히 높으신 자의 성민들'은 그 민족의 비공식적인 지도자요 스승이 될 것이다. 커다란 나무 그늘에는 하늘의 새들이 기꺼이 깃들일 것이다. 마침내 전 인류에 의하여 하나님의 뜻이 이루어질 것이다."[24]

이 모든 내용은 우리가 일찍이 베이컨 등의 저서에서 읽은 내용을 상기시킨다.[25] 그리고 그것은 역사적 예수의 기대에 대한 설명으로는 전혀 용납될 수 없다. 그것은 그가 품지 않았음이 분명한 인간성에 대한 천진난만한 이해(*naïveté*)를 그의 속성으로 돌리고 있으며, 하나님과 그의 행위가 아니라 인간과 그 행위 가능성에 엄청난 강조점을 두고 있다는 점에서 그의 진정한 태도를 우리에게 왜곡되게 제시한다. 예수의 가르침 속에 나타난 하나님의 나라는 하나님께서 인간들 사이에 도덕적, 영적 쇄신을 불러일으키기 위한

---

24) C.J.Cadoux, *Mission*, p.218.
25) 위의 pp.64 이하를 보라.

V 예수의 가르침에서 현재적인 동시에 미래적인 하나님의 나라   115

세계적인 규모의 운동 위에서 "세우실" 모종의 실체가 아니다. 그것은 예수의 사역에서 이미 드러나고 있으며, 그 나라의 최종적 완성 시기에 머지 않아 완전히 드러날 하나님의 강력한 능력인 것이다.

가이와 헌터는 모두 역사적 예수의 미래적 기대에 담긴 상이한 요소들을 서로 구분한다. 가이는 그 나라의 도래에 대한 기대와 인자의 강림에 대한 기대를 구별하고 있다. "그 두 주제는 별개로 취급되어야 한다."[26] 곧 인자의 날이 예상되었으며, 이는 예수의 동시대인들에 대한 하나님의 심판 행위를 가리키는 것이었다. 이같은 기대는 실제로 예루살렘의 멸망으로 성취되었다. 그 나라의 도래의 현재적, 미래적 요소에 있어서 이러한 긴장은 해소될 수 없으며, "예수가 그 나라를 본질적으로 영원한 것으로 생각했다"는 지적이 가능하다.[27] 헌터는 그가 부활로 간주하는 마가복음 9 : 1에서 드러난 기대와 그가 부활, 오순절 사건, 교회의 성장으로 이해하는 주기도문 속의 "나라이 임하옵시며"라는 간구 속에 담긴 기대, 그리고 그가 시공간을 넘어선 초월적인 질서로 보는 마가복음 14 : 25, 누가복음 22 : 16, 22 : 28 이하와 마태복음 8 : 11의 기대를 서로 구별하고 있다.[28]

미래와 관련된 예수의 가르침에 담긴 다양한 요소들을 서로 구분하려는 이같은 시도는 예수의 어투, 그리고 실로 모든 유대적 묵시의 생생한 어투를 제대로 고려하지 못하고 있다. 미래의 종말론적 사건은 "그 나라가 '권능'으로 임하는 것"(막 9 : 1)으로, "만물의 완성"(막 13 : 4)으로, 인자의 강림(막 8 : 38, 마 10 : 23)으로, 혹은 "인자의 날"(눅 17 : 24)로 칭할 수 있다. 마찬가지로 미래의 종말론적 상태는 종말론적 공동체와 하나님과의

---

26) Guy, *Doctrine*, p.49.
27) *Ibid*, pp.75 이하.
28) A.M.Hunter, *Words*, pp.75 이하. 도드의 저술 속의 다소 유사한 견해에 대한 논의를 위해서는 위의 pp.89 이하를 보라.

식탁 교제에 관한 묘사나(마 8:11 등), 혹은 그 양자 사이의 완전한 성례전적 관계 묘사에서 (막 14:58, 15:29) 사물들의 기존 질서의 완전한 역전으로(눅 6:20-26, 마 5:3-12 등) 그려질 수 있다. 이처럼 상이한 구절에서 상이한 이미지를 구사한 것은 그 종말론적 성격 때문에 사실적으로는 묘사할 수 없는 하나의 사건에서 다양한 특징들을 추출해내려는 것이다. 우리가 마치 이 장면과 저 장면이 제각기 상이한 사건을 가리키는 듯이 피차 구분하는 것은 정당하지 못하다. 상이한 장면은 상이한 대상이 아니라 동일한 대상의 상이한 측면을 보여주는 것이다. 예를 들어 그 나라의 도래와 인자의 강림이 동일하다는 것은 그 양자가 극히 분명하게 결합되어 있는 다니엘 7:13 이하, 27절의 종말론적 맥락에서의 "인자"의 최초의 등장 기사에서 확인될 수 있다. 고로 우리가 예수의 미래적 기대에서 여러 요소를 구분하고 그것들이 각기 다른 사건을 가리킨다고 본다면 이는 부당한 것이다. 또한 우리는 "영원한 나라"(timeless Kingdom)나 "시공간을 넘어선 초월적인 질서"와 같은 개념을 도입함으로써 예수의 가르침 속에서 현재적 나라와 미래적 나라 사이의 긴장을 해소할 수도 없다. "영원한 나라"는 "시공간을 넘어선 초월적인 질서" 만큼이나 1세기의 유대교에는 생소한 것이며,[29] 예수가 그같은 견해를 가지고 있었다고 가정한다면 그는 기이하게도 추종자들에게 이를 심어주는 데 실패한 것이다.

빈센트 테일러는 "예수는 그 나라가 자신이나 자신의 사역에서 임재해 있지만, 또한 그것이 하나님에 의하여 완성되리라는 의미에서 미래적이라고 생각했다"고 보고 있다.[30] 예수의 공생애 초기, 즉 갈릴리에서의 사역 기간에 그 나라는 매우 가까왔으며(막 1:15) 실로 예수의 사역에서 임재해

---

29) 후자에 대해서는 위의 pp.89-96을 보라.
30) Vincent Taylor, *Life*, p.67.

있었다(눅 11 : 20). 사역이 진전됨에 따라, 미래적 기대감 속에서 임박성의 요소는 덜 부각되게 된다. 마가복음 9 : 1에서 그 기대는 마가복음 1 : 15에서보다 덜 긴박하며, 마가복음 13 : 32와 마가복음 14 : 25에서는 그 선명성이 더욱 떨어지고, 모든 것이 성부의 선하신 뜻에 달려있게 된다.[31] 이런 견해가 지닌 난점은 그런 구절들이 우리가 그 안에서 임박성의 논조와 같은 미묘한 뉘앙스의 차이를 간과할 수 있을 정도로 충분히 정확하게 보존되어 왔다고 가정하며, 또한 마가복음의 역사적 개요와 그 개요 내에서의 말씀의 배치가 우리가 이해할 수 있는 순서와 시차(時差)로써 그 사역 내의 정해진 시점에 일어난 것으로 간주할 수 있을 정도로 충분히 정확하다고 가정했다는 점이다.[32] 예를 들어 마가복음 1 : 15는 예수가 선포한 내용의 정수이다. 그렇다면 그의 사역의 시초에만 그의 선언이 그러했다고 가정하는 것이 정당한가? 또한 마가는 적어도 변화산상 사건 (9:2-8)[33]에서 그 (나라의) 부분적인 성취를 보았기 때문에 9:1의 구절을 그 지점에 삽입하였다. 13 : 32가 현 위치에 있게 된 것도 "묵시적 강화" (Apocalyptic Discourse, 13 : 1-37)를 편집한 그 사람(=마가) 덕택이다.[34] 사실이 이러하기 때문에 그런 구절들이 어떻게 예수의 기대가 점진적으로 성장해 나왔다는 증거로 사용될 수 있는지 확인하기는 극히 힘들다. 미래적 나라가 예수의 사역에서 드러난 것의 완성으로 보여질 수 있다는 것은 명백히 사실이지만, 테일러의 견해는 이를 초월하여 극히 불안정한 토대 위에 축조되어 있는 것으로 볼 수 밖에 없는 것이다.

---

31) *Ibid.*, pp.76 이하.
32) 마가복음에 나오는 순서의 역사성 문제에 대해서는 아래의 p.132를 보라.
33) 테일러 자신도 그러하다. *St. Mark*, p.385.
34) 또한 테일러도 그러하다. *St. Mark*, p.522.

풀러의 "예기적(豫期的) 종말론"

우리는 본장의 서두에서 풀러는 하나님의 나라가 예수의 사역에서 현재적이라는 데 동의하지 않는다는 사실을 지적한 바 있다. 그는 단지 그 나라가 아주 임박하여 이미 앞질러 활동하고 있고, 너무 임박하여 그 도래함의 징조가 이미 예수의 존재와 사역에서 명백히 드러나고 있다고만 묘사될 수 있다고 주장한다. 심지어 마태복음 12 : 28도 그 나라가 실제적으로 현존함을 의미하는 것이 아니다. 누가복음 10 : 17 이하에서와 마찬가지로 이 말씀에서도 귀신축출은 오직 그 나라가 임박했다는 생생한 표적일 따름이다. "귀신들이 그의 축출에 굴복하고 있다는 사실은 예수에게 있어서 그 나라가 임박했다는 압도적 증거요 아주 생생한 표적이므로 그는 이미 그 나라가 임했던 것처럼 말씀한 것이다."[35] 마찬가지로 마태복음 11 : 12는 "하나님의 통치가 이미 예수의 선포와 표적에서 예기적으로 시작되고 있으나(그것이 예수가 사역하던 때와 세례요한의 때 사이의 차이이다), 예수와 더불어 하나님의 나라가 이미 임했다고 말하는 것은 과장일 것임"을 보여주고 있다.[36]

이것은 도드에 대한 반론으로는 지나치게 멀리 나가고 있는 듯이 보인다. 논점이 되는 문제는 마태복음 12 : 28과 누가복음 10:17 이하의 귀신축출이 그 나라의 임재의 표지인지 아니면 단지 임박하다는 표지인지 여부인 것이다. 그 나라는 이미 임했는가, 아니면 단지 "그에 앞서 그림자를 던지고 있는가?" 마태복음 12 : 28에 있는 *ephthasen*의 실제적 의미는 의심할 바 없이 "임했다"는 것이지만[37] 풀러는 예수가 미래가 마치 이미 임재해 있는

---

35) Fuller, *Mission*, p.26.
36) *Ibid.*, p.32.
37) 위의 pp.83-87에 나오는 논의를 보라.

것처럼 말하는 "잘 알려진 예언적 기법"을 구사하고 있다고 주장함으로써 이런 난점을 극복하려고 시도한다.[38] 여기서 우리는 그 구절의 계기가 되었던 귀신축출이 "생생한 예언적 상상력"의 산물이 아니라 의심의 여지없이 현존하는 사실이며, 이것이 그 동사를 문자 그대로 해석해야 하는 강력한 근거가 된다고 응수할 수 있을 것이다. 그러나 결정적인 요인은 예수가 그의 사역 속에서 그 나라를 현재적인 것으로 보았다는 사실을 뒷받침하는 증거의 비중이 그 가르침 속에서 점차 커지고 있다는 데서 발견될 수 있다.[39] 마태복음 12 : 28과 누가복음 10 : 17 이하는 그 자체로 독립된 구절이 아니다. 그 구절은 이 주장을 뒷받침하는 전체 증거의 일부분에 불과하다. 그래서 우리는 모든 증거의 비중으로 보아 그 나라를 오직 예기적으로만 예수의 사역 가운데서 "미리 활동한다"고 보았던 풀러의 견해를 배제해야 한다고 주장할 수 있다.

예수의 가르침 속에 있는 현재적 — 미래적 강조점간의 관계성에 대한 예레미아스, 큄멜, 쿨만의 견해

우리는 위에서 예레미아스가 그 나라에 관한 비유적 가르침에서 현재적 요소와 미래적 요소를 동시에 주장했다는 점에서 비유에 관한 도드의 연구를 수정했음을 지적했다.[40] 이에 따라 그는 도드의 용어를 "실현된 종말론"에서 "실현 중인 종말론"으로 수정할 것을 제안했다.[41]

---

38) Fuller, *Mission*, p.26. 그는 눅 10 : 18의 경우에도 마찬가지로 주장한다. 제자들의 성공은 "그(예수)가 생생한 예언적 상상력으로 이미 완성된 사실로 보았던 …사탄의 최종적 전복이 가깝다는 징조이다"(p.27).
39) 위의 pp.98-105에 요약되었다.
40) 위의 pp.96,110 이하를 보라
41) 독일어로는 그것은 *realisierter Eschatologie*로부터 *sich realisierenden Eschatologie*로의 변화이다(Jeremias, *Parables*, p.159; *Gleichnisse*, p.194). 위의 p.96을 보라.

예레미아스는 이에 대해 구원을 가져온 분이 여기에 있기 때문에 성취의 때가 곧 지금이라고 이해하고 있다. 이것이 비유들이 담고 있는 근본적 메시지이지만,[42] 그것이 메시지 전부는 아니다. 또한 예수의 사역에서 시작된 일이 완성될 미래에 관한 가르침도 비유 속에 담겨있는 것이다. 여기서 예레미아스는 초대 교회의 가르침이 예수의 가르침에 본질적으로 충실하다고 보고 있다. 구원의 현시점은 종말적인 하나님의 승리, 즉 재림에서 그 정점에 이르게 될 파국의 때로 이어질 것이다.[43]

현대의 학자들은 보통 그 나라에 관한 예수의 가르침에서 현재적 요소와 미래적 요소 사이의 관계에 대해 다음과 같이 이해하고 있다. 즉 그들은 오래 전에 약속된 종말론적 구원이 예수의 사역에서, 그리고 그 사역을 통하여 개인적인 차원에서 알려진 현재와, 마치 초대 교회에서 재림이라는 용어로 상상했던 바와 같이 하나님의 어떤 최종적인 행위를 통하여 보편적, 혹은 우주적으로 나타나게 될 미래의 관계로서 그 양 요소를 이해하고 있는 것이다. 퀴멜은 예수의 현재를 하나님의 특별한 구원 시기로 이해하면서 예수가 현재를 종말론적 성취의 때로 보고 있다고 주장한다. 그는 또한 역사가 목표를 향하여 신속히 전진한다고 보면서 종말론적 구원이 이제 예수의 인격 안에서 성취되고 있다고 주장한다. 그리고 이 모든 것들은 예수 안에서 시작되었던 일이 그의 안에서 완성되게 될 미래의 한 때가 확실히 존재함을 예시하고 있다. 현재와 미래는 현재적 성취가 미래적 약속의 확실성을 담보하는 관계로 서로 맺어져 있다.[44]

이와 마찬가지로 쿨만도 퀴멜을 따라 예수의 가르침 속에서 현재와 미래 사이의 긴장을 보고 있다. 그는 이것을 설명하기 위하여 2차 세계대전을

---

42) 독일어로는 *Grundton*이다. *Gleichnisse*, p.194.
43) Jerermias, *Gleichnisse*, pp.42 이하. 위의 p.110을 보라.
44) Kümmel, *Promise*, pp.141-55.

경험하여 "D-데이(노르만디 상륙일)"와 "VE 데이(유럽전승일)," 혹은 "VE 데이"와 "VJ 데이(대일전승일)" 사이의 차이점을 익히 알고 있는 세대에게는 생생한 전쟁의 비유를 사용하고 있다. 예수의 사역에서 결정적인 전투는 이미 벌어졌고 승리가 획득되었으므로, 사탄은 떨어졌고(눅 10:18), 귀신들의 권세는 꺾이게 되었으나(마 12:28), 그럼에도 불구하고 전쟁은 최종적인 "승리의 날"까지 계속되고 있고 계속될 것이다.[45]

마지막으로 현대의 로마 카톨릭 학자인 슈낙켄부르크(R. Schnackenburg)는 그 나라의 현재성이 예수에게는 그 자신의 인격 및 사역과 불가분 연결되어 있다고 주장하였다. 하나님은 심판과 (최종적인) 구원으로서의 완성이 미래에 남아 있음에도 불구하고 예수 안에서 현재에 "역동적으로" 구원을 이루시고 있다. 우리는 그것을 아직 완성되지 않았지만 구원의 약속에 대한 메시야적 성취의 현 단계, 혹은 새로운 최고점이나 정점을 향하여 나아가는 종말론적 구원의 시작으로 훌륭하게 이해할 수 있다.[46] 이것은 로마 카톨릭 학자에게서 나온 예수의 가르침에 관한 지극히 중요한 해석이며, 현대 로마 카톨릭 교회 안에서 일어나는 성서 연구의 부흥의 아주 바람직한 성과이다.

예수의 가르침 속에서 그 나라에 대한 현재적이며 미래적인 이해와 관련된 오늘날의 연구동향은 이러하다. 그러나 예수의 가르침에서 이 두 요소가 점차 인정되는 추세에 일관되게 반대하여 싸워온 학자가 한 사람 있으니 바로 루돌프 불트만(Rudolf Bultmann)이다. 그러나 불트만의 입장은 복잡다단하여 본장의 개관에서 아직 고려하지 않은 요소들을 포함하고 있다.

---

45) Cullman, *Christ and Time*, 1950, pp.71 이하, 83 이하. 이것은 **구속사의** 견지에서 내린 예수의 종말론에 대한 그의 해석 중 **핵심부분이다**. 아래의 pp.186 이하를 보라.

46) R.Schnackenburg, *Gottesherrschaft und Reich*, 1959, pp.77 이하, 87 이하.

그러므로 본 저서의 후반부에 이르기까지 그의 견해와 그의 제자들의 견해에 대하여는 고려하지 않고 남겨두는 것이 최상인 것처럼 보인다.[47] 그러나 우리는 이 장을 끝맺음하기 위하여 몇몇 불트만의 제자들, 특히 푹스(Fuchs), 로빈슨(Robinson), 콘첼만(Conzelmann) 등이 예수의 가르침 속에서 현재와 미래 사이의 긴장을 보고 있지만 이를 실존주의적으로 해석하고 있음을 지적해 두어야 할 것이다.[48]

그렇다면 이제 우리는 현 논의에서 중요한 요소, 즉 예수의 가르침에서 현재적이자 미래적인 그 나라와 긴밀하게 연관된 요소인 인자에 대하여 고찰하고자 한다. 우리는 여기서 이 문제에 관해 영어권에서 가장 중요한 공헌을 한 T. W. 맨슨의 저서를 기점으로 삼을 것이다.

---

47) 아래의 7장을 보라.
48) 아래의 pp.166 이하를 보라.

VI

T. W. 맨슨과 "인자" 주제에 대한 변형된 여러 주장

T.W. 맨 슨

예수의 가르침 속에 있는 하나님의 나라에 관한 해석은 예수의 자신과 그 사역에 관한 견해를 이해하는 문제와 긴밀하게 연관되어 있음이 분명하다. 그러므로 우리는 불가피하게 인자에 관한 그의 가르침을 고려하지 않을 수 없다. 이들 구절들에 관한 영어권의 논의는 맨슨의 저서에 이르러서야 실제적 중요성을 갖게 되었다.[1] 그는 그 나라를 "미래의 완성을 향하여

---

1) *The Teaching of Jesus*, ¹1931, ²1935 (= *Teaching*) ; *The Sayings of Jesus*, 1949 (= *Sayings*) , a reprint of his contribution to *The Mission and Message of Jesus* by H.D.Major, T.W.Manson, and C.E.Wright, 1937; "The Son of Man in Daniel, Enoch and the Gospels", *BJRL* 32,1949/50, pp.171-93; "The New Testament Basis of the Doctrine of the Chruch", *JEH* 1,1950, pp.1-11; *The Servant-Messiah*, 1952; "Realized Eschatology and the Messianic Secret" in *Studies in the Gospels*, Essays in Memory of R.H.Lightfoot, ed. D.E.Nineham, 1955, pp.209-22. (= *Lightfoot Festschrift*) ; "The Life of Jesus : some tendencies in present-day Research" in *The Background of the New Testament and its Eschatology*, ed. by W.D.Davies and D.Daube, 1956, pp.211-21 (= *Dodd Festschrift*) .

활동하는 현재적 실체"로 보면서[2] 인자 구절들에 관한 집단 해석 (collective interpretation)을 제시하고 있다.

인자 구절들에 관한 맨슨의 해석을 완전히 이해하기 위해서 우리는 하나님의 나라에 관한 그의 이해로부터 시작하여 특히 예수의 사역의 실제에 관한 그의 강조점을 주목하여야 한다. "예수의 생애와 사역, 그의 가르침, 제자들의 파송, 십자가와 부활은 한결같이 일부분에 불과하다. 예수에게는 그 가르침이 필생의 작업 중 필수적인 일부지만 그것이 전부는 아니다. 전부는 현재적 실체로 드러난 하나님의 나라이다. 오리겐(Origen)은 예수를 왕국 그 자체 (*autobasileia*) 라고 부른 점에서 옳았다."[3] 혹은 그가 다른 데에서 지적하듯이 "모든 불가피한 희생을 수반한 그 사역은 메시야의 진정한 영광이요, 인간 세계에 진정한 모습으로 현현한 하나님의 나라였다."[4]

하나님의 나라는 예수의 사역에서 어떤 방식으로 나타났는가? 맨슨은 공관복음서에서 하나님의 나라와 관련된 모든 구절들을 조사하고는 예수가 그의 사역의 초기에는 그 나라를 가까이 임하고 있는(막 1 : 15 등) 실체로, 사역의 후기에는 사람들이 들어가는 (막 9 : 47 등)[5] 모종의 실체로 말했다는 결론에 도달한다. 더 나아가 그는 그 나라의 도래에 관한 선언은 일반 백성들을 대상으로 했으나 그 나라로 들어가는 것과 관계된 가르침은 오직

---

2) *Sayings*, p.305.
3) *Sayings*, p.344.
4) *JEH* 1, 1950, pp.6 이하.
5) 이에 대한 주요한 예외는 주기도문 안에 있는 "나라이 임하옵시며"라는 기원이다. 그러나 맨슨은 *Teaching*을 저술할 때 누가복음 11 : 2에 이 기원이 삽입된 것은 마태의 원본에 본문상 동화된 결과라고 주장하면서 마태의 원본에 나오는 이 특별한 기원의 진정성을 의심하는 경향이 있었다 (*Teaching*, pp.128 f.) .이것은 대담하고 전혀 불가능한 가정이다. 맨슨은 후기의 *Sayings*, pp.169,266에서는 이같은 가정을 반복하지 않았다.

제자들만을 대상으로 하고 있다고 주장한다.[6] "하나님의 나라"라는 용어의 중요성은 그것이 왕으로서의 하나님과 그 왕권의 신민으로서의 개인 사이의 인격적인 관계성을 표현한다는 것이다. "하나님 편에서 통치하고자 하는 요구와 인간의 편에서의 그런 요구에 대한 순복이 함께 실제적 하나님의 나라를 구성한다."[7] 예수는 그의 사역의 초기 동안에는 이 나라가 아직 오지 않았다고 말했다. 그런데 후기에는 거기에 사람들이 들어간다고 말했는데, 이는 그 나라가 이제 임했음을 암시한다. 우리는 이처럼 명백한 대조를 어떻게 해소할 수 있는가? "이 문제에 관한 가장 분명한 해결책은 예수가 자신의 사역 동안 어떤 실제적인 의미에서 그 나라가 도래했다고 주장했다는 것이다 … 그 나라의 도래를 베드로의 신앙고백과 동일시하는 것이 가장 그럴듯한 추측일 것이다 … 베드로의 신앙고백은 법률상의(*de jure*) 나라를 실제적인(*de facto*) 나라로 만들기 위해 요구되었던 바로 그 인지(認知) 행위로 정당하게 간주될 수 있을 것이다."[8]

맨슨은 "유사한 개념"을 발견할 수 있는 랍비 문헌에 의거하여 "하나님의 나라"라는 용어에 관한 이같은 해석을 확증하고 있다.[9]

---

6) *Teaching*, p.126. 맨슨은 그의 모든 저술을 통하여 무리에게 행한 예수의 가르침과 제자들을 대상으로 한 가르침 사이의 차이점을 강조한다. 예를 들어 그는 하나님의 아버지됨에 대한 가르침 역시 제자들에게 국한되었다고 강조하고 있다(*Teaching*, pp.96, 101-15)

7) *Teaching*, p.131.

8) *Teaching*, pp.129-31.

9) *Teaching*, pp.120-32. 그는 여기에서 하나님의 나라에 대한 인용문을 찾기 위하여 모든 묵시 및 랍비 문헌을 뒤진 결과 다음과 같은 사실을 찾아낸 빌러벡(Billerbeck)을 뒤따르고 있다.
1. 그 표현은 묵시 문학에서 오직 다섯 번만 나온다는 것(reff. in *Kommentar* I, p.179)
2. 회당의 기도문에서 하나님이 이스라엘과 온 땅에 당신의 왕권을 세우시라는 기원이 중심 자리를 차지하고 있다(reff., *Kommentar* I, p.178).

그렇다면 하나님의 나라의 최초의 지상적 현시는 예수와 그의 제자들이 왕되신 하나님께 순종한 것에서 찾아볼 수 있다. 그리고 이것은 마가복음 1:15에서 가까이 왔다고 선포된 그 나라의 실현이다. "주로 하나님의 나라는 왕이신 하나님과 신민된 개인 사이의 인격적인 관계이다. 그리고 그것은 세상 가운데 하나의 공동체로서, 하나님의 백성으로 불리울 수 있는 실체로 등장한다. 이 집단은 한 왕에게 공통적으로 충성한다는 사실에 의하여 결합된 사람들로 구성된다."[10] 여기서 우리는 "실현된 종말론"의 입장에 접근하게 된다. 한때 맨슨 교수는 저자와 나눈 대화에서 자신을 "반쪽짜리 실현된(half-realized) 종말론자"라고 말한 적이 있다. 그러나 맨슨은 도드와는 달리 예수의 사역에서 그 나라의 이같은 도래를 문제의 마침으로 간주하지 않았다. 하나님의 나라는 예수의 사역에서 현존하는 실재이기는 하지만, "그것은 미래의 완성을 향한 일 가운데 현존하는 실재인 것이다."[11] 이처럼 예수와 그의 제자들의 순종적 공동체에서 그 나라가

---

3. 그것은 랍비 문헌에서 세 가지 용법으로 나타난다.
 (a) 그것은 창조자인 하나님의 그의 피조물에 대한 영원한 주권에 사용되는데 그 주권은 사람들에 의하여 수용되거나 배척될 수도 있고 또한 지금까지 그래왔다(reff., *Kommentar* I, pp.173 이하).
 (b) 여기에서 발전되어 하나님의 나라의 멍에를 받아들이든지 배척하든지, 즉 개인으로서 하나님의 주권을 받아들이든지 거부하든지 여부를 봉사, 주로 쉐마를 낭송함으로써 보여준다는 개념이 형성되었다(reff., *Kommentar* I, pp.176-8).
 (c) 마지막으로 하나님이 보편적으로 왕으로 인정되며, 따라서 그의 나라가 종국적으로 그 모든 영광 가운데 확립될 그 날에 대한 종말론적 기대가 있다(reff., *Kommentar* I, pp.179 f.).
빌러벡은 랍비 문헌의 인용구의 서문에서 이렇게 쓰고 있다. "하나님의 통치는 인간이 의식적으로 하나님의 뜻에 순종하게 되는 곳에서 보편적으로 널리 실현된다." 그리고 이 논지를 맨슨이 취하여 발전시킨 것이다.
10) *Teaching*, p.134.
11) *Sayings*, p.305와 p.90의 주2를 보라.

처음 현현한 것은 "하나님의 손에 있는 힘이요, 도구이자, 장차 미래에 있을 훨씬 큰 현현을 향한 수단이다."[12]

여기서 우리는 맨슨의 해석과 관계되는 한, 문제의 핵심에 도달하게 된다. 그의 강조점은 하나님의 대행자로서의 예수와 그의 제자들의 공동체에 맞추어져 있다. 그가 인자에 관한 집단적인 해석을 도입하고 있는 것은 바로 이 점에서이다. 그는 구약으로 방향을 돌려 "남은 자" 개념을 논하면서, 이사야서에서 남은 자 개념이 "미래의 하나님의 백성 중 핵심"이라는 종말론적 개념으로 화(化)하고 있음을 보여주고 있다. 그는 제2이사야에서 종의 개념은 남은 자 개념이 발전한 것이라고 주장한다. "남은 자는 구원받은 소수여야 했지만, 여호와의 종은 구원하는 소수여야 한다." 종은 집합적인 개념이자 집단이지, 개인이 아니다. 마찬가지로 시편의 "나" 역시 집단적으로 해석되어야 한다.[13] 마지막으로 다니엘서와 복음서에 나오는 "인자"도 구약에서 발견되는 일련의 개념들 중-남은 자(이사야), 여호와의 종(제2이사야), 시편의 '나', 그리고 인자(다니엘)-마지막 용어이다. 이 모든 개념에 있어서 본질적인 특징을 이루는 것이 남은 자 사상이라는 것은 위에서 주장한 바 있다. 그리고 이제 복음서에 나오는 인자가 남은 자 사상의 또 다른 구현이라는 설이 있다 …인자는…이상적인 인물로서 하늘의 왕께 전적으로 헌신된 백성의 형태로 지상에 하나님의 나라가 나타날 것을 상징한다."[14]

이것이 인자에 대한 맨슨의 집단적인 해석이다. 그리고 그는 이런 해석을 옹호하고 설명하기 위해 다니엘서와 예수의 가르침에 나오는 그 용례를 상세하게 논의하고 있다.[15]

---

12) *Teaching*, p.134.
13) *Teaching*, pp.176-83.
14) *Teaching*, p.227.

헌신된 공동체인 인자는 하나님의 대행자가 되어 순종 가운데 처음으로 모습을 드러낸 그 나라의 최종적인 완성을 이루어야 한다. 그 공동체는 사실상 메시야적(Messianic)이다. 그 나라가 인간 세상에서 드러나게 되는 것은 그 순종의 사역을 통해서이다. 그리고 이 사역은 온갖 고난에도 불구하고 하나님이 섭리 가운데 최종적 승리로 나아갈 것이다.[16] 그러나 제자들은 인자 이상(理想)의 성취에 필요한 순종을 할 수 없음이 입증되었다. 그래서 마가복음 14 : 62에서 "우리는 인자가 사유과정에 의해서가 아니라 사실의 논리에 의하여, 묵시적 이론으로가 아니라 실생활 가운데 한 개인으로 되는 지점에 도달하였다."[17] 그러나 인자에게 요구된 순종은 여전히 충족되어야 하며, 예수는 이 순종이 정당화될 완성의 때를 대망하고 있다. "하나님은 여전히 마지막 하실 말씀을 가지고 계실 것이며, 인자를 변호하실 것이다."[18] 이 모든 일의 열쇠는 개별적, 단체적인 순종이다. 이로써 그 나라가 지상에 나타나게 되고, 하나님이 당신의 때에 그 순종을 옳다 인정하실 때 그 나라의 궁극적인 임재에 이르게 될 것이다. 예수는 임박한 미래의 어느 시점에 그같은 궁극적 인정이 있게 되리라고 기대했으나, 이 점에서 그는 잘못 생각했다. 그러나 그의 가르침 속의 근본적으로 종말론적인 음조는 실제로 남아있으며 이는 지속되어야 한다. "악에 대한 선의 최종적 승리가 없다면, 하나님의 나라는 공허한 꿈이 되고 만다."[19]

그처럼 맨슨에게는 그 나라가 현재인 동시에 미래이다. 그것은 인자의 순종을 통하여 모습을 드러내기 때문에 현재이며, 역으로 이 순종은 미래와

---

15) *Teaching*, pp.211-34; 또한 *BJRL* 32, 1949/50, pp.171-93.
16) *JEH* 1,1950, pp.6 이하.
17) *Teaching*, p.267.
18) *Teaching*, p.268.
19) *Ibid.*, p.284.

그 나라의 궁극적인 출현과 연관된다. 맨슨의 견해에 대한 비판을 하기 전에 그의 저술 중 또다른 측면, 즉 그가 예수의 가르침에서 종말론과 윤리 간에 상정하고 있는 연관성을 언급해야 할 것이다. 이 점에 있어서 그는 윌리엄 맨슨(William Manson)과 유사한 입장을 취하면서, 예수에게는 그 나라가 어떤 의미로는 현재적 사실이라는 사실에 입각하여 그 윤리적 가르침을 검토해야 한다고 주장하고 있다.[20]

"예수의 도덕적 가르침은 '중간적'이거나 어떤 다른 종류의 독립적인 윤리가 아니라 하나님의 나라에 대한 그의 견해의 필수적인 한 부분으로 보인다. 그것은 하나님 나라의 방식이다 … 하늘 임금의 신민들이 그의 뜻에 순종함으로써 그에 대한 충성심을 입증할 수 있게 되는 방식인 것이다."[21] 이것은 왕으로서의 하나님과 신민으로서의 인간 사이에 정립된 새로운 관계 속에 그 나라가 현존한다고 주장하는 T. W. 맨슨 특유의 강조점과 조화를 이룬다. 나아가 그는 예수의 윤리적 가르침이 이같은 새로운 관계로부터 생겨나야 하는 부류의 도덕적 행위를 표현한 것이라는 사실을 강조한다. "예수가 그의 윤리적 가르침에서 제시하는 것은 일련의 행위규범 체계가 아니라, 변화된 성품이 행위로 표출되는 방법의 다양한 실례이다."[22]

T. W. 맨슨의 견해와 윌리엄 맨슨의 견해 사이의 유사성은 여기서 분명해진다. 예수의 윤리적 가르침이 현재로서의 하나님 나라의 맥락에서 해석되어야 한다는 사실을 강조하는 것은 분명히 타당하다. 그러나 T. W. 맨슨은 예수의 윤리적 가르침이 모세의 율법과 몇몇 특징들을 공유하고 있다고

---

20) *Teaching*, pp.285-312 : "Religion and Morals", 또한 그의 논문인 "Jesus, Paul, and the Law", in *Judaism and Christianity*, Vol. Ⅱ, *Law and Religion*, ed. Rosenthal, London and New York, 1938, pp.125-41도 참조.
21) *Teaching*, p.295.
22) *Teaching*, p.301.

주장하는 점에서 동명(同名)의 맨슨보다 한 걸음 더 나아가고 있다. 그것은 신적 기원을 가지고 있다고 간주되며, 자신을 하나님의 뜻에 대한 계시의 대리자라고 생각하는 사람을 통하여 부여된다. 그리고 그것은 주로 목표로 하고 있는 공동체, 곧 하나님 나라의 공동체에 적용된다. "그러므로 옛 율법이 선민들에게 주어져 그들이 하나님의 백성으로 살아가기 위한 헌장이 되었듯이 예수에 의하여 확립된 도덕적 기준은 새로운 이스라엘, 곧 그를 따르는 자들의 공동체에 주어졌다고 생각할 수 있다."[23]

여기서 우리는 지극히 중요한 통찰력, 즉 예수의 윤리적 가르침이 주로 일반 대중을 대상으로 하지 않고 그의 제자들의 종말론적 공동체를 대상으로 하고 있다는 사실을 인식하게 된다. 구(舊)자유주의가 주장했듯이 윤리적 가르침이 종말론과 무관하지도 않고, 슈바이쳐가 주장했듯이 종말론에 전적으로 종속된 것으로 간주할 수도 없다. 오히려 윤리적 가르침과 종말론은 불가분 연결되어 있다. 왜냐하면 윤리적 가르침은 종말론적 공동체가 대상으로 하고 있고, 그 공동체가 하나님과 세상과 관련하여 처해있는 상황을 전제로 한 것이기 때문이다.

맨슨의 "하나님의 나라" 해석에 대한 비판

맨슨의 저술에 대한 비판은 특히 그의 집단적인 인자 해석을 대상으로 하고 있다. 그 점을 당분간 논외로 한다면, 그의 저술에서 좀더 논의를 필요로 하는 몇몇 다른 문제점이 있다. 그 중 첫번째는 랍비 문헌의 용법으로 예수의 가르침 속에 있는 "하나님의 나라"를 해석하는 점이다. 우리는 이미 이것이 잘못이며, 여기서 예수의 가르침의 진정한 배경은 랍비 문헌이

---

23) *Teaching*, p.295.
24) 달만의 저술을 논의할 때에는 위의 pp.26-32를 보라.

라기 보다는 묵시 문헌임을 논증한 바 있다.[24] 묵시 문헌, 쿰란 사본, 그리고 예수의 가르침에서 하나님의 나라는 그의 왕적 활동이며, 그 나라의 도래는 사실상 하나님이 그 백성을 위하여 왕적 권능을 행사하기 위하여 행하시는 인간사에 대한 결정적인 종말론적 개입이다.[25] 맨슨의 해석은 이 점을 충분히 고려하지 않고 있다. 그러나 그 자신도 이를 감지했던 것 같다. 왜냐하면 랍비적 이해가 그의 초기 저술인 『가르침』(Teaching)에서는 전면에 나오지만, 『말씀』(Sayings)에서는 현저하게 배경으로 후퇴하며 『종-메시야』(Servant-Messiah)에서는 전혀 발견되지 않기 때문이다. 그는 마지막 저술에서 묵시의 메시야적 소망이라는 기반 위에 예수의 사역을 구성하여 제시해 놓고, 그 나라를 "역사 속에서 하나님의 능력과 지혜가 실현된 것"으로 기술하고 있다.[26] 그러나 초기의 랍비적 용법에 의거한 해석이 수정된 리츨주의로 나아가지 않은 점으로 보아[27] 그 차이점은 본질적이라기보다는 강조점 상의 차이일 것이다. 즉 예수와 그의 제자들의 순종에서 그 나라가 출현했다기 보다는 오히려 하나님이 예수의 사역 속에서 왕으로서 행동하고 믿는 자는 순종과 봉사의 견지에서 이에 응답하는 것이다.[28]

이보다 더욱 심각한 문제는 맨슨이 마가가 설정한 순서의 역사성에 의존하고 있다는 점이다. 그는 끝까지 이 견해를 옹호했다. 그리스도의 생애 연구에 관한 그의 마지막 논문도 부분적으로는 이 견해의 옹호와 관련되어 있다.[29] 그러나 그는 여기서 지는 싸움을 벌이고 있었다. 마가복음은 객관적인 역사라기 보다는 케리그마적 역사이며,[30] 마가가 설정한 개요는 케리

---

25) 계속해서 아래의 pp.222-248을 보라.
26) *Servant-Messiah*, p.74.
27) 달만의 경우에는 그러했다. 위의 p.32를 보라.
28) 계속해서 아래의 pp.280-287을 보라.
29) *Dodd Festschrift*, pp.212 이하.
30) J.M.Robinson, *The Problem of History in Mark*, 1957 (= *Problem*), p.15.

그마적 개요이다. 또한 공관복음서에 있는 자료를 정리하고 결합하는 초대 교회의 역할이 점차로 많이 인식되고 있다.[31] 이는 공관복음과는 상이한 양식과 배열 방식을 취하면서 공관복음적 자료를 제공하고 있는 도마복음이 발견됨으로써 더욱 강화될 수 밖에 없는 추세이다. 이 모든 점에 비추어보면, 자기가 예수 자신의 생애의 사건의 중심경로를 올바른 순서대로 잘 기억하고 있으며, 상당수의 사람들이 예수 사역의 전반적인 윤곽에 대해 알고 있기 때문에 올바르게 기억하였을 것이라는 맨슨의 주장은 아주 취약해 보인다.[32]

맨슨은 마가의 순서에 의지하고 있기 때문에 우리가 보았듯이 그 나라가 가이사랴 빌립보에서 베드로의 신앙고백과 더불어 "임했다"는 사실에 비중을 두게 된다. 만약 마가의 순서가 변호될 수 없다면 가이사랴 빌립보 이전과 이후로 나누는 이같은 구분 역시 포기되어야 한다. 이는 그것이 실로

---

31) 맨슨에 대한 로빈슨의 비판에 관해서는 다음 책을 참조. *A New Quest of the Historical Jesus*, 1959 (= *New Quest*), p.38 n.1.

32) *Dodd Festschrift*, p.213. 도드 자신은 원래 *ExpT* 43, 1932, pp.396-400에서 출판되었다가 자신의 논문집인 *New Testament Studies*, 1953에 재수록된 논문, "The Framework of the Gospel Narrative"에서 마가의 순서를 옹호했다. 그러나 나인햄(D.E.Nineham)은 *Lightfoot Festschrift (Studies in the Gospels*, ed.D.E. Nineham, 1955). pp.223-240에서 도드의 주장을 아주 정밀하게 비평하였다. 보다 최근의 영국 저술가인 크랜필드(C.E.B.Cranfield, *The Gospel According To St. Mark*, 1959)는 나인햄의 주장을 가장 뛰어난 논리로 인정하였으나, 베드로가 그 사역의 일반적인 윤곽을 기억했을 것 같으며(p.18) 마가가 그의 증언에 의존하고 있다고 주장하고 있다. 도드 자신은 이같은 논리를 구사하지는 않는다. 나인햄이 말하듯이 (*op. cit.*, p.225), 왜 그가 그렇게 하지 않는지 안다면 흥미있을 것이다. 그러나 그런 제안은 공관복음 자료의 성격과 역사 및 마가복음의 구성 배후에 작용하는 신학적 동기에 관한 현대학계의 이해로부터 완전히 벗어난 것이다(J.M.Robinson, *Problem*, and W.Marxsen, *Der Evangelist Markus*, 1959, *passim*을 보라). 이 점에 있어서 도드에 대한 보다 진전되고 보다 신랄한 비판은 로빈슨에 의하여 이루어졌다. J.M.Robinson, *New Quest*, pp.48-58.

주기도문으로부터 "나라이 임하옵시며"라는 간구와 필연적으로 상충된다는 이유에서 포기되어야 하는 것과 마찬가지이다.[33] 예수의 가르침에서 그 나라에 관한 현재와 미래 사이의 긴장은 가이사랴 빌립보에서 해결되지 않았다. 운좋게도 이 역시 맨슨의 견해에 결정적인 영향을 미치지는 않고 있다. 믿는 자들이 현재에 하나님의 왕적 행위에 순종으로 응답하는 것이 그 행위의 궁극적 현현에 연결되어 있다는 핵심적 논점은 가이사랴 빌립보 사건 전후에 대한 맨슨의 구분을 받아들이느냐 여부 그 자체에 달려있지는 않은 것이다.

맨슨의 "인자" 해석에 대한 비판

맨슨이 제창한 인자에 대한 집합적인 해석은 광범위하게, 특히 에릭 스외베르크(Erik Sjöberg)에 의하여 비판받았다. 그는 예수 시대의 유대 묵시에 나오는 인자는 선재(先在)하는 천상적 존재이며, 그러므로 복음서에서도 그렇게 이해되어야 한다고 주장했다.[34] 이를 지지하는 증거로는 에녹서(1 Enoch 37-71)의 소위 "비유들"에 나오는 그 용례가 있지만,[35] 그 안에 있는 인자의 용법과 에녹서의 비유들과 관련해서 해결되지 않은 문제들이 널리 산재하고 있는 실정이다. 우선 이 구절들에 나오는 인자에

---

33) 본 장의 주5를 보라
34) E.Sjöberg, *Der Menschensohn im aethiopischen Henochbuch*, 1946. *BJRL* 32,1949-50, pp.171-93에 인쇄된 맨슨의 강의는 주로 스외베르크의 주장에 대한 반박이다. 그에 대해 스외베르크는 *Der verborgene Menschensohn in den Evangelien*, 1955, pp.241 이하에서 응답한다. 또한 S.Mowinckel, *He that Cometh*(노르웨이어로 출판된 *Han som Kommer*, 1951을 G.W.Anderson이 영어로 번역한 책), 1956, pp.355와 455-50을 보라.
35) 그 표현은 또한 에스라 4장(IV Ezra) 13:3,12에도 나타나지만, 빌러벡은 여기서는 용법이 다르다고 주장한 바 있다(*Kommentar* I,p.958).

대한 언급이 선재하는 천상적 존재를 지칭하는 것으로 해석되어야 하는지, 혹은 "지상에서 이루기로 예정한 천상의 선재적인(pre-mundane) 결정으로 해석되어야 하는지의 문제가 있다."[36] 이것이 맨슨과 스외베르크 사이의 논쟁에서 쟁점이 된 문제로서, 에디오피아역 사본이 그 문제에 관하여 결정을 내려줄 정도로 충분히 원본을 정확히 대변해 주느냐 하는 부수적인 문제에 의하여 복잡해졌다. 그리고 그리스도 당시에 유대교적 개념들이 널리 유포된 증거로서 사용되었느냐의 문제와 명백히 관련되어 있는 에녹서의 비유들의 시기설정 문제도 있다. 여기에 쿰란 사본의 발견으로 최근에 새로운 요인이 도입되었다. 쿰란 특히 제4동굴에서 발견된 단편에는 에녹서의 문헌이 꽤 광범위하게 기술되어 있다. 그러나 여기서는 그 비유들의 결핍이 현저하게 드러나는데,[37] 이는 그 분파가 자기들의 서고에 소장한 에녹서 중 이 부분을 가지고 있지 않았을 수도 있다. 이에 비추어 비유들의 시기 설정 문제가 다시 논의되었으나 통일된 결론에 도달하지는 못했다. 로울리(H. H. Rowley)는 주전 2세기를,[38] 아이스펠트(O. Eissfeldt)는 주전 1세기를,[39] 밀릭(J. T. Milik)은 주후 2세기의 한 시기를 선호한다.[40] 유능한 학자들 사이에 이처럼 다양한 견해차가 존재한다는 것은 관련된 문제가 그만큼 복잡하다는 증좌이다. 최종적으로 비유들의 문학적 구조에 관한 문제가 있다. 예레미아스는 스외베르크의 『에디오피아역 에녹서에 나타나는 인자』(Der Menschensohn im aethiopischen Henochbuch)에 대한 논평에서 이 문제에 주의를 환기시키면서 스외베르크가 이 점을 고려하지 않았다고 지적

---

36) Manson, *BJRL*, 32, 1949-50, p. 182.
37) Frank M. Cross, Jr., *Ancient Library*, p. 150 n. 7.
38) *Jewish Apocalyptic and the Dead Sea Scrolls*, 1957, p. 9.
39) *Einleitung in das Alte Testament*, ²1956, p. 766.
40) *Ten Years of Discovery in the Wilderness of Judaea*, 1959 (J. Strugnell이 *Dix ans de Découvertes dans le Desert de Juda*, 1957를 영역한 것), p. 33.

했다.[41]

    이 기간 동안 영어권 학계는 예수의 가르침에 나오는 인자가 에녹서에서 파생되었다는 주장을 받아들이는 데 상당히 주저하였다. 도드는[42] 에녹서의 비유가 시기상 그리스도 이전이라고 한다든지 "인자"라고 번역된 다양한 에디오피아어 표현의 실제적 의미와 정확한 뜻을 확정짓는 데는 난점이 있으며, 비유들이 묵시적 메시야와 "인자"의 연관성을 입증하는 고립된, 필시 비정상적인 권위를 대변할 수 있다는 사실을 지적하고 있다.

    에녹서의 비유와 관련된 이같은 난점은 인자를 선재하는 천상적 존재로 보는 관념이 그리스도 시대에 일반적인 묵시적 사상의 일부분이라는 여하한 주장에 대해서도 경계를 하도록 만들기에 충분하다. 그러므로 우리는 복음서에서 사용된 그 용어를 굳이 이런 식으로 해석해야 한다고 가정할 필요는 없다. 반면에 맨슨의 공동체적 해석을 지지하는 증거가 이제 쿰란 사본에서 빛을 보게 되었는데, 이에 대해서는 매튜 블랙(Mattew Black)이 주목한 바 있다.[43] 그는 특히 그 종파나 종파의 내부 엘리뜨가 "확고한 목적과 상한 심령으로 주님에 대한 충성심을 유지하고, 그들로 하여금 저 의로운 대의를 주장하고 정화의 풀무라는 고통을 감내함으로써 죄악을 속하게 하기 위한" 훈련교본[44] (1 QS) 8 : 1 이하를 인용하고 있다. 그 공동체에 대하여 운문으로 된 다음과 같은 구절이 나온다.

        이스라엘을 위한 영원한 처소이자 거룩한 집으로서
        아론을 위한 지성소된 비밀의 모임,
        심판에 관한 진리의 증인들,[45]

---

41) In *TLZ* 1949, cols. 405이하.
42) *According to the Scriptures*, 1952(= *Scriptures*), pp.116 이하.
43) In "Servant of the Lord and Son of Man", *SJT* 6, 1953-54, pp.1-11.
44) 훈련교본(1 QS) 8 : 3 이하 블랙의 번역.

> 그리고 그 땅을 위하여 속죄하며[46]
> 악인에게 상당한 형벌을 주는 은혜의 택한 자들,[47]
> 이것은 확실한 방벽이요 값진 모퉁이돌이다.
> 그 기초는 흔들리지 않고,
> 그 장소에서 옮기지도 않으리라.[48]

이 구절에서 우리는 "인자"에 관한 맨슨의 해석을 지지하는 실제적 중요성을 지닌 두 가지 특색을 발견한다. 그 공동체는 이사야서의 종[49]과 다니엘서의 인자의 업적의[50] 제 특징들을 결합시켰다. 그리고 그 양자를 **공동체로서** 스스로에게 예상된 종말론적 기능에 적용시켰다. 그래서 우리는 여기서 두 가지 증거를 확인하게 된다. (1) 고난 당하는 종과 인자가 그리스도의 시대에 유대교에서 결합되었다는 증거와, (2) "인자"의 집단적인 해석이 그리스도의 때에 유대교에서 발견될 수 있었다는 증거로서, 그것은 맨슨이 주장해야 했던 것처럼 구약성서와 "집단적 인격"이라는 히브리적 개념의 바탕 위에서 가능했다. 우리가 두 인물을 동일시해도 정당하냐의

---

45) 이사야 32 : 10,12 참조.
46) 이 구절의 첫부분인 "하나님의 은혜에 의하여 선택된"은 놀랍게도 이사야 42 : 1의 종에 대한 구절인 "나의 종…나의 택한 사람"을 상기시킨다. 그리고 두번째 부분인 "땅을 위하여 속량하기 위하여"는 이사야 53의 사상과 유사하다.
47) "교만한 자에게 상당한 형벌을 주소서"라는 이 구절은 또한 다마스커스 규약(CD) 7 : 9에서도 인용하고 있는 시편 94 : 2로부터의 인용구이다.
48) 훈련교본 8 : 5-8. 블랙의 번역.
49) "땅을 속량하기 위하여 은혜로 선택받은 자들"
50) "교만한 자에게 상당한 형벌을 주소서". 시편 94 : 2과 다마스커스 규약 7 : 9에서 이는 하나님이 땅을 심판하는 데 사용된다. 그러나 여기서 공동체는 종말론적 심판의 이러한 측면의 도구이다. 이같은 땅에 대한 종말론적 심판 개념에서 우리는 실로 인자가 "모든 백성이…그를 섬기도록 권세와 영광과 나라를 부여받고 있는" 다니엘 7 : 14 이하, 그리고 넷째 짐승이 멸망하고 나라와 권세가 "지극히 높으신 자의 성민"에게 붙인 바 되는 다니엘 7:26 이하의 사상에 아주 근접해 있다.

여부는 우리가 "동일시"라는 말을 얼마나 엄밀하게 정의 내리느냐에 달려있다. 증거가 가리키는 바에 따르면 우리는 그 두 단어가 공통적인 빈사(賓辭)를 가지고 있다, 즉 에녹서의 비유에서 인자에 대해 사용된 용어가 이사야서에서 종에 대해 사용된 용어와 연관되어 있으며, 양자에게 고유한 종말론적 기능이 쿰란 사본에서 한 집단에 적용되고 있다고 말할 수 있다. 우리는 이런 증거로 보아 맨슨의 해석은 "무리하다"거나,[51] 또한 에녹서에서처럼 그 인물에 대한 개별자적 묵시적 해석이 아주 영향력이 있으므로 예수의 가르침에서 집단적인 해석의 가능성을 배제할 수 있다는 이유로 배척될 수도 없다.[52] 쿰란 공동체의 사람들이 한 공동체로서 인자의 종말론적 기능을 행사 할 수 있었다면, 확실히 예수의 가르침 속에 나오는 인자에 관하여 공동체적 해석을 내린다고 하여 무리하다거나 본질상 불가능하다고 볼 소지란 없다. 또한 뉴튼 플류(R. Newton Flew)가 맨슨의 해석을 거부하면서 주장했듯이, "오늘날 그 호칭을 때로는 공동체적 의미로 때로는 개인적 의미로 사용할 경우의 혼란은 연구자들에겐 명백하므로 예수가 자기 사상을 그처럼 모호하게 표현했을 것 같지 않다"라고 주장하는 것은 사실상 부적절하다.[53] 개인과 공동체를 예리하게 구분하는 현대적 관념은 1세기의 유대교에서는 전혀 해당되지 않는다. 빈센트 테일러처럼 "공동체"와 "개인"이 상호 배타적인 범주가 아니므로, "예수가 인자라는 말로써 때때로 자신을 지칭했지만 때로는 그가 머리가 되는 공동체를 의미했을 가능성도 있다."[54]고 인정하는 것이 보다 타당한 것이다.

---

51) T.F.Glasson, *The Second Advent*, 1945, p.54은 T.W.맨슨의 견해를 배척하면서 이같이 평한다.
52) 사실상 John Knox, *The Death of Christ*, 1958, p.61가 그러하다.
53) R.Newton Flew, *Jesus and His Church*, ²1943, p.54.
54) Vincent Taylor, *The Names of Jesus*, 1953, p.32. 특히 전자에 대한 좋은

예수의 가르침 속에 나타난 "인자"의 기원

우리는 맨슨의 저작이 나온 이래 예수의 가르침 속에 있는 인자에 관한 전체적인 논의의 대부분이 예수의 가르침 속에서 그 용어의 기원과 다양한 구절들의 진정성(authenticity) 문제를 위주로 했다고 말할 수 있다. 기원에 대해서는 에스겔서, 다니엘서, 에녹서의 비유라는 세 기원설이 제안되었고, 구절들은 몇 개의 그룹으로 구분되었으며 진정성 문제는 자료비평적 근거에서 논의되었다. 대다수의 학자들은 예수가 그 용어를 호칭으로 사용했다는 데 동의했다.[55] 에스겔서 기원설은 그 용어가 예언자적 의식(意識)을 표현하고 있다는 데 강조점을 두도록 유도하며, 에녹서 기원설은 그

예, 즉 예수 자신에 대한 언급은 마가복음 2:10이다. 여기서 T.W.맨슨은 원래 일반적인 의미로 "사람"을 선택했으나 (*Teaching*, p.214), 나중에 자신의 견해를 바꾸어 그 인용구가 공동체를 가리킨다고 보았다 (*BJRL* 32, 1949-50, p.191).
55) 한 가지 예외는 Pierson Parker, "The Meaning of Son of Man", *JBL* 60, 1941, pp.151-7이다. 파커는 예수와 이전 사람들이 사용한 인자는 전혀 메시야적 의미를 담고 있지 않았다고 주장한다. 다니엘 7:13에서 그것은 하나의 묘사이지, 호칭은 아니다. 그것은 그 모습이 사람처럼 보인다는 것 이외에 다른 그 무엇을 의미하는 것이 아니다. 에녹서에서의 그 용법은 "전문적인 의미가 없으며, 결코 메시야적인 호칭이 아니다"(p.154). 복음서에서 "그것이 메시야적인 의미를 부여받는 구절은 마가복음 13:26, 14:62과 마태복음 24:30이 고작이다. 이 모든 구절은 "진정성이 없다." 첫번째 구절은 소 묵시록(Little Apocalypse) 안에 있고, 두번째 구절은 제자들이 직접 눈으로 목격한 증언이 아니다. 그리고 세번째 구절은 일반적으로 신뢰성이 없는 마태의 특수자료 속에 있다 (p.156). 다른 모든 경우의 구절에서는 "문맥 속에 종말론도 거의 없고, 묵시도 없으며", 보통 "문맥 상 비유이거나 강조점이 윤리적인" 실정이다 (p.155). 예수가 그 용어를 자신에 대해 사용할 때 그것은 메시야적 소명이 아니라 단지 예언적 지도력을 의미하고 있다. 이런 주장은 현대 신약학 중에 진기한 것으로서 보존할 가치는 있으나, 그토록 극단적인 입장과 논리가 후속적 논의에 아주 큰 영향을 끼치리라고 기대할 수는 없을 것이다.

인물의 묵시적 성격에 강조점을 두며, 비(非) 묵시적인 맥락에서 그 어법의 신빙성을 의심하는 경향으로 유도한다. 그리고 다니엘서 기원설은 집단적 해석과 개인적 해석, 그리고 또한 인자를 이사야의 고난당하는 종과 결합시킬 가능성의 여지를 남기고 있다.

에스겔서 기원설을 주장했던 두 학자는 조지 던칸(George S. Dunkan)[56]과 캠벨(J. Y. Campbell)[57]이다. 던칸은 그 용어가 "하나님의 목적과 부합되어야 하는 인물, 그리고 성령으로 충만할 때 그것을 할 수 있는 인물"[58]을 묘사한다고 생각한다. 우리는 의도적으로 다니엘이나 에녹서를 지칭하려 해서는 안된다. 왜냐하면 예수가 사용했던 그 용어는 종말론적이기는 하지만 묵시적이지는 않기 때문이다. 종말론적이라는 말을 던칸은 인류를 위한 하나님의 목적이 성취되었다는 의미로 사용하고 있다. "하나님의 최종 목적은 그의 나라의 건설로 묘사될 수 있다. 보다 직접적인 그의 목적은 새로운 인류 질서의 창출, 혹은 전개, 혹은 (기독교 신학이 좋아하는 표현대로 하자면) 구속이다. 그런데 이를 위해서는 완전한 인간이 출현할 필요가 있다."[59] 예수가 자신을 가리켜 인자라고 했을 때, "그는 새로운 유형의 인간 안에서, 그리고 그를 통하여 인류를 위한 하나님의 목적이 성취될 것을 염두에 두었다."[60] 이것은 슈바이처의 이론이 나오기 전으로 시계추를 역행시키며, 진화론적 기독교 인본주의의 견지에서 예수의 종말론을 해석하려는 시도이다. 1947년의 시점에서 그것은 시대착오적이라고 묘사될 수 밖에 없을 것이다.

---

56) George S. Dunkan, *Jesus, Son of Man*, 1947 (= *Jesus*).
57) J. Y. Campbell, "Son of Man", in *A Theological Word Book of the Bible*, edited by A. Richardson, 1950, pp. 230-2.
58) Duncan, *Jesus*, p. 147.
59) *Jesus*, p. 267.
60) *Jesus*, p. 148.

캠벨은 예수가 자신에게 인자라는 용어를 사용했으며, 그렇게 할 때 그는 자신의 예언자적 자의식 및 동료 인간들과의 연대성에 대한 의식을 동시에 뜻했다고 주장한다. "…인간의 아들들을 하나님의 아들들로 만들기 위하여 모든 점에서 자기의 형제들과 같이 되었던 그에게는 인자라는 용어가 적절한 자기호칭이었다."[61]

예수의 가르침 속의 인자를 이처럼 에스겔서로부터 기인되었다고 보는데는 두 가지 반론이 있다. 우선 기록된 예수의 가르침에는 에스겔서에 의존했다는 표지가 하나도 없지만, 다니엘 7:13을[62] 특별히 두 차례 인용한 것으로 보아 에스겔서보다는 다니엘서에 의존했음이 암시되고 있다. 두번째로 예수에 의한 인자의 용법은 선지자 에스겔이 부름받았던 것처럼 인자가 하나님을 섬기도록 부름받았던 것 이상의 일을 지칭하고 있었다. 그 용어에 대한 에스겔서의 용법에는 우리로 "고난받아야"(막 8:31 등) 하는 인자, 혹은 묵시적 영광으로 나아오는(막 8:38 등) 인자를 예비케 만드는 요소가 전혀 없다.[63]

다양한 "인자" 구절들의 진정성

예수의 가르침에 나오는 인자가 에녹서에서 유래되었다는 견해는 일찍이 1920년에 미국에서 포옥스 잭슨(F. J. Foakes Jackson)과 레이크(K. Lake)에 의하여 제기된 바 있다.[64] 그들은 예수의 가르침에서 그 용어에

---

61) Campbell, *op. cit.*, p.232.
62) 마가복음 13:26; 14:62. C.H.Dodd, *Scriptures*, p.117 and R.H.Fuller, *Mission*, p.101 참조.
63) R.H.Fuller, *Mission*, pp.131 이하.
64) *Beginnings of Christianity*, Part 1: *The Acts of the Apostles*, Vol.1, 1920, pp.368-84.

대한 세 가지 용법을 구별하였다. (1) "현재적" 용법, 예를 들어 마가복음 2 : 10, 2 : 28. (2) "재림적" 용법. 예를 들어 마가복음 8 : 38, 9 : 9, 13 : 26 등. (3) "수난적" 용법. 예를 들어 마가복음 8 : 31, 9 : 12 등. 이런 견해에 따른다면 "현재적" 용법은 예수의 표현에서 "인간"(막 2 : 10, 28)을 의미했던 아람어 원어에 대한 오해라는 얘기가 된다. "재림적" 용법은 인자라는 용어를 에녹서의 용법과 유사하게 도래할 종말론적 인물로 사용했으나 자신을 이와 동일시하지 않았던 예수 자신에게로 소급된다. "수난적" 용법은 예수의 수난에 대한 사후적 지식(ex post facto)과 부합되게 본래 매우 일반적인 고난에 대한 예언을 발전시켰던 제자들에게로 소급된다. 그 전승이 발전되어 가면서, 원래 예수가 1인칭 단수형을 사용했던 대목에 "인자"가 추가되었던 것이다. 예수는 이사야 53장에 나오는 종이 당하는 바와 같은 고난을 생각한게 아니었다.

이 견해는 다음의 논거에 의해서도 지지되고 있다. (a) "재림적" 용법은 마가와 Q 자료와 같이 가장 초기의 자료에서 전부 발견되며, 당대의 유대교와 관련하여 즉시 설명가능하다. (b) 마가복음 14 : 62, 13 : 26, 8 : 38과 같은 핵심구절에서 예수는 자신을 인자와 동일시하지 않고 있다. (c) "인자"가 전승과정 중의 구절에 도입되는 추세라는 점은 마태복음 12 : 31 이하 (참조 막 3 : 28)에서 분명히 확인할 수 있다. (d) 예수의 수난과 관계된 구절들은 그 엄밀한 정확성으로 보아 분명히 사후에 나온 예언(vaticinia ex eventu)이며, 당시에 제자들이 이해하지 못했다는 언급(막 9 : 10, 9 : 32)은 그 구절들이 이후의 사건 전개에 비추어 해석되었다는 증거이다. [65]

---

65) 포욱스 잭슨과 레이크의 입장은 독일에서 R.Bultmann, *Theologie des Neuen Testaments*, 3rd ed., 1958, pp.27-33 (초판의 영역은 Kendrick Grobel, *Theology of the New Testament*, vol.I, 1952, pp.26-32) 와 *Geschichte der synoptischen Tradition*, 3rd ed., 1957(영역은 John Marsh, *History of the Synoptic Tradition*, 1963)에서

이와 유사한 견해가 1958년에 미국에서 존 녹스(John Knox)에 의하여 다시 제기되었다.[66] 그는 그 구절들을 세 부류, 즉 A. 묵시적, B. 고난적, C. 기타(이것은 포욱스 잭슨과 레이크의 "현재적" 용법과 동일하다)로 명확하게 구분하고는 우리가 일찍이 포욱스 잭슨과 레이크, 그리고 불트만의 저서에서 보았던 입장 및 주장을 되풀이하고 있다. 첫번째 부류는 확실한 근거가 있으나, 그 구절의 원래 형태에서는 묵시적 인자가 예수 자신과 동일시되지 않는다. 두번째 부류는 "전승에 대한 마가의 공헌"을 의미하며, 이는 Q 자료에서는 현저하게 결여되어 있다. 세번째 부류에서 "인자"는 편집될 때 원어적으로 "나" 또는 "사람" 대신으로 사용되었다.[67]

논의의 이상과 같은 측면에서 제기된 가장 중요한 문제는 포욱스 잭슨, 레이크 그리고 불트만과 녹스가 질문한 바 있는 "고난당하는" 인자 구절들의 진정성 문제이다. 우리가 보았듯이 그 구절들의 진정성에 대한 주된 반대논리는 그 구절들이 틀림없이 사후에 나온 예언이며 Q 자료에서는 발견되지 않는다는 것이다. 영국학계의 논의에서 풀러는 이 구절들을 조사한 뒤에, 예수의 고난사건에 대한 모든 구체적 언급이 그들 구절에서 제거될 경우에도 이사야 53장의 히브리어 원문을 반영하는 듯이 보이는 예언의 핵심 알맹이가 남아 있음을 입증했다.[68] 그 구절들은 두 단계의 구성과정을

서술하고 있는 것과 유사하다. 불트만은 잭슨과 레이크에 비해 "고난"의 용법이 어떤 형태로든지 예수에게로 소급된다는 가능성에 관여하지 않고, 이 모든 구절들은 대체로 **사후 예언**(vatricinia ex eventu)으로서 헬라교회의 창작이라고 선언하고 있다 (Theologie, pp.31 이하; 영역본은 pp.30 이하). 그는 또한 "재림"과 "고난" 구절이 두 개의 별개 집단을 형성하며 결코 결합될 수 없으며 전자는 모든 전승 층(層)에서 발견되나 후자는 오직 마가복음에서만 발견된다는 점을 포욱스 잭슨과 레이크보다 더 강조하고 있다.

66) John Knox, *The Death of Christ*, 1958 (= *Death*). 우리는 이 책을 동일한 저자의 다른 두 권의 저서와 함께 아래의 9장 pp.152-5에서 더 논의할 것이다.

67) *Death*, pp.89-102.

반영하는듯이 보인다. (a) 그 구절들이 일반적인 용어로 표현되고 이사야 53장의 히브리어 원본을 반영하고 있음을 보여주는 고난 예언의 첫번째 단계. (b) 이들 예언이 예수의 수난사건에 비추어 보다 명확해지는 두번째 단계.[68] 물론 두 단계가 후기 공동체에서 전승이 발달해 가는 과정에서 생겨났을 가능성도 있다. 그러나 예수가 고난당하는 종의 견지에서 자신의 사명과 죽음에 관하여 생각했다는 사실에 관해 예레미아스가 제시한 증거를 볼 때,[70] 이같은 견해는 점차 방어하기 힘들어지고 있다.[71] 그같은 구절들이 헬라 교회에서 발달할 수 있었다는 가정은 전혀 불가능하다. 왜냐하면 거기에는 이사야 53장의 70인역이 아니라 히브리어 원본이 반영되어 있으

---

68) Fuller, *Mission*, pp.55-58. 그는 또한 인자의 "죽임"에 대한 예언이 "십자가에 못박힘"에 대한 어떤 언급이 없이도 유지되었음을 지적하고 있다. 이 마지막 논점은 우리가 이 구절들을 **사후 예언**이라고 성급하게 단정짓지 말아야 한다는 지적이며 상당히 중요한 사항이다. 사건 이후에 편집된 구절들은 예수의 운명의 형태에 관한 언급에 대해서는 묘하게도 애매모호하다.

69) Fuller, *Mission*, pp.58 이하.

70) In *TWNT*, V, pp.709-13 (영역본은 W.Zimmerli and J.Jeremias, *The Servant of God*〔=*Servant*〕 1957, pp.98-104).

71) 예수가 자신의 고난과 죽음을 일반적인 용어로 예언했다는 주장에 대한 더 진전된 지지는 예레미아스가 *Servant*, pp.98 이하에서 지적하듯이 자신의 운명에 관한 예수의 몇몇 기대가 사실상 성취되지 않았다는 신약성서의 증거가 있다는 사실에서 확인될 수 있다. 그는 거짓 선지자라고 돌로 맞지 않았고 (눅 13:34, 마 23:37 참조), 법을 어긴 자로서 매장되지 않았으며 (막 14:8), 제자들은 그와 운명을 함께 하도록 요청받지도 않았다 (막 10:32-40). 이 마지막 사항은 예수가 자신의 고난을 예언할 수 없었으리라는 반론을 우리가 생각해 볼 때 중요하다. 그렇지 않았다면 제자들은 사태의 전개에 의하여 그토록 충격받고 혼란에 빠지지 않았을 것이다. T.W.맨슨 (*JEH* 1,1950,p.6, followed by Jeremias, *Servant*, p.101 n.472)은 제자들이 공동의 승리를 위한 예비적 단계로서, 곧이어 승리로 나타날 공동의 고난을 예상했다고 제안한 적이 있다. 그들이 기대하지 않았던 것은 예수에 의하여 인자의 사역과 영광의 본질적 부분으로 받아들여졌고 승리가 임박하다는 직접적 증거는 결여되어 있는 예수 혼자만의 십자가였다.

며, 그 중 하나인 마가복음 9 : 31은 아람어법을 포함하고 있기 때문이다.[72]

   Q 자료가 복음이 아니라 예수의 일반적인 가르침의 모음이며 수난사화를 전혀 포함하고 있지 않음을 고려해 보면, 이런 구절들이 Q 자료에서 발견되지 않는 것은 그다지 이상한 일이 못된다. 고난에 관한 구절은 명백히 언설집에서는 부적당하다. 거기서는 고난 구절을 오히려 의도적으로 삭제했음이 분명하므로, Q 자료에서 그같은 내용이 보이지 않는다고 하여 전혀 놀랄 일이 아니다. Q 자료가 모든 그리스도인 집단에서 예수의 가르침으로 완전한 권위를 지니고 있었다고 주장할 사람은 아무도 없다. 그것은 그런 권위의 일부이자, 수난사화 혹은 수난에 관한 구절을 포함하지 않은 부분일 따름이다. 또한 수난에 관한 예언은 백성들을 대상으로 한 일반적인 가르침이 아니라 예수가 그 제자들을 대상으로 한 비의적(秘儀的)인 가르침이기 때문에,[73] 그의 가르침의 매우 일반적인 모음집 속에 포함되지 않게 된 또다른 이유가 된다. 그러므로 Q 자료에 그런 내용이 없다고 하여 "고난당하는" 인자 구절들의 진정성을 의심할 만한 충분한 이유가 되지는 않는 것으로 보인다.

   다수의 영국학자들은 예수의 가르침 속에 있는 그 용어가 다니엘서, 특히 다니엘 7 : 13에서 유래되었다는 세번째 설에 호의를 보여왔다.[74]

   윌리엄 맨슨은 영국학자들 중에 가장 인기있는 그 견해의 내용을 간결하게 제시하면서 양식비평의 회의론에 대항하여 이를 옹호한다. "인자"는

---

72) Jeremias, *Servant*, p.102.
73) Jeremias, *Servant*, p.104.
74) 예를 들어 다음이 그러하다. *Scriptures*, p.117; Vincent Taylor, *Jesus and His Sacrifice*, 1937, p.26; R.Newton Flew, *Jesus and His Church*, 1938, ²1943, pp.54 이하(조건부로); C.J.Cadoux, *The Histroic Mission of Jesus*, 1941, p.90; Wm. Manson, *Jesus the Messiah*, 1943, p.120; T.Francis Glasson, *The Second Advent*, 1945, ²1947, pp.61 이하; R.H.Fuller, *Mission*, p.102.

에녹서가 아니라 다니엘서로부터 유래하며, 예수는 이를 자기 호칭으로서 즐겨 사용했다. 그것은 메시야 사상의 모든 다른 측면을 흡수할 수 있는 칭호로서, 예수는 이를 다음과 같은 세 가지 주된 방식으로 사용하고 있다. : (i) 단순한 자기 호칭으로서(예를 들어 마 8 : 20, 11 : 19, 12 : 32). (ii) 자신이 메시야적 사명을 갖고 있으며 하나님에 의하여 궁극적으로 인정되리라는 최종적인 확신을 표현하기 위하여(예를 들어 막 14 : 62). (iii) 자신의 죽음이 가까왔음을 표현하기 위하여 이사야 53장의 사상을 흡수함으로써(막 8 : 31 등). [75]

"인자"와 "고난당하는 종"

예수가 이사야의 고난당하는 종의 견지에서 인자를 재해석했다는 이런 견해와 관련하여 제시되는 중요한 문제는 다윗의 메시야, 주의 종, 인자라는 개념들이 기독교 이전의 유대교에서 하나로 결합되었느냐의 여부이다. 윌리엄 맨슨은 그 문제를 자신의 책인 「메시야 예수」(Jesus the Messiah)의 부록에서 논하면서[76] 그 세 인물이 많은 공통점을 가지고 있음을 보여주었다. 그들 각각은 모두 "의를 부여받았고", "하나님에 의하여 선택되어 높인 바 되었으며", "열왕들의 경배를 받았고", "이방의 빛이며", "고난당하는 자들의 소망이며", "주의 기름부음 받은 자이며", "지혜를 부여받았다". [77]

---

75) Wm.Manson, *Jesus the Messiah*, pp.101-3, 113-19. 미국에서 유사한 견해의 예는 맨슨과 유사한 주장을 펼친 John W.Bowman, *The Intention of Jesus*, 1945이다. 그는 예수의 행동이 히브리 선지자들의 전승 가운데 있다는 점에 큰 강조점을 둔다. 예수의 사고가 예언적이며 인자개념이 묵시적이기 때문에 그가 인자개념을 사용 도중에 변형시켰던 것이 당연했다 (*op. cit.*, p.132). 선지자로서의 예수에 대한 미국 특유의 강조점을 주목하라.

76) Wm.Manson, *Jesus the Messiah*, Appendix C II, pp.173 이하.

로울리는 그 문제에 대하여 특히 철저한 논의를 「고난당하는 종과 다윗의 메시야」(*The Suffering Servant and the Davidic Messiah*)라는 논문으로 출판했다.[78]

그는 이사야 53장의 아람어 번역(Targum)에서 종을 메시야와 동일시한 다 해도 그것이 고난당하는 메시야를 나타내지는 않는다고 지적하면서, 여기에서나 에녹서에서나 인자를 고난당하는 종과 동일시할만한 증거는 없다고 주장한다. "어떤 인물에 대하여 기술된 내용이 다른 인물에 대하여 기술되었다는 사실에서 그 둘이 동일해야 한다는 결론이 나오지는 않는다." [79] 신약성서 자체의 증거를 보면 예수가 고난에 관한 자신의 사명을 말할 때 제자들은 항상 혼란에 빠지고 당황한 태도를 보였으며, 또한 예수가 자신에 대하여 인자라는 칭호를 사용했지만 의도적으로 메시야 칭호를 회피했음을 알 수 있다. 이것은 당대의 관념으로 보아 "인자"가 "메시야"와 동일하지 않았으며, 더욱이 "고난당하는 종"의 개념과 연관되어 있지 않음을 지칭하는 것일 수 있다.[80] 예수 자신이 "인자"를 메시야적으로 사용하고

---

77) 구약과 에녹서의 실질적인 인용구를 위해서는 Wm.Manson, *loc. cit.*을 보라.

78) 로울리(H.H.Rowley)에 의하여 수집되어 *The Servant of the Lord and Other Essays in the Old Testament*, 1952 (= *Servant*) 라는 단행본으로 출간된 여러 논문들 중의 하나이다.

79) Rowley, *Servant*, p.78.은 J.Jeremias, Deutsche Theologie 2,1959, pp.109 이하에서 인용한 에녹서의 비유 가운데 있는 인자와 고난당하는 종 사이의 연관성을 지지하는 증거를 특히 언급하고 있다. 그 이후로 예레미아스는 *Servant*, pp.58 이하에서 그 증거를 다시 말했다.

80) 여기에서 주의를 끄는 신약성서 속의 두 요소 모두가 그 자체로서 논쟁의 주제라는 사실을 보더라도 이 논의 안에 포함된 문제들이 복잡함을 알 수 있다. 예수가 "메시야"라는 용어를 사용하지 않았다는 복음서의 증거와 연관된 문제들은 W.Wrede, *Das Messiasgeheimnis in den Evangelien*, 1901에 의하여 제기되어 아직도 논의되고 있다(최근에 벌어진 영국의 두 논쟁에 대해서는 Vincent Taylor in *ExpT* 65, 1953-54, pp.246-50와 Lightfoot *Festschrift*에 대한 맨슨의 기고문을 보라). 예수의 고난에 관한 가르침을 들은 제자들이 당황한 이유에 대한 다른 설명은 T.W.Manson, *JEH* 1,1950, pp.6 이하에서 제시되었다.

그것을 고난당하는 종의 개념과 연관시켰다. 그러나 다윗의 메시야와 주의 종이라는 두 개념은 고대 이스라엘의 왕실제사 의식에 근원을 가졌던 것이 분명하다. 그 개념들은 거기로부터 우리 주님의 사상에서 재통합될 때까지 각기 따로이 발전해 나왔던 것이다.[81]

쿨만 : 신약의 그리스도론

이 모든 논의는 용어의 기원과 진정성 문제를 둘러싸고 전개되어 왔는데 아마도 이 단계의 논의는 쿨만(O. Cullman)이 저술한 『신약의 그리스도론』 (*Christology of the New Testament*)에서 그 절정에 이르렀다고 할 수 있다.[82] 본서에는 영미학계에서 아주 인기있는 수정된 형태의 해석이 권위있게 제시되어 있다. 쿨만은 다니엘과 에녹의 기원설을 결합하여 인자가 유대의 묵시에서 종말론적인 칭호로서 지금은 감취어져 있으나 종말에 나타나게 되고 태초의 첫 사람과 동일시되는 천상적 존재를 가리킨다고 주장한다. 쿨만은 예수의 가르침에서 이 세 용법을 모두 진정성이 있다고 받아들이고는 나아가 예수가 자신을 이 인물과 동일시했고 연관된 개념을 주의 종의 개념의 맥락에서 새로운 형태로 만들었다고 주장한다. 그래서 예수는 그 호칭을 사용하여 자신이 종말의 때에 영광 중에 또한 죄인들 가운데 성육신 하는 겸비 속에 천상적 인물(The Heavenly Man)로서의 소명을 성취해야 한다는 자의식을 표출하였다. 쿨만은 또한 맨슨의 집단적 해석에서 유래된 요소들을 자유주의자들의 대리적 해석과 결합시키고는 다니엘 7 : 13에서 그 칭호가 집단적으로 사용된 것을 볼 때, 인자는 이스라엘의 남은 자를 의미하며 그를 통하여 전 인류를 대표한다는 생각이 예수에게 전적으로

---

81) Rowley, *Servant*, p.87.
82) Guthrie and Hall이 독일어 원본인 *Die Christologie des Neuen Testaments*, 1957를 1959년에 영역한 것.

생소한 것은 아니었다고 암시하고 있다.

새로운 방법론의 필요성 : 제임스 로빈슨

T. W. 맨슨의 저술에서 쿨만의 저술까지 진행된 논의를 평가해볼 때 어느 한 견해가 다른 견해들을 압도함이 없이 다양한 입장들이 제기되고 공격받고 옹호되며 수정될 수 있음을 알 수 있다. 어떤 학생이라도 T. W. 맨슨, 불트만, 혹은 쿨만의 견해를 따르기로 선택할 수는 있으나 이들 학자 중 어느 한 사람의 견해를 지지할 경우 다른 주장들은 지지 불가능하게 된다고 단언할 수 없을 것이다. 인자 문제에 대한 연구 결과 예컨대 하나님의 나라의 본질이 묵시적이냐 비묵시적이냐 여부의 문제에 대한 연구에서처럼 결정적인 증거나 주장은 나타나지 않았다. 지난 4반세기의 논의를 통하여 밝혀진 사실은 우리가 이 분야에서 새로운 방법론을 몹시도 필요로 한다는 것이다. 이 점은 로빈슨(J. M. Robinson)이 "역사적 예수와 교회의 케리그마"(The Historical Jesus and the Church's Kerygma)라는 논문에서 지적한 바 있다.[83] 거기서 그는 예수의 가르침에 나오는 "인자"와 관련하여 일어난 "학문적 곤경"에 주목하면서 그 원인이 "학문적 방법론상의 피치 못할 한계"에 있다고 진단하면서[84] 그 문제에 대하여 새롭게 접근할 것을 촉구하고 있다. 현재의 방법론은 예수의 가르침과 교회의 케리그마 사이의 연관성을 고려함으로써 보완되어야 한다. 이는 특히 의미의 차원에서 많은 결실을 가져올 수 있다. 왜냐하면 우리가 그같은 조사를 수행할 때 케리그마에서 예수께로 돌리는 메시야적, 신적 호칭들이 "예수의 겸비한 자의식 내에서 시작된 발전의 결과"임을 알게 되기 때문이다.[85] 로빈슨은 1959년에

---

83) *Religion in Life*, 26, 1957, pp.40-49.
84) *Ibid.*, pp.42 이하.
85) *Ibid.*, p.46.

나온 그의 후기의 저서인 『역사적 예수의 대한 새로운 탐구』(*A New Quest of the Historical Jesus*)에서 이같은 새로운 노선을 좇아 한 걸음 더 나아간다. 그래서 그는 예수의 자기 이해와 그에 대한 후기의 케리그마적 이해 사이에는 밀접한 관계가 있기 때문에 우리는 예수 자신이 "궁극적으로 '인자'라는 호칭으로 표출되었던 종말론적 자의식을 견지한다."[86]고 말할 수 있다고 주장하고 있다. 이같은 발전은 "불트만 학파" 내에서 진행되던 것과 전적으로 궤를 같이하고 있는데, 사실 그것은 그 일부분이라고 말할 수도 있다. 콘첼만(H. Conzelmann)은 예수의 사역과 하나님 나라의 현현 사이의 연관성에 대한 예수 자신의 이해에서 "간접적 그리스도론"을 주창한 바 있다.[87] 푹스(E. Fuchs)는 비유들이 마치 하나님 앞에 있는 듯이 행동하는 예수의 태도를 드러내며, 그 나라의 비유에서 감추어진 요소는 태도와 행위 면에서 하나님 나라의 메시지의 은밀하면서도 현재적인 내용이신 예수 자신이라는 사실을 강조했다.[88] 이런 발전은 불트만 이후의 운동의 일부분으로서 다음 장에서 어느 정도 상세하게 논의될 것이다.

H. E. 퇴트 : 공관복음 전승 속에 나오는 인자

예수의 가르침 속에 있는 인자 문제에 관한 또다른 새로운 출발은 퇴트 (H. E. Tödt)에 의하여 이루어졌다. 1959년에 나온 그의 책, 『공관복음 전승 속에 나오는 인자』(*Der Menschensohn in der synoptischen Überlieferung*)는

---

86) Robinson, *New Quest*, p.108을 보라.
87) *RGG*, 3rd. ed., II, 1958, 667 이하와 III, 1959, 631. 참조 Robinson, *New Quest*, p.111 n.3.
88) E.Fuchs, "Die Frage nach dem historischen Jesus", *ZTK* 53, 1956, pp.210-29, 특히, 218-21; "Bemerkungen zur Gleichnisauslegung", *TLZ* 79, 1956, pp.345-68, 특히 348. 참조 Jeremias, Gleinisse, p.194 n.1, and Robinson, New Quest, pp.14-16.

최근 들어 그 주제에 관한 가장 중요한 업적이며, 예레미아스 교수가 「키텔 신학사전」(Theologisches Wörterbuch)을 위하여 「인자」(huios anthrōpou)에 관하여 예정된 집필을 완성하기까지는 그러할 것으로 보인다. 퇴트는 하이델베르크 대학의 귄터 보른캄(Günter Bornkamm)의 제자라는 점에서 불트만 학파의 제2세대에 속하며, 그의 저서의 중요성은 그가 개별 구절에 대한 연구에서 중대한 "돌파구"를 마련했다는 점에 있다. 그는 그 구절들을 「편집 비평」(Redaktionstheologie)의 관점에서 연구하고 있다. 즉 그는 이를 그 신학적 강조점과 배경에 따라서 조사, 분류하고 이같이 하여 진성성에 대한 새로운 기준에 도달한다. 예수의 신빙성있는 구절은 마태복음 24 : 27, 마태복음 24 : 37, 39, 누가복음 17 : 30의 비교 구절(Vergleiche)과 누가복음 11 : 30의 위협 구절(Drohwort), 마태복음 24 : 44의 경고 구절(*Mahnung*), 누가복음 12 : 8 이하와 마가복음 8 : 38의 약속 구절(Verheissungen) 등이다.[89]

이 구절들은 다음과 같은 이유에서 진정성이 있다. (1) 이 구절들은 진정성의 입증을 위한 성서 속의 연관구절이 없고, 따라서 그 나라와 인자에 관한 예수의 가르침의 절대적 권위와 확실성을 대변해 주고 있다. (2) 그 구절들은 묵시적 색채(Ausmalung)를 보여주지 않으며, 오직 인간들을 위하여 인자가 온다는 의미와 관계되어 있다. 이 점에서 이는 하나님의 나라가 가까왔으니 회개하라는 도전과도 같다. (3) 그 구절들은 예수의 전체적인 가르침에 특징적으로 나타나는 경고와 약속의 결합상을 반영해 준다.

더 나아가 이 구절들에 대해서 중요한 두 가지 고려사항이 있다. (4) 그 구절들은 인자에 대해서가 아니라 자신에 대해 충성하라는 예수의 요구를 반영하고 있다. 이를 토대로 하여 사람들을 예수에게 충성을 고백하며 종말론적인 미래에 그에 대해 약속이 예비되어 있는 부류와 충성을 고백하지 않으며 종말론적인 미래에 그에 대해 파국이 예비되어 있는 부류로 양분할

---

89) Tödt, *Menschensohn*, p.206.

수 있다. (5)그 구절들은 **그리스도론적**인 내용을 담고 있지 않다. 예수는 직접 메시야(인자/하나님의 아들)라고 주장하지는 않는다. 그 내용은 **구원론적**이다. 그 구절들은 예수의 나머지 가르침처럼 현재의 도전에 대해 올바르게 대응하는 사람들에게 천국위 유업을 약속한다.[90]

이처럼 퇴트의 견해로는 인자에 대한 예수의 가르침에는 현재와 미래 사이의 근본적 관계성이 설정되어 있다. "인자의 미래는 이미 현재에 닻을 내리고 있다."[91] 인자의 오심은 예수의 사역에서 시작된 일의 종말론적 우주적 완성이며, 현재 예수와의 관계가 마지막 완성 때 그 사람의 운명을 결정짓는다. 하나님의 나라에 대한 가르침도 이와 동일하다. 하나님의 나라는 예수와의 교제 가운데 현재에 알려져 있다. 왜냐하면 그 나라는 예수와의 관계를 통해 귀신으로부터 해방된 사람들에게(눅 11:20), 그와 교제하게 된 세리와 죄인들에게(마 11:19), 그리고 그를 통하여 하나님의 치유 능력을 알게된 사람들에게(마 11:5) 임했기 때문이다. 그 나라를 알게 되는 이같은 예수와의 교제는 이 세대와 함께 사라지지 않고 인자에 의하여 견고해지게 될 것이며, 마지막 완성 때 하나님의 면전에서 확증될 것이다.[92]

우리는 여기서 보다 새로운 조사의 흥미로운 특징을 보게된다. 그것은 대상 구절의 진정성에 대해서는 극도로 회의적이면서도 결론은 기독교 신앙의 가장 심오한 통찰과 일치하는 것이다. 그 통찰한 그처럼 철저하게 검증되었기 때문에 더욱 확실한 것이다. 예수가 자신을 인자라고 가르쳤는지의 여부는 비교적 중요하지 않다. 하나님의 왕적 행사가 예수 안에서 그의 사역의 도전에 응답한 사람들에게 나타났고, 그와의 교제 안에서 믿는 자가 확신과 소망을 가지고 궁극적 완성을 바라본다는 것, 이것이 우리가

---

90) *Menschensohn.* pp.206 이하
91) *Ibid.,* p.239.
92) *Ibid.,* pp.239 이하

예수의 가르침 안에서 "인자"에 대해 후속적으로 논의하기 위해 기꺼이 남겨둘 수 있는 논점이다.

VII

하나님의 나라와 인자에 관한 불트만과 "불트만 학파"의 견해

불트만

우리가 5장 말미에서 살펴보았듯이 예수의 가르침에 나타난 그 나라를 현재적인 동시에 미래적라고 인정하려는 학자들의 점증적 추세에 현저한 예외가 한 사람 있는데, 바로 그가 루돌프 불트만(Rudolf Bultmann)이다.[1]

---

1) 불트만은 굉장한 다작의 저술가이므로 여기서 본 논의에 대한 그의 저작을 열거하는 것은 사실상 불가능하다. 1954년 8월 1일까지의 그의 저술에 대한 목록은 *Theologische Rundschau* 22, 1954, pp.3-20에서 찾아볼 수 있다. 그때로부터 1960년까지의 목록은 *Existence and Faith*(Shorter Writings of Rudolf Bultmann selected, translated, and introduced by Schubert M.Ogden), Living Age Books 25, Meridian Books, New York, 1960, pp.317 이하에 나와 있다. 본 장에서는 특히 다음의 논문이나 저술만 언급할 것이다.

"Die Bedeutung der Eschatologie für die Religion des Neuen Testaments", *ZTK* 27, 1917, pp.76-87.

Die Geschichte der synoptischen Tradition(= *Tradition*), [1]1921, [2]1931, [3]1957; 영역은 *History of the Synoptic Tradition*, 1963.

Jesus, [1]1926, [2]1951; 영역은 *Jesus and the Word*, 1934, 1958.

Glauben und Verstehen, (Collected Essays) I, 1953, [3]1958, II 1952, III 1960; 제2권의 영역은 *Essays*, 1955.

불트만은 구약 전체를 통하여 "하나님의 나라" 개념을 추적하면서, 이를 여호와께서 세상에 있는 당신의 백성들에 대하여 왕이 됨으로써 (Königtum) 그들의 생활에 질서를 부여하며 그들을 보호하고 도와주신다는 근본적인 신념으로 보고 있다. 시간이 흘러감에 따라 이같은 관념은 종말론적으로 되고, 그 소망은 하나님이 당신의 백성에게 왕으로서 모습을 드러내며 그들에게 구원 (Heil) 을 가져다 줄 미래를 향하게 된다. 그래서 제2이사야는 구원의 때의 출발점 (Anbruch)이 될 미래의 구속, 즉 이스라엘이 포로생활로부터 구속될 것을 고대하고 있다. 그리스도의 때까지 이런 종말론적 기대는 두 가지 형태로 발전했다. 하나는 역사 속에서 최종 단계를 고대한다는 의미에서 종말론적인 민족주의적 기대요, 다른 하나는 역사가 종결되고 본질적으로 초역사적인 모종의 일이 시작될 한 사건을 고대한다는 보다

"Zur eschatologischen Verkündigung Jesu", (review of Kümmel, *Verheissung und Erfüllung*, ¹1945), TLZ 72, 1947, 271-4.
• "Heilsgeschichte und Geschichte" (review of Cullman, *Christus und die Zeit*, ¹1946), TLZ 73, 1948, 659-66; *Existence and Faith*, pp.226-40에 영역됨.
• *Theologie des Neuen Testaments*, ¹1948-²53, ³1958. 영역은 *Theology of the New Testament*. 2 vols., I 1952, II 1955.
• "Weissagung und Erfüllung", ZTK 47, 1950, pp.360-83.
• *Das Urchristentum im Rahmen der Antiken Religionen*, ¹1949, ²1954; 영역은 *Primitive Christianity in its Contemporary Setting*, 1956.
• "History and Eschatology", NTS 1, 1954-5, pp.5-16(원래 영어로 저술).
• *The Presence of Eternity : History and Eschatology*, 1957(the Gifford Lectures 1955, 원래 영어로 저술되어 영국에서 *History and Eschatology*로 출판됨).
• *Jesus Christ and Mythology*, 1958(원래 영어로 저술).
Das Verhältnis der urchristlichen Christusbotschaft zum historischen Jesus, ²1961.
불트만과 그의 학파를 고찰할 경우 언제나 그들이 사용하고 있는 용어에 세심한 주의를 기울여야 한다. 이런 이유 때문에 원래 영어로 저술된 경우를 제외하고 본 장에서의 모든 인용구는 관련 저술의 독일어판에 근거하고 있다. 본문에서 제시된 번역문은 저자가 번역한 것이다. 영어판에 대한 인용구는 단지 편의 때문에 추가되었다.

엄밀한 의미에서 종말론적인 묵시적 기대이다. 민족주의적 대망에서 하나님은 모든 대적을 파멸시키며 이스라엘의 세계통치를 확립하며 열두 지파를 변화된 거룩한 땅으로 모아들여 그들이 영원한 기쁨과 엄청난 부요와 영속적인 평화를 알게 되도록 만들 다윗의 자손되는 메시야적 임금의 도래를 통해 왕이 될 것이다. 이런 소망은 아무리 초자연적인 요소들에 의하여 채색된다고 할지라도 본질적으로 역사내적인 소망이었다. 그것은 비록 최종적 시기이기는 하지만 역사내의 새로운 한 시기에 대한 소망이었으며, 비록 변형된 상태이기는 하지만 지상적 삶과 존재가 지속되리라는 소망이었다. 반면에 묵시적 기대에서는 하나님이 전적으로 초자연적인 일련의 사건, 즉 선재하는 인자의 강림, 전체적인 부활, 최후의 심판, 천지간에 가로놓인 장벽의 붕괴를 통하여 왕이 되신다. 이같은 대망에서는 하나님이 세상을 변화시키지 않으시며 역사의 최종 시기로 인도하지도 않으신다. 그는 갑자기 세상과 역사를 종결시킨다. 그는 지상적 삶과 존재를 변화시키는 대신 이를 끝장내시는 것이다. 묵시적, 종말론적 소망은 "전적인 타자"(R. Otto), 모든 "여기, 그리고 지금"의 절대적인 대립, 초자연적이며 초역사적인 일과 관계되어 있다.[2]

하나님의 나라에 관한 예수의 선포에 진정한 배경이 되는 것은 이러한 묵시적 소망이다. 불트만은 의식적으로 요하네스 바이스를 추종하여 예수의 소망을 인자의 강림(막 8:38), 그의 부활과 내세적인 초역사적 생활(막 12:18-27)과 최후 심판(눅 11:31 이하)으로 구성된 묵시적 유대교의 소망이라고 주장한다.[3]

---

2) *Jesus*, pp.33-36 (*Jesus and the Word*, pp.35-38); ZTK 47, 1950, pp.373-7; *Jesus Christ and Mythology*, p.12; *Presence of Eternity*: *History and Eschatology*, pp.29-33.
3) *Jesus*, pp.37-42 (*Jesus and the Word*, pp.38-45); *Urchristentum*, p.94 (*Primitive Christianity*, p.87); *Jesus Christ and Mythology*, pp.12 이하.

예수는 민족주의적 형태의 기대를 거부했다.[4] 그리고 그는 비록 묵시적 소망을 받아들였지만, 동시에 종말의 도래에 관한 일체의 묵시적 사변을 배척함으로써(눅 17:20 이하, 17:23 이하), 또한 그 자신이 곧 종말의 표적이라고 주장함으로써 그리고 그 나라가 임박했다고 선포함으로써 이를 수정하고 있다.[5]

예수의 선포에서 새로운 논점은 무엇보다도 그 나라의 임박성에 대한 것이다. 묵시가들이 미래에 일어날 것으로 기대했던 일을 예수는 마치 바로 문앞에 있는 것으로, 심지어 지금 침입해 들어오는 것으로(눅 10:23 이하, 6:20 이하, 10:18, 17:21), 그리고 그의 인격과 행동과 메시지 속으로 침입해 들어오는 것으로(막 11:5, 눅 11:30, 막 3:27) 선포하였다.[6] 그러나 이 말은 그것이 이미 현존한다는 의미가 아니다. 그것은 이미 동터오고 있기는 하지만, 아직 현존하지 아니한다. 그것은 역으로 진입해 들어오고 있으되, 아직 플랫폼에 도달하지 않은 기차와도 같다.[7] 그래서 불트만은 예수의 가르침 속에서 그 나라의 현재적 요소를 보고자 하는 모든 이들에 대항하여 단호한 반대입장을 취한다. 이 점에 있어서 그는 도드, 예레미아스, 큄멜 등에 의하여 인용된 주장과 증거를 접하고도 아주 냉담한 반응을 보인다.

그러나 우리는 이 점에 있어서 불트만의 입장을 오해하지 않도록 주의해야 한다. 그가 비록 도드, 예레미아스, 그리고 큄멜이 인용한 증거를 배척하기는 할지라도,[8] 우리는 그의 책을 읽을 때 그에 관한 한, 이 점이 본래

---

4) 이 점에서 불트만은 18편의 폐회기도문(Eighteen Benedictions)과 주기도문을 비교하고 있다. *Jesus*, p.39 (*Jesus and the Word*, pp.39 이하).
5) *Thelogie des NT*, I pp.3-8 (*Theology of the NT*, I pp.6-10); *Urchristentum*, pp.94-96 (*Primitive Christianity*, pp.87-90).
6) *Theologie des NT*, I pp.5-7 (*Theology of the NT*, I pp.6 이하).
7) *TLZ* 72, 1947, cols. 272 이하, 마 12:28에 나오는 *ephthasen*에 대한 논의.

중요한 것은 아니라는 인상을 받게 되는 것이다. 중요한 것은 그 나라가 성장하고 발전하는 어떤 것이라는 구태의연한 관념들을 상기시켜줄 어떤 소지도 거부하는 것이다.[9] 중요한 것은 그의 선포와 사역에 의하여 생겨난 위기의 사실성을 주장하는 것이다. 이것이 임박한 나라의 위기인지, 혹은 어떤 의미에서 현재적인 나라의 위기인지의 여부는 그것이 위기이고 그래서 이를 대면하게 된 사람들의 결단을 요구한다는 사실과 비교해 보면 중요하지 않다.[10]

---

8) 예를 들어 Tradition,³1958, 부록, p.19 (영역본, Apendix to p.123)에서 도드와 예레미아스가 막 13:28 이하를 원래 예수의 사역에서 구원의 때의 현재성을 언급하고 있는 것으로 해석한 것은 "미심쩍다". 도드가 그 나라를 현재적이라고 해석했으며 (Parables, pp.172,124), 예레미아스가 미래적이라고 (Parables, pp.132, 124) 해석했던 마 25:1-13와 막 12:1-9를 불트만은 초기 공동체의 산물로 생각한다. 앞의 구절은 재림의 지체에 의하여 야기된 상황에 대처하기 위하여 고안되었으며, 뒤의 구절은 구속사의 비유적인 제시이다. Ibid., pp.27,28. 그는 TLZ 72,, 1947, cols. 272 이하에서 마 12:28에 대한 큄멜의 해석을 논의하고 있지만, 막 1:15에 나오는 ēggiken의 견지에서 여기에 나오는 ephthasen의 해석을 지지하기 위하여 이를 거부하고 있다.

9) 이에 대한 예를 하나 들도록 하자. 그는 Tradition, ²1931, pp.216 이하 (영역본 p.200)에서 씨뿌리는 자, 겨자씨, 누룩 비유를 논의할 때 그 원래적인 의미를 확정지을 수 없었다. 그는 3판 (1958) 부록 p.30에서 도드와 예레미아스가 그것을 위기나 대조의 비유로 해석한 것을 인용하면서 "미심쩍다"고 평하고 있다. 그러나 이런 언급은 거의 부수적으로 나온 것이다. 그의 주된 관심은 씨뿌리는 자 비유를 유기체적인 성장의 비유로 해석하고, 이런 식으로 그 나라의 실재를 주장하려는 달(Dahl)의 최근의 시도를 배척하는 것이다. 그는 도드와 예레미아스의 저서에 대해 반응하는 이상으로 이 주장에 대해 강한 반발을 보이고 있다.

10) 예를 들어 그는 Tradition,²1931, p.103 (영역본, p.98)에서 막 3:27을 논의하면서 그 구절이 원래 귀신들에 대한 "예수"의 승리가 이미 하나님이 사탄의 통치를 전복시켰음을 입증하고 있음을 의미했을 충분한 이유가 있다고 말한다. 그런데 도드, 예레미아스, 그리고 큄멜은 이것이 예수의 사역에서 그 나라의 현재성을 지시한다고 주장했으며, 불트만은 3판 (1958) 부록에서 이 견해를 인용하고 있으나 아무런 논평을 하지 않았다. 그는 그에 대하여 반론을 펴지 않고 있다.

불트만에게 핵심적인 것은 예수에 의한 그 나라의 선포와 그의 인격과 사역에 나타난 그 나라의 표적들이 예수의 말씀을 듣는 자들에게 결단을 요구한다는 사실이다. 예수가 그 나라를 임박하다고 보았느냐 현재적이라고 보았느냐의 문제, 혹은 자신의 인격에 대한 그의 견해에 관한 문제는 그 나라가 종말론적으로 인식되었으며, 예수가 자신의 때를 결단의 때로 이해했다는 것 및 자신과 자신의 메시지에 대한 사람들의 태도가 그들에게 결정적인 것임을 인식하는 것처럼 중요하지는 않다.[11] 그 선포에 포함된 미래적 요소는 시간적이라기 보다는 실존적이다. 그것은 사람들에게 다가오고 있고 그들의 결단을 요구한다는 의미에서 미래적이다.[12]

여기서 불트만은 많은 논란의 대상이 되었던 하이데거의 실존주의적 범주들을 사용하고 있다. 실제로 일어난 일은 그가 바이스와 슈바이처의 철저적 종말론을 받아들여 그것을 마르틴 하이데거의 『존재와 시간』(*Sein und Zeit* : 1927)에 나오는 현존재분석(*Daseinsanalyse*)의 견지에서 해석하고 있는 것이다. 그는 이를 아주 의식적으로,[13] 그리고 특히 "미래"에 대한 자신의 이해에서 이같은 작업을 하고 있다. 하이데거를 추종하는 불트만으로서는 미래(Zukunft)란 인간에게 다가오고 있는(Zukommendes) 것이며, 이 미래가 현재를 결정하거나 심지어 현재의 한 양식이라고 말할 수도 있다. 왜냐하면 인간은 자기에게 다가오는 것에 비추어 그에 대한 현존재(Dasein)와 잠재적 존재(Sein-Können) 사이의 차이를 결정짓는 실존적인 결단을 내리기 때문이다.[14] 이것이 예수의 선포에서 미래적 나라의 의미에

---

11) *Presence of Eternity : History and Eschatology*, pp. 31이하.
12) *Jesus*, p. 46 (*Jesus and the Word*, p. 51).
13) "학문으로서의 신학은 철학적 현존재 분석을 생산적으로 이용할 수 있다" (*ZTK* 11, 1930, p. 343).
14) 이에 대한 더 진전된 토의를 위해서는 Körner, *Eschatologie und Geschichte*.

대한 불트만의 결정적 진술이 나온 배경이다.

> 하나님의 통치는[15] 그 자체가 전적으로 미래적이지만 현재를 완전히 결정짓는 능력이다. 그것은 인간에게 결단을 강요한다는 점에서 현재를 결정한다. 그는 이것 아니면 저것, 곧 선택된 자 아니면 거부된 자가 되며, 그의 전적인 현존재는 온전히 그에 의하여 결정된다… 그러므로 하나님의 나라의 도래는 시간 속에 임하거나 인간이 그에 대해 입장을 취하거나, 혹은 자신을 중립적인 위치에 놓을 수도 있는, 시간의 경과 속에 있는 사건이 아니다. 오히려 그는 입장을 취하기 전에 그의 현 모습으로 인하여 이미 노출되어 있다. 그러므로 그는 결단을 위한 필요성이 그의 존재의 본질적 속성임을 깨달아야 한다. 예수는 인간이 하나님의 행동 앞에서 이같은 결단의 위기 가운데 놓여 있다고 보고 있기 때문에, 그의 안에서 이제 하나님의 통치가 돌발적으로 시작되는 시점이 임했다는 유대인의 기대가 절대적으로 확실하게 되었다는 것은 이해할 수 있다. 인간이 결단의 위기 가운데 서 있고, 이것이 인간으로서의 그의 존재의 본질적 특징이라고 한다면, 실로 매 시간은 곧 최후의 시간인 것이다. 그리고 예수에게 있어서 그 당대의 모든 신화가 이같은 인간 존재의 관념에 봉사하도록 압축되어야 했고, 이에 비추어 그가 자신의 때를 마지막 때라고 이해하고 선포한 것은 이해할 만하다.[16]

불트만이 예수를 어느 정도까지 이러한 실존주의적 종말론 이해의 창시자로 간주하는지 결정짓는 것은 어렵다. 바로 위의 인용문을 볼 때, 우리는 예수 자신이 20세기적 철학의 견지에서 생각했으며, 1세기의 범주들을

Eine Untersuchung des Eschatologischen in der Thelogie Rudolf Bultmanns, 1957, pp.69-87을 보라.
15) 불트만은 일관성있게 *Gottesreich* 보다 *Gottesherrschaft*를 사용하고 있다.
16) *Jesus*, pp.46 이하(*Jesus and the Word*, pp.51 이하).

단지 이같은 이해를 돕는 수단으로만 사용했다는 인상을 받게 된다. 그러나 불트만은 다른 곳에서 예수가 실제로 임박한 미래에 모든 역사가 종결될 것으로 기대했고 이 점에서 그는 잘못 되었다고 말하거나 혹은[17] 이런 이해를 예수의 신화적인 종말론의 해석이사-비신화화 과정에 의하여-"보다 심오한 의미"에 도달한 것으로 말하고 있다.[18] 어떻든 간에 예수의 선포에 대한 불트만의 이해는 이러하며, 예수와 그의 사역에 대한 그의 해석의 다른 내용들도 그에 준하고 있다. 예수는 사람들의 이러한 결단을 요구하면서 그 자신이 곧 "시대의 표적"이며 그의 외침은 종말을 앞둔 하나님의 마지막 말씀이라고 의식하고 있다.[19] 그러나 이것은 그가 메시야임을 의식했다는 것을 의미하지는 않는다. 사실 그의 전 사역은 성격상 현저하게 비(非)메시야적이다. 예수는 전래의 메시야적 왕이 아니라, 그 나라의 임박성을 선포할 때에는 선지자로서, 하나님의 요구를 급진적으로 선포할 때에는 랍비로서, 그리고 귀신 쫓는 자로 나타난다. 또한 예수는 자신을 인자로 간주하지도 않았다. 왜냐하면 그는 세상의 심판자나 초자연적인 구원주도 아니었고 자신을 오리라고 예언했던 인자와 동일시하지도 않았기 때문이다.[20]

예수의 가르침에서 종말론과 윤리와의 관계에 관하여 보면, 결단에의 요구가 중심적 지위를 차지하고 있다는 것과 그 결단의 실존적인 성격이 이같은 관계성 이해의 핵심사항이다. 예수는 "중간 윤리"를 가르치지 않았다. 오히려 그 나라에 대한 그의 선포는 본질적으로 구원의 수단이 되는 결단의 위기로서 사람 앞에 나타나며, 예수의 윤리적 가르침에 담긴 급진적

---

17) *Urchristentum*, pp.99 이하(*Primitive Christianity*, p.12).
18) *Jesus Christ and Mythology*, p.31.
19) *Theologie des NT*, p.8(*Theology of the NT* I, p.9).
20) *Ibid.*, pp.27-34(영역본 I, pp.26-32).

요구를 수용할 수 있는 사람만이 또한 결단의 위기의 도전을 받아들일 수 있다. 그래서 윤리적 요구와 결단의 요구라는 두 가지가 인간을 하나님 앞으로 이끌며, 그를 결단의 순간으로서의 현재에로 인도하는 것이다. 이것은 "중간 윤리"가 사람의 관심을 그 나라의 도래라는 다른 어떤 것으로 향하게 하면서도 예컨대 사랑의 계명처럼 성가신 요구사항을 완수해야함을 의미한다는 점에 비추어보면 "중간 윤리"가 아니다. 반면에 실제로 철저한 윤리적 요구와 그 나라가 도래한다는 선포가 결단의 위기 때 결합하게 되는 것이다.[21]

불트만의 견해 요약

우리는 예수의 가르침에 나타난 "하나님의 나라"에 관한 논의에 불트만이 기여한 바를 살펴보았거니와, 이를 아마도 다음과 같이 요약할 수 있을 것이다.

1. 그는 "하나님의 나라"가 묵시적 개념이라는 철저적 종말론의 주장을 받아들이면서 그것은 역사를 종결시킨다는 의미에서 종말론적이라고 주장한다. 그것은 근본적으로 초자연적이며 초역사적인 기대이다.

2. 그 나라는 예수에 의하여 임박한 미래로서, 사실 이미 동터오고 있으나 아직 실제로 현존하지는 않고 있다고 선언된다. 그러나 이러한 임박한 미래는 시간적이라기보다 실존적이라고 이해되어야 한다. 그 나라는 본질적으로 시간의 경과 중에 임할 수는 없고, 그 임박성으로 인하여 사람들로 하여금 결단의 위기에 직면하게 한다.

3. 예수는 자신의 사명을 종말 전에 하나님의 마지막 말씀을 전달하는

---

21) *Ibid.*, pp.19 f.(영역본 I, pp.26-32).

자로서, 자신의 인격과 사역을 "시대의 표적"으로 의식하고 있다. 그러나 그의 사역은 메시야적이 아니다. 그는 메시야 직을 주장하지도 않고, 자신을 강림할 인자와 동일시하지도 않는다.

4. 예수의 가르침에서 종말론과 윤리의 관계가 이러하기 때문에 그 나라의 선포와 급진적인 윤리적 요구는 하나님 존전에서의 결단의 위기중에 결합되는 것이다.

이 논의에 대한 불트만의 기여에 대해 아주 최소한으로 평가하더라도 그의 기여는 엄청나게 중요하며 놀랄만큼 자극적이다. 그 중요성은 신약성서 연구에 대한 불트만의 모든 기여에서와 마찬가지로 당장 직면해야 하는 문제점들의 윤곽을 설정해주고 있다는 점이다. 그 자극은 불트만의 모든 저서가 항상 그러하듯이 그의 연구가 독자의 마음 속에 모든 가능한 차원의 의문을 불러 일으킨다는 것이다.

첫번째 논점에 관해서 보자면, "하나님의 나라"가 예수의 가르침 속에서 묵시적 개념이라는 데에는 의심이 있을 수 없다. 우리가 지금까지의 논의를 검토해 본다면 1892년에 요하네스 바이스에 의하여, 1907년에 알버트 슈바이처에 의하여, 1926년에 불트만 자신에 의하여 제기된 이러한 주장이 점진적이지만 완전한 승리를 거두었음을 알 수 있다. 그러나 이 점을 받아들인다 해도 그 다음에 직면해야 하는 문제가 불트만에 의하여 제기되었다. 이러한 묵시적 기대의 본질적인 성격이 무엇인가? 그는 그것이 본질상 시간의 경과 중에는 임할 수 없는 것으로서, 근본적으로 초자연적이며 초역사적인 기대라고 주장하고 있다. 그는 이 점에 있어서 정당한가? 우리는 이 문제에 대답하기 위하여 이번에는 우리를 위하여 불트만이 예리하게 정의한 쟁점과 더불어 예수의 가르침에서 그 나라의 개념의 내용에 대한 골치아픈 질문으로 되돌아와야 한다.

불트만은 두번째 논점에 대해서도 우리를 위하여 문제점을 분명하게

Ⅶ 하나님의 나라와 인자에 관한 불트만과 "불트만 학파"의 견해

설정해 주고 있다. 우리는 그 나라를 예수의 가르침에서 현재적인 동시에 미래적인 것으로 보는 것이 우리가 가진 자료에 근거해 볼 때 가장 온당한 견해임을 알고 있다. 그리고 이런 견해를 불트만이 배척했다는 것이 사실 그 자신이 느끼는 것처럼 쟁점이 되는 문제는 아니다. 쟁점이 되는 문제는 그 메시지가 대상으로 하고 있는 사람들에게 있어서 현재적이거나 미래적이거나 혹은 둘 다이거나 간에 그 나라가 갖는 의미인 것이다. 그 나라를 미래적으로 보고 이 미래적 나라의 실존적 의미에 대한 불트만의 이해가 대상으로 하고 있는 것은 이같은 점에 대해서이며, 하나님의 나라에 관한 예수의 메시지를 해석하고자 하는 사람이라면 누구나 직면해야 하는 것도 바로 이 문제이다.

  자신의 사명에 대한 예수의 의식의 문제는 불트만에 의하여 아주 도전적이고 생산적인 방식으로 제기되었다. 왜냐하면 그는 논의의 방향을 구태의연하고 지금까지 지나치게 많이 이용했던 방식으로부터 보다 새롭고 잠재적으로 더욱 유망한 접근방식으로 전환시켜 놓았기 때문이다. 그 자신의 결론은 너무 소극적임이 판명되었기 때문에 더 진전된 논쟁의 예봉을 견디낼 수 없었다. 그러나 불트만은 예를 들어 인자의 기원과 여러 부류의 인자 구절의 진정성에 대한 문제에 전력을 기울이기보다는 그 자신과 우리가 예수의 인격과 사명을 이해할 수 있도록 예수의 종말론적 메시지의 의미를 숙고함으로써, 그가 설정한 노선을 따라 현저한 발전이 이루어졌다.

  마지막으로 종말론과 윤리의 관계는 더 깊은 논의의 대상으로 남아있다. 이 관계에 대한 불트만의 해석은 종극적으로는 용납될 수 없지만, 그것을 대신하도록 제안된 여하한 다른 해석도 적어도 예수의 가르침 속에서 윤리적 요구와 종말론적 선포 사이의 역동적 합일성만은 공평하게 제대로 평가해야 할 것이다.

  우리는 여기서 이같은 문제들에 관한 논의에 착수하려는 것은 아니다.

오히려 그같은 작업은 본서의 마지막 부분에서 이루어질 것이다.[22] 여기서는 "불트만 학파" 내에서 일어난 불트만의 입장의 수정과정에 주의를 기울이고자 한다.

"불트만 학파"

불트만이 신약학계에 남긴 공헌 중 적지않은 부분은 그가 일군의 학생들을 자신에게로 끌어모아 그들이 차례로 중요한 신약학자가 되었다는 것과 그들을 스승의 기본적인 견해와 강조점을 유지하면서도 스승으로부터 상당한 정도의 독립성을 견지하도록 훈련시켰다는 사실이다. 우리의 논의에서는 이들 불트만의 제자들(Schüler) 중 특히 네 사람이 중요하다.[23] 튀빙겐의 에른스트 케제만(Ernst Käsemann), 하이델베르크의 귄터 보른캄, 마르부르크의 에른스트 푹스(Ernst Fuchs), 그리고 괴팅겐의 한스 콘첼만(Hans Conzelmann)이 바로 그들이다. 이에 덧붙여 우리는 그 학파의 입장에 동조하면서 그들의 논의와 영미 신학계에서 그에 대한 이해에 중요한 기여를 했던 미국의 성서신학자, 캘리포니아주(州) 클레어몬트의 로빈슨(James M. Robinson)의 저서를 고려해야 할 것이다.

이 학자들이 그들의 스승으로부터 이탈했던 주된 분기점은 "역사적 예수의 문제"에 대해서이다. 여기서 그들은 로빈슨이 "역사적 예수에 관한 새로운 탐구"라고 적절하게 명명한 작업에 몰두했는데, 이 과정 도중에 역사적 예수에 관한 지식의 성격과 케리그마 및 그 원천되는 복음서 자료들의 성격에 관한 불트만의 기본적인 견해에 충실하면서도 역사적 예수에 관한 우리의 지식에 대한 그의 입장과는 결별하고 있다. 이제 "불트만

---

22) 아래의 10장을 보라.
23) 에른스트 케제만이 *ZTK* 54, 1957, p.101에서 불트만에게 보낸 찬사 참조.

이후"(post-Bultmannian)라고 불리우는 이 운동은 영어권 독자들을 위하여 1959년에 나온 로빈슨의 『역사적 예수에 관한 새로운 탐구』(*A New Quest of the Historical Jesus*)에서 면밀하게 서술되고 명석하게 해석되었다. 로빈슨은 특히 이 책의 독일어판인 『케리그마와 역사적 예수』(*Kerygma und historischer Jesus*)의 pp. 135-82에서 영어판의 pp. 111-25의 내용을 상당히 확장, 발전시킴으로써 본 논의에 대해 중대한 공헌을 하였다.

여기서 우리는 비록 이 논의가 당연히 20세기 중반의 신약신학에서 가장 중요한 발전으로 판명된다고 할지라도 논의 자체에 대해서보다는, 그 논의 중에 "하나님의 나라"와 "인자"라는 주제에 영향을 미치는 측면들에 관심을 기울이고자 한다.[24]

우리는 본 논의에 미친 불트만의 공헌에 대한 앞서의 요약의 4대 요점 각각에 대하여 "불트만 학파"가 행한 작업을 고찰함으로써 이를 가장 잘 해낼 수 있을 것이다.

1. 그 나라의 성격

그 학파에 속한 모든 제자들은 "하나님의 나라"가 예수의 가르침에서

---

24) 더 고려되어야 할 저술은 다음과 같다. E.Käsemann, *Exegetische Versuche und Besinnungen* I,1960(본서에는 원래 ZTK 51,1954, pp.125-53에서 인쇄되었던 그의 유명한 논문, "Das Problem des historischen Jesu"이 포함되어 있다); "Neutestamentliche Fragen von Heute", ZTK 54, 1957, pp.1-21; E.Fuchs, *Zur Frage nach dem historischen Jesu*, 1960(그 주제에 관한 그의 모든 논문들의 합본이다. 영역본 준비 중); G. Bornkamm, *Jesus von Nazareth*, ¹1956,²1957(영역본, James M.Robinson, *Jesus of Nazareth*, 1960); H.Conzelmann, "Gegenwart und Zukunft in der synoptischen Tradition", ZTK 54, 1957, pp.277-96; "Eschatologie : IV Im Urchristentum", *RGG* II,1958, cols. 665-72; "Jesus Christus", *ibid.*, Vol. III, 1959, cols. 619-653; "Reich Gottes", *ibid.*, Vol. V,cols. 912-18.

묵시적 개념이며 이에 수반된 기대감은 외부로부터 역사 속으로 임할 모종의 실재에 대한 기대 즉 초자연적인 대망이라는 점에 있어서 스승과 견해를 같이하고 있다.[25] 그러나 그들은 이 기대의 본질상 초역사적인 성격에 대해서 불트만만큼 강조하지 않는다. 특히 보른캄은 기꺼이 그 나라가 어쨌든 부분적으로나마 역사 내에서 성취될 것으로 보고자 했다.[26] 그리고 푹스는 불트만의 입장에 대한 이같은 "교정"에 대해 논평하면서 불트만이 예수의 선포를 소개할 때 "지나치게 변증법적"(zu dialektisch)이었을는지 모른다는 의견을 내어놓았다.[27] 이런 변화가 생긴 것은 하나님 나라의 개념 자체에 대한 새로운 연구 때문이라기 보다는 예수의 가르침 속에서 전적으로 미래적인 나라에 대한 강조점이 줄어들었기 때문이다. 하나님이 이미 예수의 사역 속에서 그의 통치를 시작했으며, 따라서 그 나라는 이미 역사 속에서 경험되고 있는 것으로 기꺼이 보려는 새로운 경향이 일어나고 있으며, 이는 그 나라의 초역사적 성격에 대한 강조점의 감소와 필연적으로 상호관련되어 있다.

2. 그 나라의 도래

여기서 일어난 변화는 종종 주목받던 다음의 사실, 즉 불트만은 예수가 미래의 결정적인 사건을 고대했고,[28] 바울이 바로 직전의 사건을 회상한 것으로 이해하는 반면에,[29] 보른캄은 결정적인 사건이 예수의 사역에서

---

25) 이 점에 대한 반대 견해는 독일에서 찾아보기 어려울 것이다(위의 p.72를보라). 더욱이 불트만 학파 내에서는 전혀 불가능한 일이다!
26) *Jesus von Nazareth*, 4장과 pp.93 이하(*Jesus of Nazareth*, p.102).
27) *Zur Frage nach dem historischen Jesu*, p.184 n.34.
28) 예를 들어, J.M.Robinson, *New Quest*, p.17.
29) *Glauben und Verstehen* I, pp.200 이하, 316.

Ⅶ 하나님의 나라와 인자에 관한 불트만과 "불트만 학파"의 견해 ○ *167*

시작되었다고 보면서 마태복음 11 : 12을 세례 요한은 "우주적인 두 시대 사이의 접점에서 파수보며 서 있는" 사람이지만 "그의 말과 행사를 통해 감춰어진 그 나라가 침노해 들어오는"[30] 예수에 의하여 빛을 잃고 있음을 의미한다고 해석하고 있다. 이것이 우리가 위의 (1)에서 지적했던 차이이며, 그것은 불트만에 대한 주된 비판 근거 중의 하나를 제거해 버린 강조점의 변경이다. 불트만의 견해는 예수의 사역에서 이미 성취되었던 하나님의 구원 행동의 측면과 아직 미래에 속한 그 나라의 측면 사이에 긴장이 있다는 사실을 뒷받침해주는 신약성서의 증거를 공정하게 다루지 않고 있다고 비판받아 왔다.[31] 불트만 제자들은 이제 강조점을 변경시킴으로써 이같은 측면의 증거에 보다 공정한 평가를 내리고 있다. 케제만은 예수가 마태복음 11 : 12로써 그 나라가 그의 말씀 안에서 듣는 자들에게로 임했음을 의미했다고 주장한다.[32] 보른캄은 이미 예수 안에 현존하는 갈등과 승리로 인하여 현재는 궁극적인 미래의 결단을 내포한다고 말하고 있다. 이러한 의미에서 그 나라는 예수의 사역 속에 현존하며, 감춰어져 있지만 시작되고 있는 것이다. 하나님의 미래는 그의 현재가 곧 구원의 시기인 예수 안의 하나님의 현존을 인정하는 사람들에게는 구원이 된다.[33] 콘첼만은 예수의 가르침 안에서 현재와 미래적 요소들을 통합하려는 다양한 시도를 논의하면서 시간적 요소를 계속해서 강조하려는 여하한 시도도 반드시 불만족스러울 수 밖에 없다고 주장한다. 사실상 예수는 시간적 요소를 철폐했

---

30) *Jesus von Nazareth*, p.40 (*Jesus of Nazareth*, p.51). 케제만은 그 구절을 동일한 방식으로 해석하고 있다. *Exegetische Versuche*, p.210. Robinson, *New Quest*, pp.116-19는 마 11 : 12의 해석 중 이 측면에 대한 광범한 논의를 제공하고 있다.
31) 예를 들어, O.Cullmann, *TLZ* 83, 1958,col.10 and W.G.Kümmel, *Coniectanea Neotestamentica* XI (Festschrift A.Fridrichsen), 1947, pp.118 이하.
32) *Exegetische Versuche*, p.211.

다. 그는 그 나라에 대한 기대에서 (시간적인) 임박성의 정도를 강조하지 않고, 그것을 자신의 인격과 결부되어 있는 것으로서 선언했다. 그러므로 예수의 메시지는 결단에의 요청일 뿐만아니라 동시에 구원의 선포이기도 했다.[34]

이러한 강조점의 변화는 그 자체로서 매우 흥미로운 사실이 된 에른스트 푹스(Ernst Fuchs)의 업적에서 가장 철저히 나타난다. 왜냐하면 그는 일반적으로 독일에서 자기 스승의 견해를 가장 충실하게 발전시키고 있는 불트만 제자로 간주되고 있기 때문이다[35]. 푹스는 예수를 사람들에게 미래에 직면하여 회개하도록 도전할 뿐만 아니라 이에 응답한 사람들을 미래를 기다리는 수도원 속으로가 아니라 자신과 더불어 그 나라의 임재를 선포하는 공동체 속으로 모은 사람으로서 쿰란 종파와 대조시킨다. 그들은 그 나라를 알게될 최후가 아니라 최초의 사람들이다.[36] 푹스는 나아가 1960년에 자신이 더 이상 예수의 종말론적인 가르침에 대한 불트만의 이해에 만족하여 안주할 수 없다고 선언했다. 그는 미래를 향하여 나아가는 현재, 또는 나가오는 미래에 의하여 결정되는 현재와 그 미래에 의하여 결정되고 각인되었으며 어떤 의미에서는 이미 "성취된" 현재 사이에 근본적인 차이가 있다고 말하고 있다. 감추인 보물과 값진 진주같은 비유들은 결단의 위기에 희생할 필요성을 가르치는 그 이상의 것이다. 그것은 현재 속에 발견되는 무엇, 곧 지금 사람들이 경험하고 있는 하나님의 행동인 은사를 가리키고 있다.[37] 예수의 설교는 인간들과 하나님이 현재 그 인간들을 위하여 행동하

---

33) *Jesus von Nazareth*, 4장, *Passim*.
34) *ZTK* 54, 1957, pp.286 이하.
35) 이 책의 저자는 푹스가 가르치고 있는 동안에 베를린에 있는 기독교 대학 (Kirchliche Hochschule)에서 1년을 보내는 특권을 누렸다.
36) *Zur Frage nach dem historischen Jesus*, pp.253 이하 (원래 1958년에 출판된 "Jesus und der Glaube"라는 논문에 실림).

Ⅶ 하나님의 나라와 인자에 관한 불트만과 "불트만 학파"의 견해

시는 그대로의 나라와의 새로운 실존적 관계성을 창출하고 있다. 미래적 요소는 간과되거나 교묘히 변명되어서는 안되지만, 현재 속에서 그 부르심의 기적은 미래적인 하나님의 도래라는 동등한 기적과 긴밀하게 연관되어 있다. 모든 것이 출발점 속에 함축되어 있고, 시작은 예수의 사역과 부름받은 자들이 그와 나누는 교제 안에 있는 것이다.[38]

이제 이 점에서 후기 불트만주의자들의 저술에 나타난 이같은 새로운 강조점이 비록 불트만의 원래 입장을 수정한 것이기는 하지만 그것이 예레미아스나 큄멜과 같은 학자들의 입장을 받아들인 것은 아니라는 점을 분명하게 해야 할 것이다. 후기 불트만주의자들은 예수의 가르침 속에서 현재와 미래적 요소에 대하여 말할 수 있지만, 그들에게는 그것이 시간적인 것이 아니라 실존적이다. 이것은 아마도 큄멜의 『계약과 성취』(*Verheissung und Erfüllung*)에 대한 푹스의 서평에서 아주 분명하게 확인할 수 있을 것이다.[39] 그는 큄멜이 예수의 가르침 속의 미래적 요소를 역사의 완성, 그것도 세상에 대한 심판주로서의 예수의 강림을 통한 역사의 완성으로 서술하고 있다고 지적한다. 그러나 푹스는 예수 자신은 연대기적 역사나 세계사가 아니라 역사의 본질적 내용(Inbegriff)으로서의 인간 자신에 대해 관계하고 있다고 주장한다. 이것은 마태복음 16:25과 팔복(5:3-11)과 같은 구절들, 그리고 보다 이후에 복음과 율법, 혹은 죽음과 생명의 역설에 의하여 아주 적절히 이해되었던 현재와 미래, 찾음과 잃음의 대조와 더불어 예수의 말씀의 문체적인 구성에서 확인 할 수 있다. 예수는 세계사의 "완성"에 대해서가 아니라, 죽었든지 살았든지 사람을 위한 역사의 이중적 "목적"에

---

37) *Zur Frage nach dem historischen Jesus*, pp.326-35. 여기서 푹스가 예레미아스에게 진 빚은 명확하게 보이며 그도 이 점을 인정하고 있다(p.334).
38) *Ibid.*, pp.346-59.
39) In *Zur Frage nach dem historischen Jesus*, pp.66-78.

관계하였다.

제임스 로빈슨은 바로 이 논지를 자신의 저술인 『역사적 예수에 관한 새로운 탐구』의 독일어판에서 보다 상세하게 개진하였다. 그는 "역사적 예수에 의한 종말론의 실존적 해석"[40]에 관한 항목에서 예수의 말씀의 양식적인 구조를 조사하면서 문장의 인칭 주어가 술어인 그 나라와 직접 연결되어 있는 것이 양식상의 특징임을 보여주고 있다(예를 들어 마 21 : 31 하단, 막 10 : 23, 막 10 : 25, 눅 9 : 62, 마 18 : 3). 이들 구절에서 우리는 그로써 현재가 명백히 종말(Eschaton)의 상황 아래로 이끌리며 "하나님 나라에로의 진입이 개인의 운명에서 하나의 전환점이 되는"[41] 예수의 메시지 속의 "종말론적 양극성"을 볼 수 있다. 예수의 메시지 속의 변증법-현재와 미래, 찾음과 잃음, 굶주림과 배부름, 낮아짐과 높이 들림, 마지막과 처음-은 실존적인 변증법이다.[42]

3. 예수의 소명의식(Sendungsbewusstsen)

여기서 불트만의 입장에 대해 그의 제자들이 받아들인 세 가지 논지는 이러하다. 예수는 스스로 메시야라고 천명하지 않았다는 주장, 인자 구절에 관한 회의론, 그리고 예수가 자신의 사명을 종말 이전에 하나님의 마지막 말씀을 전달하는 것으로 의식했다는 암시가 바로 그것이다.

이 중 처음에 관하여 모든 제자들은 자신의 인격과 사역에 관한 예수의 특별한 주장에 관한 이같은 회의주의에 있어서 의견이 일치되고 있다.[43]

---

40) Robinson, *Kerygma und historischer Jesus*, pp.161-6.
41) *Ibid.*, p.161.
42) *Ibid.*, p.166. 콘첼만은 *RGG* V, col.915에서 동일한 논점을 정확하게 지적하고 있다.
43) Käsemann, *Exegetische Versuche*, p.206, 210 이하; Bornkamm, *Jesus von*

Ⅶ 하나님의 나라와 인자에 관한 불트만과 "불트만 학파"의 견해

또한 그들이 암시된 주장의 의미에 관하여 의견을 같이하고 있다는 것도 우리가 논의를 진전시킬수록 명백해질 것이다.

인자 구절들에 관한 회의적 입장은 제자들이 의견을 같이하는 사항이 아니다. 콘첼만은 필하우어(Vielhauer)의 입장을 좇아[44] 주로 그 나라에 관한 예수의 이해가 인자의 극적인 강림이라는 묵시적 개념과 조화될 수 없을 정도라는 이유에서 인자 구절 중 어느 것도 신빙성이 없다고 주장했다. [45] 불트만 자신의 회의론의 이같은 극단화는 케제만에 의하여 암시된 바 있지만,[46] 푹스나 보른캄에 의해서는 받아들여지지 않고 있다. 푹스는 초대 교회가 최초로 인자의 강림에 관해서 가르쳤다고 확신하고 있지 않으며,[47] 보른캄은 몇몇 묵시적인 인자 구절이 신빙성이 있다고 받아들이면서 오시는 분의 심판을 예수 자신의 인격과 아주 밀접하게 연결짓는 사람들에게 특히 강조점을 두고 있다(예를들어 눅 12:8).[48]

그 "학파" 내에서 인자에 관한 실제적인 구절을 둘러싼 논의가 그다지 성과를 얻지 못했음을 알 수 있다. 여기서 우리가 이미 위의 6장에서 지적했듯이 제2세대 중에서 보른캄의 제자인 퇴트(H. E. Tödt)에 의하여 중요한 작업이 이루어졌다.[49] 그러나 예수가 자신의 사명에 관해서 의식했다는 암시에 대한 세번째 논점과 관계해서는 극히 중요한 발전이 있었다.

Nazareth, p.156 (*Jesus of Nazareth*, p.170) ; Fuchs, *Zur Frage nach dem Historischen Jesus, passim*; Conzelmann, *RGG* Ⅲ, cols. 629 이하.
44) P. Vielhauer, "Gottesreich und Menschensohn in der Verkündigung Jesu", *Festschrift für Gunther Dehn*(ed. Schneemelcher), 1957, pp.51-79.
45) Conzelmann, *RGG* Ⅲ, cols. 630-2.
46) *Exegetische Versuche*, p.211.
47) *Zur Frage nach dem historischen Jesu*, p.343 n.69.
48) *Jesus von Nazareth*, pp.161-3, 206-8 (*Jesus of Nazareth*, pp.175-7, 228-31).
49) 위의 pp.149 이하를 보라.

그 "학파"는 불트만의 『신약신학』(*Theologie des Neuen Testaments*)에 나오는 구절, 즉 "예수의 결단 요청에는 그리스도론이 내포되어 있다"로 부터 출발하여[50] 이같은 의미를 상당히 발달시켜 자신의 사명의 의미에 대한 예수의 이해와 연결지어 전개시켰다.

케제만은 산상수훈의 첫번째, 두번째, 네번째 대구(對句)의 진정성과 예수가 안식일의 계명과 정결예법에 대한 자유를 주장했다는 사실의 신빙성, 그리고 예수가 귀신을 축출하고 자기 안에 충만한 성령의 능력으로 그렇게 했다고 주장했다는 사실의 역사성을 옹호함으로써 변경의 과정을 시작했다. 그는 또한 자신이 하나님의 뜻을 알고 있다는 예수의 선언의 솔직함과 권위와 특히 그 자신의 말을 시작할 때 놀랍게도 "아멘"을 사용했다는 것을 지적했다. 이 모든 것은 예수가 그의 복음에서 자기 말을 듣는 자들에게 그 나라를 전하고 있다고 주장했다는 사실과 더불어 예수가 자신을 일개 랍비나 지혜의 교사나 예언자 이상으로 보았음을 암시하고 있다. 그같은 주장에 대해 타당할 수 있는 유일한 범주는 메시야의 범주이다. 예수가 명백히 메시야적 사명을 주장했는지 여부와는 상관없이 그의 언행 속에는 그같은 주장이 함축되어 있다.[51] 보른캄은 케제만을 따라 그가 지적한 논점을 받아들이면서 나아가 몇몇 다른 논지를 덧붙이고 있다. 특히 그는 예수가 사죄를 제공하고, 백성들에게 구원을 선포하면서, 그리고 하나님의 이름으로 하나님 나라의 선포와 밀접하게 관련시켜 세리와 죄인들과 더불어 식사하면서 하나님의 특권을 침해하고 있다고 강조한다. 예수와 그의 사역에서 동터오던 하나님의 나라는 현실이 된다. 그는 메시야적

---

50) 3판, p.46(*Theology of the NT* I, p.43). 여기서 인용구는 초대교회의 이해에 대한 논의 속에 나온다. 그러나 *Glauben und Verstehen*, p.216에서 그것은 역사적 예수에 관한 논의 속에 나타난다.
51) Käsemann, *Exegetische Versuche*, pp.206-12.

소망과 구원의 기대를 일깨우며, 그의 인격과 메시지와 관련하여 행한 결단이 최후 심판 때 확증 될 것이라고 가르쳤다. 그리고 비록 그는 자신이 메시야라고 주장하지는 않았지만 그의 말과 행동과 그의 역사적 출현의 직선적(unmediated) 특징 속에는 그의 존재의 본질적인 메시야성이 내포되어 있다. [52] 콘첼만은 예수가 구원 소망을 자신의 인격과 연결시키고 자신의 행동 속에서 역사하는 그 나라를 보는 방식과 그가 자신의 메시지를 종말 이전 하나님의 마지막 말씀으로 이해하는 방식에서 "간접적인" 그리스도론이 발견된다고 말하고 있다. [53]

이 점에서도 "후기 불트만주의"의 이같은 새로운 노선을 따라 가장 멀리 나아간 사람은 푹스이다. 그는 불트만이 말한 "예수의 결단 요청에는 그리스도론이 암시되어 있다"는 구절을 두 번 인용하지만, 매번 그것을 "예수의 행동(Verhalten)에는 그리스도론이 암시되어 있다"로 정정한다. [54] 그는 예수의 행동이 그의 가르침의 실질적인 배경이라는 사실, 예컨대 탕자의 비유는 예수가 죄인들과 (종말론적으로) 같이 식사한 배경에서 이해되어야 한다고 강조하면서 이같은 행위를 하나님의 뜻의 직접적인 현시로 부르면서 옹호하고 있다. "예수는 마치 자신이 하나님의 자리에 서 있는 것처럼 감히 하나님의 뜻을 주장하고 있다!" [55] 죄인들에 대한 예수의 행동은 실제로 하나님의 아들이라거나 인자라는 명백한 주장 속에 내포되어 있을 의미 이상을 함축하고 있다. [56] 초대교회가 그리스도의 복음을 부활 이후의 산물(the post-Resurrection)이라고 선언한 것은 역사적 예수의 행동과 불일

---

52) Bornkamm, *Jesus von Nazareth*, pp.73이하, 155-63(*Jesus of Nazareth*, pp.80 이하, 109-78).
53) Conzelmann, *RGG* II, cols. 667-8; IV, cols. 629-33.
54) Fuchs, *Zur Frage nach dem historischen Jesus*, pp.185 n.36, 403 n.9.
55) *Ibid.*, p.154, J.M.Robinson, *New Quest*, pp.14 이하 참조.
56) Fuchs, *op. cit.*, p.156.

치한다기 보다는 오히려 일치한다. 초대교회가 예수에게 귀속시켰던 묵시적 약속들은 예수가 실제로 이런 말을 하지 않았다는 의미에서는 거짓되지만, 그것들이 예수의 행동과 하나님의 뜻에 관한 그의 절대적인 확신 속에 함축된 내용을 대변해준다는 의미에서는 참인 것이다.[57]

어떤 의미에서 푹스의 저서는 하나의 원을 완성시키고 있다. 불트만은 도래하는 하나님의 나라에 비추어 결단을 내리라는 예수의 요구 외에는 복음서에 나오는 그에 관한 모든 기록을 배척함으로써 논의의 출발점을 이루었다. 그리고 푹스는 그 모든 것들, 가령 예수가 가져온 구원, 그가 한 주장, 심지어 그가 말했던 미래에 대한 묵시적 약속들마저 신빙성이 있는 것으로 복원시켰다. 그러나 그는 전적으로 자기 나름의, 또한 여하한 보고도 이를 공정하게 다루고 있다고 주장할 수 없는 방식으로 이를 복원시켰던 것이다. 그가 급진적인 전제로부터 출발하여 보수적인 결론에 도달하고 있다고 말하는 것은 부당할 것이다. 왜냐하면 이것은 전제와 결론 사이의 구별을 함축하고 있는데, 이는 푹스가 열심히 그리고 정당하게 부인할 것이기 때문이다. 그는 보수주의자들에게 위로를 주는게 아니라 그들에게 신약성서의 서술을 비신화적인 태도로 비평적으로 접근하면서 그 이야기의 실존적 의미를 보도록 강력하게 요청하고 있다. 지금은 시기적으로 너무 이르기 때문에 그가 지도적으로 대변하고 있는 접근방법의 장기적인 의미를 판단할 수는 없으나, 그에 대해 한 가지 찬사는 돌려야 할 것이다. 즉, 그것은 지극히 도전적인 예수상을 제공하고 있는 것이다.

4. 종말론과 윤리

비록 불트만의 제자들이 예수의 사역의 현재를 기꺼이 구원의 때로 보고

---

57) *Ibid.*, p.395.

Ⅶ 하나님의 나라와 인자에 관한 불트만과 "불트만 학파"의 견해

자 함에 따라 수정을 가하기는 했지만, 그들은 종말론적인 선언과 급진적인 윤리적 요구의 결합이 하나님 앞의 결단의 위기에서 발견된다고 강조했던 불트만의 입장을 계속 유지했다. 우리가 위의 (2)에서 지적했듯이 그들은 예수의 메시지에서 현재와 미래 사이의 변증법적 긴장, 그들이 실존적으로 해석하는 긴장을 보고 있으며, 종말론과 윤리의 관계가 그들에게 분명해지게 되는 것은 바로 이런 맥락에서이다. 그들은 예수의 윤리적 요구가 사실 임박한 그 나라의 선포로부터가 아니라 직접적인 하나님의 뜻으로부터 유래되기 때문에 바이스-슈바이처의 **중간윤리**가 예수의 가르침에 적용될 때에는 붕괴된다고 지적한다. 회개하라는 일반적인 도전이 그 나라의 임박성의 배경 속에 놓여있다면(막 1:15), 사랑, 순결, 믿음, 진리에 대한 모든 특별한 윤리적 요구는 하나님의 직접적인 뜻 안에 뿌리박고 있다.[58] 종말론의 도전과 윤리의 도전은 직접적인 하나님의 뜻과의 만남과 비슷한 것이다.[59]

여기까지는 제자들이 스승의 견해를 따르고 있다. 그러나 이제 그들이 기꺼이 예수의 사역의 현재를 결단만이 아니라 구원의 때로 보고자 한다는 사실에 의하여 차이가 생겨나게 된다. 이 점에 관해 비교적 상세하게 논의했던 보른캄과 더불어 이 문제를 시작하도록 하자. 그는 예수의 회개 요청을 세례 요한의 그것과 대비하고 있다. 회개는 더 이상 하나님의 미래적 행동을 위하여 준비하는 것이 아니라, 하나님이 제공하신 현재의 구원을 포착하는 것을 의미한다. 회개를 향한 예수의 요청은 인간이 결단하고 행동하라는 요구이지만, 그것은 하나님이 그 나라를 예수 안에서의 구원으로서 드러내 보이심으로써 미리 앞서 결단하고 행하셨다는 맥락 속에 있는 것이다.

---

58) Bornkamm, *Jesus von Nazareth*, p.202 (*Jesus of Nazareth*, p.223) ; Conzelmann, *RGG* Ⅲ, col. 637.
59) Conzelmann, *ibid*.

이제 회개와 구원은 자리를 바꾸었다. 세례 요한과 비교해 볼 때, 회개에의 요청은 구원을 향한 요청이자 하나님의 은혜를 인정하고 그것을 기쁘게 받아들이며 이 기쁨 안에서 살아가라는 요청인 것이다.[60] 예수의 메시지에 담긴 요점은 미래는 하나님의 미래이며, 하나님의 미래는 현재를 하나님의 현재로 인정하고 이를 구원의 시간으로 보아 응답하는 사람에게는 구원이라는 것이다. 마찬가지로 하나님의 미래는 현재를 하나님의 현재로 인정하지 않고 그 자신의 현재에만 집착하는 사람에게는 심판이다.[61] 또한 현재를 하나님의 현재로 받아들이는 사람들은 모든 힘을 다하여 하나님의 뜻을 성취하도록 요청받는다. 왜냐하면 예수가 구원을 향한 현재의 요청과 계명에 대한 해석에서 하나님의 동일한 직접적인 뜻을 드러낸 이래로, 구원의 현재에 하나님의 뜻에 응답하는 것은 또한 계명 안에서 그 동일한 뜻에 응답하는 것을 의미해야 하기 때문이다. 그러므로 전력을 다하여 계명으로 드러난 하나님의 뜻을 행하는 것은 우리가 진실로 하나님의 구원의 뜻에 응답하는 수단이 된다. 우리는 우리의 형제와 화해하려는 용의를 가지고 하나님의 제단에 나아와야 하고 남을 용서하려는 마음을 가지고 하나님의 용서를 받아들여야 하듯이, 하나님의 구원애(救援愛)에 관한 지식에 기꺼이 이웃을 사랑하려는 마음을 더해야 한다.[62]

푹스는 종말론과 윤리 사이의 연관성에 대한 이상의 설명, 특히 전력을 다하여 하나님의 뜻을 성취하는데 대한 대목을, 그것이 예수의 메시지에 담긴 현재와 미래 사이의 종말론적인 변증법을 공정하게 평가하고 있지 않다는 이유 때문에 비판했다.[63] 그 자신은 그 문제를 보다 실존주의적

---

60) Bornkamm, *Jesus von Nazareth*, pp.74-79 (*Jesus of Nazareth*, pp.82-86).
61) *Ibid.*, pp.82-87 (영역본, 90-95).
62) *Ibid.*, pp.87-105 (영역본 pp.95-115).
63) Fuchs, *Zur Frage nach dem historischen Jesus*, pp.168-218 (an *Auseinandersetzung* with Bornkamm's book), 특히 pp.198-203.

Ⅶ 하나님의 나라와 인자에 관한 불트만과 "불트만 학파"의 견해   177

방법으로 표현하기를 선호하면서 중요한 논문인 "예수의 시간 이해"(Das Zeitverständnis Jesu)에서 그렇게 하고 있다.[64] 여기서 그는 감추인 보화와 진주 비유로부터 예수의 요청이 기꺼이 희생하라는 요청이 아니라(불트만과는 정반대로), 하나님이 인간을 당신께로 이끌기 위해 이미 행하신 일을 받아들이라는 요청이라고 주장한다. 예수의 선포는 그 요청에 응답하는 사람을 위하여 그 나라와의 새로운 실존적 관계성을 창출하고 있는바, 그에게 새로운 지위를 부여하고 또한 새로운 순종을 요구하고 있다. 이 사람이 현재에 알고 있는 구원은 심지어 그에게 원수를 사랑하라고까지 요구한다. 그는 현재 속의 요청을 통하여 하나님의 뜻이 곧 사랑임을 알게 되고, 이 사랑이 그의 현 상황을 결정하기 때문에 그것을 경험하게 된다. 그는 이 사랑이 자기에게 무엇을 요구하는지 알고, 그를 위하여 이 사랑에 의하여 창출된 실존적 상황 속에서 그에 응답할 자유를 발견하게 된다. 마음이 이 사랑으로 충만한 사람에게는 분명히 분리도, 증오도 존재하지 않는 것이다.[65]

이 "학파" 밖에 있는 사람이라면 보른캄과 푹스 사이의 차이점은 그 공통점에 비하여 비교적 대수롭지 않다고 느껴도 그리 허물되지 않을 것이다. 그들은 예수의 가르침에서 종말론과 윤리 사이의 본질적인 연관성이 그 양자 속에 드러난 직접적인 하나님의 뜻으로부터 직접 파생된다고 인식하면서, 현재와 미래, 은사와 요구 사이의 변증법을 전부 공정하게 판단하기 위하여 세심하게 노력하고 있다. 이는 이 모든 논의 중에서 아마도 가장 어려우면서 중요성도 떨어지지 않는 측면에 지극히 실질적인 기여를 하는 것이다.

우리는 불트만과 그의 제자들의 저술에 대한 이상의 논평을 통해 오늘날에

---

64) 그의 책 pp.304-76에 인쇄되어 있음.
65) Ibid., pp.327,336,346,350 이하.

이르게 되었다. 그러나 하나님의 나라에 관한 예수의 가르침에 대한 최종적인 논의로 주의를 돌릴 수 있기 전에 논의 중 주목해야할 측면이 두 가지 더 남아있다. 그 중 하나는 "예수와 재림"에 관한 최근의 연구 동향이며, 다른 하나는 "예언자로서의 예수"를 공통되게 강조하는 일군의 미국학자들의 업적이다.

VIII

예수와 재림

비슬리-머레이

예수의 종말론과 관련하여 최근의 논의의 주제가 된 특별한 문제가 재림 (Parousia)에 대한 문제이다. 예수는 재림, 곧 제2의 도래나 제2의 강림의 형태로서의 미래의 완성을 기대하며 가르쳤는가? 이 문제에 대하여 비슬리 -머레이(G. R. Beasley-Murray)[1]와 쿨만(O. Cullmann)[2]은 긍정적으로, 프랜시스 글래슨(T. Francis Glasson)[3], 로빈슨(J. A. T. Robinson)[4] 과 에리히 그래써(Erich Grässer)[5]는 부정적으로 답변하였다. 이들 학자들은 제각기 그 문제에 대해 강조점을 달리하면서 대답했는데, 그 결과 관련된 논점들이 보다 명확하게 정의되었다.

---

1) G.R.Beasley-Murray, *Jesus and the Future*, 1954 (= *Future*) ; *A Commentary on Mark Thirteen*, 1957.
2) O.Cullmann, "The Return of Christ", in *The Early Church*, a collection of his essays edited by A.J.B.Higgins, 1956, pp.141-62.
3) T.F.Glasson, *The Second Advent*, ¹1945, ²1947 (= *Advent*).
4) J.A.T.Robinson, *Jesus and His Coming*, 1957 (= *Coming*).
5) E.Grässer, *Das Problem der Parusieverzögerung in den synoptischen Evangelien und in der Apostelgeschichte*, 1957 (= *Problem*).

비슬리-머레이는 마가복음 13장을 예수의 가르침의 진정한 일부분으로 그리고 재림이 그 장에서 가르쳐졌다고 확정짓는 데 관심을 보이고 있다. 그는 현대 신약학계에서 그 장을 둘러싸고 벌인 제반 논의를 검토하면서, 1835년에 나온 슈트라우스의 『예수전』(*Life of Jesus*)으로 시작하여 마가복음 13장이 예수의 진정한 가르침에서 유래되었다는 것과는 다른 근거 위에서 그 존재를 설명하려고 제시된 다양한 학설들이 근거없음을 폭로하기 위하여 애쓰고 있다. 그런 다음 그는 그 장의 가르침이 "다른 방식으로 검증된 우리 주님의 가르침들과 너무나 유사하여 굳이 그에 대해 이질적인 기원을 가정할 필요가 없음"을 보여줌으로써 그 진정성을 입증하려고 노력한다.[6]

그 논의에 대한 비슬리-머레이의 서술은 아주 잘 되었음을 즉시 지적해야 할 것이다. 그의 책은 논의와 관련된 모든 가능한 문헌을 포괄하는 듯이 보이며, 다양한 견해들의 혼란상이라고 해도 좋은 것이 분명하고 질서잡힌 모습으로 잘 정리되어 있다. 또한 본서는 아주 명석하게 서술되었다. 본서 속에는 영어권의 신학서적으로는 드물게 생동력있는 문체의 많은 실례가 나온다.[7] 그러나 저자의 근면과 우수성에도 불구하고 마가복음 13장의 진정성은 결코 재확립되지 못하였다. 그에 대해서, 아니 보다 정확하게는 그 속에 포함된 묵시적 강화(講話)에 대한 두 가지 주된 반대논리가 있다.[8]

---

6) *Future*, p.172.
7) 많은 가능한 예 중의 하나를 들어보자. "우리는 이같은 처리의 유익과 가치를 인정하기는 하지만, 그 순전한 결과가 원래의 소묵시록을 해체하여 몸통을 제외하고 머리와 다리를 결합시킨 것임을 고백해야 한다. 우리는 그것이 얼마나 잘 걸어갈지 확신하지 못한다." *Future*, pp.107 이하. Vincent Taylor가 그의 저술인 *St. Mark*, 1952에서 그 장을 다룬 중에서 발췌.
8) 즉 막 13:5-27,28절 이하에 나오는 무화과 나무의 비유, 30-32절에 나오는 종말의 때를 알 수 없다고 한 말씀, 33-37절에 나오는 주의하라는 훈계는 강화 그 자체에 속하지 않지만 이것들은 당연히 예수의 신빙성있는 가르침에 기초를 두고 있다.

하나는 이 구절의 언어 특히 어휘요, 다른 하나는 본문 속에 포함된 70인역 성서의 용법이다. 본 저자는 처음 사항을 조사한 결과 마가복음 13 : 5-27의 네슬(Nestle)판 본문에 나오는 165단어 중에 35개(=21.2%)가 복음서의 다른 부분에서는 나오지 않고, 이들 35단어 중에 15개는 요한계시록에서 찾아볼 수 있음을 발견했다.[9] 마가복음 13 : 28-37의 어휘에 대해서도 같은 조사를 한 결과 총 79개의 어휘 중에서 13개(=16.4%)가 복음서의 다른 부분에서는 나타나지 않음이 밝혀졌다. 이 13단어 중에 단지 둘 만을 요한계시록에서 다시 발견할 수 있다. 이같은 비율의 중요성은 마가복음 16 : 9-20과 요한복음 7 : 53-8 : 11을 모르겐탈러(R. Morgenthaler)가 비슷한 방식으로 조사한 내용과 비교할 때[10] 이해할 수 있다(이 두 구절은 현재 그것들이 속한 복음서에 원래부터 속해 있지 않은 것으로 일반적으로 인정된다). 마가복음 16 : 9-20에는 92개의 어휘가 있는데 그 중에 16개(=17 : 2%)는 마가복음의 다른 부분에 나타나지 않는다. 요한복음 7 : 53-8 : 11은 82개의 어휘를 담고 있는데 그 중에 14개(=17.2%)는 요한복음의 다른 부분에서는 나타나지 않는다. 이로써 마가복음 13 : 5-27은 복음서의 다른 부분에는 없는 단어를 훨씬 높은 비율(21.2%)로 포함하고 있고, 마가복음 13 : 28-37은 다소 낮은 비율(16.4%)로 포함하고 있음을 즉시 확인할 수 있다. 마가복음 13 : 5-27은 복음서의 다른 곳에서는 발견되지 않는 주제를 다루고 있다고 주장될 수도 있는데 이로써 다른 어휘가 사용되

---

9) 35단어는 다음과 같다(괄호 안의 숫자는 계시록에서 발견되는 횟수를 가리킨다).
akron, apoplanan, astēr(14), bdelygma(3), gastēr, goneis, dōma, eklegesthai, eklektos(1), epanistasthai, erēmōseōs, hēgemōn, thēlazein, thlipsis(5), throeisthai, koloboun, ktizein(2), limos, misein(3), planan(seducere) (6), polemos (9), prolegein, promerimnan, saleuein, seismos (7), selēnē(4), skotizesthai(4), telos (as term. techn. of apox.) (3), teras, hypomenein, pheggos, cheimon, pseudo prophētēs (3), pseudochristos, ōdin.
10) R.Morgenthaler, Statistik des Neutestamentlichen Wortschatzes, 1958.

었던 이유가 설명될 수 있다. 그러나 모르겐탈러는 또한 마찬가지로 복음서의 다른 부분에서는 발견되지 않는 주제를 다루는 누가복음 2:1-20을 조사했다. 여기서 총 어휘는 156단어인데 그 중 22개(=14.1%)는 복음서의 다른 곳에서 발견되지 않는다.

그러므로 마가복음 13:5-37의 어휘는 이 묵시적 강화가 2차 자료라는 일반적 가정을 입증해 주는 듯이 보일 것이다. 2차 자료라는 말은 마가복음의 나머지 부분에 비해, 그러므로 마가복음에 기록된 신빙성있는 예수의 가르침에 비교할 때 2차적이라는 의미이다.

비슬리-머레이는 마가복음 13장의 어휘를 조사하고 있지 않다. 그는 언어 문제에 관한 한 헬라어 속에 있는 셈어법을 지적하는 것으로(여기에 그리 큰 비중을 둘 수 없음을 인정하면서도) 만족하고 있다.[11]

두번째 문제점은 70인역의 용법이다. 우리는 균형잡힌 관점으로 이 문제를 살펴볼 수 있기 위해서는 마가복음 13장을 보기에 앞서 마가복음에 기록된 예수의 가르침에 나타난 70인역의 용법을 먼저 검토해야 한다. 일반적으로 보면 구역성서의 특별한 인용구(예를 들면 12:10, 11, 12:26, 12:36)는 70인역 본문으로 인용되어 있다. 그러나 70인역을 사용했던 초대교회가 단지 특별한 인용구의 표현을 여기에 맞추어 쓴 것으로 추측할 수도 있다. 그러므로 여기에는 별다른 난점이 없다. 또한 구약을 상기시키는 구절들이 70인역의 어법을 사용하고 있지만 히브리어로 동일한 의미를 갖는 많은 실례들의 경우에도 하등 문제 될 것이 없다(예를 들어 2:26, 4:29, 4:32, 6:34, 9:12, 10:4, 7, 8, 12:1, 12:19, 12:31). 다른 예들은 좀더 주목할 만한 가치가 있다. 우리는 4:12에서 히브리어나 70인역이 아니라 오히려 아람 역본(Targum)에 의존한 어법을 보게 된다.[12]

---

11) *Future*, pp.246-50.
12) W.Manson, *Teaching*, pp.75-80도 그러하다.

8 : 18의 인용구는 4 : 12의 경우와 유사하다. 7 : 6의 인용구는 분명히 이사야 29 : 13의 70인역에 의존하고 있으나, 히브리어 원본은 같은 의미를 나타내고 있다.[13] 또한 우리는 7 : 10에서 출애굽기 20 : 12와 21 : 16의 70인역으로부터의 인용문을 발견하지만, 논의의 요점상 뒤의 구절에 대해서는 "좋지 않게 얘기하는 자"를 의미하는 70인역(*kakologōn*)보다는 "저주하는 자"라고 번역될 수 있는 히브리어 동사 (*mᵉqalēl*)가 요구된다. 마가복음 12 : 29 이하에서는 신명기 6 : 4 이하의 인용문이 히브리 원본에도, 70인역에도 일치하지 않는다. 그 인용구는 70인역의 세 명사(*kardias psychēs dynameōs*)와 히브리어의 세 명사(*lēbāb nephesh mᵉʾōd*)에다가 *ischuos*를 덧붙이고 있다.

그러므로 우리가 13장을 살펴보기 전에는 역본이 히브리 원본과 다르거나 동일한 특징을 나타내지 않는 기록된 예수의 가르침이 70인역에 의존한 경우가 없음을 볼 수 있다. 마가복음 13장에서는 이 모든 것이 변화한다.[14] 13 : 7에서는 70인역의 다니엘 2 : 28을 인용하는데 거기서 70인역과 테오도시온역(Theodotion)은 *dei genesthai*로 되어 있다.[15] 그 아람어는 단순 미래형을 취하고 있다. 13 : 13에 나오는 "나중까지"는 다니엘 12 : 12, 13에 나오는 환난의 절정기와 상응한다. 테오도시온역에 *ho hypomenōn*(막 *ho hypomeinas*)라고 나와있는 것이 히브리 원본에는 "기다리는 자"로 나와 있다. 13 : 14의 *to bdelygma tēs erēmōseōs*는 70인역과 테오도시온역의 다니엘 12 : 11로부터 나왔고, 히브리 원본은 "황폐하게 만드는 가증한 것"으로 되어 있다. 13 : 19은 다니엘 12 : 1 (70인역보다는 테오도시온)을 반영하

---

13) V. Taylor, *St. Mark*, *ad loc.*을 보라.
14) 우리는 지금 Glasson, "Mark 13 and the Greek Old Testament", *ExpT* 69, 1957-58, pp.213-15의 견해를 따르고 있다.
15) 이 구절은 또한 계 1 : 1, 4 : 1, 22 : 6에서도 발견될 수 있다.

고 있는데 여기서 마가복음의 *thlipsis hoia ou gegonen*은 테오도시온역을 문자 그대로 옮긴 것이다. 히브리 원본은 다르게 번역될 수도 있으며, 실제로 70인역은 *hoia ouk egenēthē*로 되어 있다. 13:25는 70인역의 이사야 34:4을 반영하며 다음과 같은 세 가지 별개의 고려사항에 있어서 히브리 원본이 아니라 70인역과 일치하고 있다. 거기에는 (1) "하늘에 있는 권능들" (히브리 원본의 "하늘의 만상"), (2) "별들" (히브리 원본의 "하늘들") (3) "떨어지며" (히브리 원본의 "사라지고")가 포함되어 있는 것이다. 13:27은 70인역의 스가랴 2:6로부터 유래되었다. 히브리 원본은 "내가 너를 하늘의 사방 바람같이 흩어지게 하였거니와"로서 이와는 다르다(10절).

그러므로 마가복음 13장에는 전승되는 도중에 70인역의 본문에 조화될 수 있었던 일련의 인용구가 있는 것도 아니고, 또한 마찬가지로 원래 히브리 원본으로부터 유래할 수 있었을 일련의 인용구가 있는 것도 아니다. 우리는 본 장에 편입된 일련의 인용문들로서 70인역이나 테오도시온역으로부터 문자 그대로 선택되었지만 종종 히브리 원본(혹은 아람어 역본)과는 상이한 경우를 알고 있다. 우리는 그 헬라 역본 이외에 다른 어떤 본문에 의존하고 있는 실례를 단 하나도 가지고 있지 않다. 이 모든 것이 마가복음에 기록된 예수의 가르침의 다른 부분의 용법과는 판이하게 다르다.

이런 사실들을 다루고자 했던 비슬리-머레이의 시도는 그것이 설득력이 결여된 만큼이나 교묘하다.[16] 예를 들어 그는 14절에서 (본문 증거 하나 없이) 로마군대의 군기(軍旗)를 의미한다고 생각하였던 *to sēmeion tou bdelygmatos*를 인용문이 아닌 마가의 원래 본문이라고 주장한다. 19절에서 그는 본문이 70인역 본문보다 테오도시온역 본문에 가까운 것은 히브리 원본을 독자적으로 사용할 수 있었던 데 기인한다(왜냐하면 테오도시온역은 주후 2세기에 만들어졌으므로)고 암시하고 있다.[17] 그는 27절에서 키텔(Kit-

---

16) *Future*, pp.246-50, 255-8.

tel)이 헬라어 역본에 준하여 원본을 수정하도록 추천하고 있다고 언급함으로써 본문은 히브리 맛소라 텍스트 이전의 스가랴 2:6 본문을 가리키고 있다고 암시하고 있다. 만일 그러한 주장이 소묵시록설(the Little Apocalypse theory)을 지지하기 위하여 사용되었더라면 비슬리-머레이가 그런 주장을 종결시킬 수 있는 어떤 첨예한 구절을 발전해냈을지 의문스럽다!

우리가 위에서 논의한 두 가지 논점만이 마가복음 13장의 진정성에 반대하여 제시될 수 있는 것은 아니다. 그러나 상기의 논점들은 분명히 마가복음 13:5-27에 나오는 묵시적 강화가 예수의 종말론적 가르침을 위한 자료로서 오직 아주 조심스럽게만 사용될 수 있음을 보여주기에는 충분하다. 현 상태로는 그 부분은 복음서의 나머지 부분에 나오는 기록된 예수의 가르침과는 현저하게 모순되는 헬라역 구약성서의 어휘가 나오고, 또한 그에 의존했음을 반영 해주고 있다.

그러므로 비슬리-머레이는 마가의 묵시의 진정성을 입증하는 데 실패함으로써 예수의 가르침을 재구성할 때 그 부분을 의존하지 않으려는 현대 신약학계의 거의 보편적인 경향을 강화시켜준 점 외에는 그의 저술에서 예수와 재림에 대한 논의를 그다지 진전시키지 못하고 있다. 이보다는

---

17) 마 13장에 사용된 헬라어 구약성서 번역이 종종 70인역보다는 테오도시온역인 것으로 보인다는 사실은 진실로 주목할 가치가 있다. 그러나 테오도시온역의 본문, 특히 다니엘서 본문은 주후 2세기 이전에는 존재하지 않았다고 가정할 수는 없다. 도드는 신약성서 전체를 통하여 알려지고 사용된 다니엘서의 헬라어 번역본은 70인역이라기 보다는 테오도시온역으로부터 나왔던 것으로 보인다고 지적하고 있다 (*According to the Scriptures*, p.69 n.). 헬라어 성서의 두 지도적인 편집자인 독일의 랄프스(A.Ralfs)와 영국의 스위트(H.B.Swete)는 테오도시온역이 전적으로 새로운 번역이 아니라 기존 본문을 수정한 것이라는 점에 동의했다(A.Ralfs, "Geschichte des Septuaginta-Textes" in his *Septuaginta*, Editio Quinta, 1952, I, p.x.; H.B.Swete, *Introduction to the Old Testament in Greek*, 1900, p.47).

쿨만의 저술이[18] 훨씬 더 중요하다. 왜냐하면 그것은 아마도 예수의 가르침 속에서 재림의 요소를 보존하고 해석하려는 가장 중요한 현대적 시도라 할 수 있기 때문이다.

쿨만 : 구속사

공언된 쿨만의 목적은 구속사(Heilsgeschichte)의 견지에서 예수의 가르침을 해석하는 것이다.[19] 그는 종말론이 "절대적으로 연대기적인 개념"이며[20] 따라서 예수의 종말론적 가르침은 연대기적 준거틀을 가지고 있는 것으로 이해되어야 한다고 주장하고 있다.[21]

쿨만은 유대인들의 기대의 특성은 직선적인 시간과 관련되어 있다는 점이라고 주장하고 있지만, 그 직선적 시간은 두 가지 방식으로 이해될 수 있다. 한편으로 보면 창조와 재림(메시야의 강림)이라는 두 결정적인 사건에 의하여 삼분된 직선이다. 그러므로 시대는 창조 이전의 시대, 창조와 재림 사이의 시대, 그리고 재림 이후의 시대로 3분된다. 다른 방식으로 보면 한 직선이 하나님의 결정적인 구속 행위에 의하여 둘로 나뉜다. 즉, "구속적 시간"이라고 불리울 수 있는 직선이 하나님의 결정적인 구속 행위 이전과 그 이후의 시간대로 양분된다. 유대인들은 재림이 하나님의 결정적인 구속 행위일 것으로 기대하고 있으므로 그들에게는 두 직선이 일치한다. 창조와 재림사이의 시기는 구속의 결정적인 행위 이전의 시기였

---

18) 쿨만의 저서에 대한 보다 초기의 언급에 관해서는 위의 pp.120 이하를 보라.
19) 이 지극히 의미심장한 독일어를 영어로 적절하게 옮기는 문제에 대해서는 이견이 존재하는 듯이 보인다. 쿨만 자신은 "redemptive history"라는 표현을 좋아한 듯이 보인다(*Early Church*, p.xii).
20) *Early Church*, p.144, contra Bultmann.
21) *Christ and Time*, pp.41,43,71 이하.

고, 재림 이후의 시기는 구속의 시기일 것이다.[22]

예수는 하나님의 결정적인 구속 행위가 이미 자신의 사역에서 시작된 것으로 간주했다는 점에서 이와 다르게 이해했다. 그에게 이것은 재림과 일치하지 않았다. 미래로서의 그 나라에 관한 가르침이 일직선적 시간 중 제3의, 즉 마지막 시기의 출발점으로서 재림을 바라보고 있듯이 현재로서의 그 나라에 관한 가르침은 현재를 구속의 시간으로 결정짓는다. 그래서 예수는 여전히 재림을 기대했고 마가복음 10 : 23, 13 : 30, 9 : 1, 14 : 62과 같은 구절에서 자신의 사역과 재림 사이에 경과되는 시간을 숙고하고 있다. 쿨만이 신빙성이 있다고 받아들인 수난에 관한 예언은[23] 예수가 자기의 십자가와 부활이 그 나라의 도래에서 결정적인 단계를 구성한다고 간주했음을 나타낸다. 그래서 예수와 초대교회에게는 구속의 시간에서 결정적인 중심점은 부활절 사건으로 절정에 이른 사역이다.[24] 이것은 구속의 시간 중 최종 시기의 도래를 알리지만, 재림의 소망을 무효로 만들지는 않는다. 결정적인 전투가 이미 벌어졌고 승리가 쟁취되었다고 할지라도 최후까지 전쟁이 계속되어야 한다.[25]

쿨만이 비록 전부는 아니라고 할지라도 몇몇 신약성서 기자들의 특징인 "구속의 역사"에 대한 관점을 생생하게 제시했다는 데에는 의심의 여지가 있을 수 없다.[26] 그러나 그러한 견해가 예수의 가르침에서 발견될 수 있는지

---

22) *Christ and Time*, pp.81-83.
23) 인자 구절에 대한 쿨만의 견해에 관해서는 위의 pp.147 이하를 보라.
24) *Early Church*, pp.150 이하.
25) *Christ and Time*, p.84.
26) R.Bultmann, "Heilsgeschichte und Geschichte(쿨만의 *Christus und die Zeit*에 대한 검토), *TLZ* 73,1948, col. 663은 그러한 개념이 바울서신, 히브리서, 마태, 누가, 사도행전에서는 발견할 수 있으나, 분명히 요한복음에서는 찾아볼 수 없다고 주장한다.

에 관한 문제가 제기된다. 이런 맥락에서 두 가지 특별한 요인을 고려해야 한다. 예수의 가르침은 일직선적 시간의 종말론적 연장을 전제하고 있는가? 그리고 예수는 자신의 사역, 특히 그의 죽음과 재림 사이에 경과되는 시간을 예견했는가? 불트만은 이 두 질문에 대해 부정적인 대답을 했을 것이고, [27] 쿨만은 긍정적으로 답했을 것이다. 이 문제는 아주 중요하므로 우리는 본서의 최종적인 논의에서 그것을 다루게 될 것이다.[28]

글 래 슨

프랜시스 글래슨(T. Francis Glasson)은 예수가 재림을 기대하지 않았다고 주장했다. 그는 자기의 죽음 이후에 사물의 상태가 새로와질 것으로 기대했는데, 사실 이 기대는 오순절과 교회의 성립으로 성취되었다는 것이다. 재림의 교리는 초대교회에 의하여 전승 속에 편입되었다. 초대교회에서 그 교리는 주의 날에 관한 구약의 구절로부터 나왔고 예수는 주와 동일시되었다. "예수는 그가 그리스도이기 때문이 아니라, 그가 주님이기 때문에 강림한다."[29]

글래슨은 예수의 가르침에 관한 이러한 해석을 지지하면서 우리의 논의에서 중요한 세 가지 사항을 논하고 있다. 재림에 관한 구절 자체와 마가복음 14 : 62와 "위기의 비유들"이 바로 그것이다. 마가복음 14 : 62와 위기의 비유에 관한 그의 논점은 로빈슨에 의하여 지지, 발전되었다. 그러므로

---

27) 앞의 주에서 인용된 쿨만의 저술에 대한 논평에서 그는 그렇게 하고 있다.
28) 아래의 pp.222 이하를 보라.
29) Glasson, *Advent*, p.171. 실제적인 사건의 경로-부활, 오순절, 교회 역사-가 미래에 관한 예수의 기대와 일치한다는, 영국의 저술가들 중에서 가장 인기있는 이 저자의 견해에 대해서는 위의 p.87을 보라. 거기서 글래슨은 주40에서 언급된 저자들 중의 한 사람이다.

우리는 그 문제를 로빈슨의 저술과 관련하여 논하기로 하고[30] 여기서는 재림에 관계된 구절에 대해서만 글래슨을 다루도록 하겠다.

그는 재림에 관한 구절들은 복음서가 전래되는 도중에 그 전승 속으로 도입되었으며,[31] 공관복음의 묵시에 나오는 그 구절들은 2차적이라고 널리 간주되고 있기 때문에 수용할 수 없다고 주장한다. 누가복음 17:22-37은 원래 예루살렘의 파괴를 가리킨 것이고, 제자들에 대한 예수의 경고는 그 도시의 운명 속에 포함될 수 없었다. 비유 속에 나오는 재림에 관한 구절은(예를 들어 눅 18:7 이하처럼) 후에 첨가되었거나, 열 처녀 비유 (마 25:1-13)처럼 예수의 사역에서 발생된 위기에 대한 원래의 구절을 재림에 적용한 경우이다. 마가복음 13:32는 재림에 적용되는 듯이 보이지만, 우리는 원래 가리키는 내용이 어떠했는지 알 방도가 없다. "말씀은 분명히 어떤 질문에 대한 대답이다. 그런데 우리는 그 질문이 어떤 것이었는지 알아낼 방도가 없다." 마태복음 23:37-39에서 "예수는 단지 예루살렘을 방문하는 도중에 유월절 잔치 때까지 자신이 있지 않을 것이라고 언급한 데 불과했다." 슈바이처의 이론에 핵심적인 마태복음 10:23은 박해당하던 초대 교인들의 고민을 반영해 주고 있다. 마태복음 25:31과 사실상 31-46절의 전 구절은 "상당 부분 저자 마태의 창작이다."[32]

글래슨은 또한 하나님의 나라에 관한 예수의 가르침은 재림을 필요로 하지 않는다고 주장한다. 마가복음 9:1은 오순절과 그 이후의 교회역사에 관한 언급으로 보아야 한다는 것이다.[33] 예수가 재림을 대망하지 않았다는

---

30) 아래의 pp.194-200을 보라.
31) 예컨대 마 16:28(참조 막 9:1), 마 24:42 (참조 막 13:43), 막 8:38 (참조 마 10:32=눅 12:8이하 [Q자료])을 들 수 있다.
32) *Advent*, pp.103-5
33) 우리가 위의 p.87에서 주목한 대로이다.

사실은 최종적으로 그의 가르침 속에 그가 세상의 신속한 종말을 기대했다는 가정과 양립될 수 없는 세가지 요소가 있다는 사실에 의하여 예시된다. 그 요소란 (a)그의 윤리적 가르침,[34] (b)새 이스라엘,[35] (c)그의 의도가 이방인들을 포용했다는 사실 등이다. 실제로 그의 가르침 중 이 세 가지 측면은 예수의 가르침이 그가 신속한 세상 종말을 기대했다는 가정과 양립될 수 없음을 입증하기는 커녕 그 정반대임을 보여주는 경향이 있다! 사실 그 세 가지는 그의 가르침이 얼마나 철저하게 종말론적인지 보여주고 있는 것이다. 새로운 율법은 종말의 때가 왔기 때문에 옛 율법을 대신하는 종말론적인 율법이다. 새로운 이스라엘은 종말론적인 공동체요, 마지막 때의 이스라엘이다. 그리고 비록 예수의 의도가 이방인들을 포용했다고 할지라도 그는 그들이 하나님의 종말론적 행위에 의하여 그 나라 안으로 받아들여질 것으로 기대했다.[36]

글래슨의 주장 중 한 가지, 곧 재림에 관한 구절이 복음서의 전래 과정 중에 그 전승 속에 도입되었다는 점은 옳다는 데에는 의심의 여지가 없다. 그러나 이것은 필연적으로 미래의 완성에 대한 모든 구절이 그토록 쉽게 설명될 수 있다거나, 부활 이후의 사건전개를 가리키는 것으로 볼 수 있다는 의미는 아니다. 그 구절들을 부활 이후의 사건을 언급하는 것으로 보는데 대한 강력한 반론의 근거는 초대 교회가 그렇게 보지 않았다는 사실에 있다.[37] 그리고 그렇게 인용될 수 없는 구절들을 교묘하게 설명해

---

34) "만약 예수가 단시일 내에 세상의 종말이 임할 것을 기대했다면 왜 수 세기 동안 존재했던 법전을 개정하려는 수고와 위험을 감수해야 하는가?"(p.137).
35) "교회는 예를 들어 갈 6:16에서 자신을 새 이스라엘이라고 말했다. 이 사상은 예수 자신에게로 소급되는 것이 확실한 것 같다"(p.139).
36) Jeremias, *Jesu Verheissung für die Völker*, 1956, pp.47-62(영역본, S.H.Hooke, *Jesus' Promise to the Nations*(=*Promise*), 1958, pp.55-73).
37) 위의 pp.87 이하를 보라.

내는 글래슨의 재능은 재능으로서는 칭찬받을 만하지만 논리로서는 미심쩍다. 글래슨의 입장으로서는 도드의 "실현된 종말론"을 받아들이는 것이 긴요하며,[38] 실제로 그같이 하고 있다. 그러나 (위의 5장에서 살펴본 논의와 주장에 비추어 그럴 수 밖에 없지만) 일단 예수의 가르침에서 현재적인 나라에 대한 이러한 배타적 강조점을 포기할 경우에 글래슨의 남은 입장은 거의 옹호할 수 없게 된다. 이같은 재림의 견지에서 이에 대한 마태의 재해석이 2차적이라는 것은 일반적으로 용인될 것이지만,[39] 그렇다고 마가복음 9:1 자체가 예수의 사역에서 시작된 일의 미래적인 완성을 지향한다는 사실이 바뀌는 것은 아니다. 이 구절에 관한 도드의 초기 입장은 그에 의하여 거부되고 포기되었다.[40] 또한 그것이 오순절과 교회시대를 가리킨다고 본 그의 후기의 언급도 (글래슨은 이를 추종했는데) 거부되어야 한다.[41] 또한 불트만과 그의 학파가 마가복음의 그 구절이 재림의 지연에 의하여 생겨난 상황에서 격려의 글로써 초대교회에 의하여 창작되었다고 주장하듯이 우리가 그 구절을 전적으로 공동체적 교육(*Gemeindebildung*)이라고 배척해야 할 가능성도 있다.[42] 이는 진실로 가능하지만, 초대교회에 의하여 당면한 필요에 대처하도록 창안된 구절이 마태와 누가가 그 속에서 발견했던 난점을 만들어내고 그들로 하여금 이를 그것을 재해석하도록 이끌 정도로 정식화

---

38) *Advent*, p.94 n.1
39) 이것은 마태의 마가에 대한 이같은 해석이 반드시 틀렸다는 것을 의미하는 것은 아니다. C.K.Barrett, *The Holy Spirit and the Gospel Tradition*, 1947, p.73을 보라.
40) 위의 pp.88 이하를 보라.
41) 위의 p.89를 보라.
42) Bultmann, *Tradition³*, p.128(영역본, p.121), and *Ergänzungsheft*, p.18, G.Bornkamm, *In Memoriam Ernst Lohmeyer*, 1951, pp.116-19; E.Fuchs, *Zur Frage nach dem historischen Jesus*, p.67; 이에 대한 그래써의 견해에 대해서는 아래의 pp.200 이하를 보라.

(定式化)되었을 것 같지는 않다.⁴³⁾ 우리는 그래써(E. Grässer)의 저술에 대한 항목에서 이것을 좀더 상세하게 논의할 것이다. 그러나 우리가 큄멜처럼 마가복음에 기록된 형태대로의 이 구절의 신빙성을 받아들인다면,⁴⁴⁾ 우리는 여기에 기록된 내용이 논의의 여지가 있는 현재적 측면과는 대조적으로 모든 사람들에게 나타나는 그 나라의 미래적 측면에 강조점이 두어져 있다는 점을 인정해야 한다.⁴⁵⁾ 예수는 죄의 용서를 선포할 수도 있었지만, 하나님을 모독하고 있다고 주장될 수도 있었다(막 2:1-12). 그는 그 나라의 도래라는 견지에서 자신의 귀신축출을 해석할 수도 있었지만(마 12:28), 그의 반대자들은 그 능력이 하나님에게서가 아니라 바알세불에게서 나온다고 주장할 수도 있었다(막 3:22). 이런 상황으로부터 예수는 그의 사역에서 시작된 일의 미래적인 완성을 바라보고 있다. 그것에 대해서는 더 이상 논쟁이 있을 수 없고, 오직 현재의 출현에 대해 취하는 태도에 근거한 심판을 받아들이는 일만이 가능하다(눅 12:8 이하).

예수의 가르침에는 감추어진(아마도 "논쟁의 여지가 있는"이라는 표현이 더 나을듯) 현재와 분명하게 보이는 미래 사이에 독특한 대조점이 있다는 것은 배리트(C. K. Barrett)에 의하여 주장되었다.⁴⁶⁾ 이것이 "대조적 비유들"(contrast-parables)의 확실한 메시지이다.⁴⁷⁾ 이제 이것이 마가복음

---

43) Kümmel, *Promise*, p.27.
44) 큄멜은 "능력으로"라는 어구가 복음서 기자에 의하여 첨가되었다는 가설을 정당하게 배척하고 있다. *Promise*, p.26.
45) 이것이 확실히 롬 1:4에 기록된 유사한 "능력으로"의 의미이다. 거기서 부활은 예수를 그 이전과는 다른 방식으로 하나님의 아들로 만들지는 않는다. 그러한 가설은 케리그마 및 바울의 신학에는 생소한 것일 것이다. 그것은 그의 부활을 사실로 받아 들이는 모든 사람들에게 명백히 그를 하나님의 아들로 나타내고 있다. 이 점으로부터 부활에 대한 논의가 있을 수 있으나, 일단 부활이 받아들여지고 나면 예수가 하나님의 아들인지에 대해서는 논의가 있을 수 없다.
46) *The Holy Spirit and the Gospel Tradition*, pp.73 이하.

9 : 1에 대한 적절한 해석으로 받아들여진다면, 그것은 예수의 가르침에서 그 자신의 사역에서 시작되었던 일의 미래적 완성에 대한 예언, 즉 마태가 재림이라는 견지에서 정의했던 예언이 될 것이다. 인자의 종말론적 심판에 대한 예수의 기대가 표현되어 있는 마가복음 8 : 38의 경우도 이와 유사하다. 마태(16 : 27) 또한 인자의 재림에 대한 자신의 기대에 준하여 그 구절을 예리하게 표현했다. 그러나 이것을 인정한다고 해서 인자가 심판자로서 자신의 직능을 행사할 미래의 종말론적 사건을 예수가 기대했다는 사실이 바뀌는 것은 아니다. 이 기대감은 그에 대한 전승에서 너무나 널리 확산되어 있기 때문에 역사적 예수의 기대의 일부가 아닌 것으로 무시해버릴 수 없다. 그것은 비유의 주제 중 하나이자(마 25 : 31-46), 불트만과 같은 의심많은 학자도 신빙성이 있다고 받아들인 일군의 인자 구절의 주제이며[48] 그 중의 일부는 제자들에게 약속되었다(마 19 : 28).[49]

그러므로 우리는 비록 전승 속에 재림에 관한 언급을 삽입하려는 경향이 있다 할지라도, 그럼에도 불구하고 예수가 장래에 만물의 기존질서의 종말을 가져오고 자신의 사역에서 시작된 일을 완성시키게 될 한 사건을 기대했다는 사실을 뒷받침하는 확고한 증거가 있음을 알 수 있다. 이 증거는 재림 구절 자체에서만 아니라, 예수의 가르침 중에 그 나라가 미래적인 모든 경우에 발견될 수 있다.[50] 이 미래적 사건은 여러가지 방식으로 즉 새 성전이나 하나님과의 종말론적 식탁교제나 기존 사물의 질서의 완전한 역전과 같은 표현으로 묘사될 수 있었다. 그것은 "만물의 완성", "권능으

---

47) Jerermias, *Parables*, pp.89-92.
48) 이 점에 관한 불트만 학파의 회의론을 급진적인 방향으로 몰고 가려는 필하우어의 전적으로 실패한 시도에 대해서는 위의 7장을 보라.
49) 이 구절에 대해서는 T.W.Manson, *Teaching*, pp.268 이하, *Sayings*, pp.216 이하를 보라.
50) 위의 pp.108-114를 보라.

로"임하는 그 나라, 혹은 인자의 "강림", 또는 "날"로서 언급될 수 있었다. 혹은 "하나님의 나라"라는 용어는 반드시 미래적 소망의 맥락 속에서 사용될 수 있었다. 중요한 것은 이 모든 것들은 동일한 신념을 표현하는 각기 다른 방법이며, 그의 사역에서 시작되었던 일들은 필연적으로 최종적이고 완전한 완성으로 귀결되리라는 사실이다. 하나님의 나라는 현재적인 실상인 동시에 미래적 소망이기도 했던 것이다.

초대교회로 하여금 재림에 대해 높은 기대감을 불러일으켰던 것은 미래의 종말론적 사건에 관한 이러한 가르침이다. 예수가 이런 형태로 재림에 관한 교리를 가르쳤다는 것은 의심스러운 듯이 보인다. 글래슨은 이 점을 부인한 점에 있어서는 옳았다. 그러나 의심의 여지가 없는 듯이 보이는 것은 예수가 미래에 대한 자신의 기대감을 표현한 방식 중의 하나가 곧 인자의 강림이었다는 사실이다.

J. A. T. 로 빈 슨

이제 우리는 글래슨과 마찬가지로 재림에 관한 초대교회의 교리가 역사적 예수의 기대와 일치하지 않는다는 것을 입증하는 데 관심이 있는 로빈슨(J. A. T. Robinson)을 살펴보기로 한다. 그는 글래슨과는 달리 역사적 예수가 "하나님과 그의 성도들의 최종적인 신원(伸冤)으로 만물이 완성되는" 미래를 기대했으며, 이 미래적인 완성을 표현하기 위해 천상의 연회라는 전통적인 비유를 사용했으며, "이 시대"와 "다가올 시대" 사이의 구분이라는 견지에서 생각했으며, 역사를 전체적 부활과 구원받은 자와 버림받은 자의 최종적인 분리에 의하여 특징지워질 최후 심판으로 경계지워진다고 상상하였다는 점을 기꺼이 인정하였다.[51]

---

51) Robinson, *Coming*, pp.36 이하.

예수의 기대에서는 두 가지 요소가 눈에 띄는데 그것은 둘 다 재림에 대한 전통적인 기대의 일부분에 속한다. 그것은 한편으로는 패배로부터의 승리라는 신원(vindication)의 요소이고, 다른 한편으로는 권능과 심판으로 사람들 사이에 임한다는 심판(visitation : 개역성서에는 형벌, 권고로 번역되어 있음-역자 주)의 요소이다. 로빈슨의 주장은 비록 이 두 가지 요소가 모두 예수의 기대에서 발견될 수 있다고 할지라도 그 중 어느 것도 미래적인 "도래"의 필연적 요건이 되지는 않는다는 것이다. 예수는 그가 신원될 미래적 사건으로서의 "강림"이 아니라 그의 고난으로부터의 즉각적인 신원을 기대했다. 그가 말한 심판은 그 자신의 사역에서 생겨나는 심판이었다. "그의 가르침 속에는 이러한 사역과 그 완성과 결과를 언급하지 않는 "인자의 강림"은 전혀 없다. 그가 말한 심판은 오직 그가 당할 배척에 의해서 작동될 것이다. 그것의 완성은 그 자신의 신원과 마찬가지로 "지금으로부터" 이루어질 것이다. [52]

로빈슨이 예수의 기대에 대한 이상의 견해를 예수가 최종적인 완성을 기대했다는 사실의 시인과 어떻게 조화시킬 것인지 알아보는 일은 극히 어렵다. 그는 예수가 최종적인 완성을 기대했음을 인정한 다음에 그에 대해 다시는 언급하지 않는다. 그리고 그는 예수의 배척당함에 의하여 "작동된"일과 최종적인 완성 사이의 관계에 대하여 전혀 논하지 않는다. 아마 하나님이 최종적 완성의 시기에 만물을 종결시킬 때까지 불가피한 과정이 계속될 것이다. 그러나 이같은 최종적 완성에서 예수, 혹은 인자의 역할은 무엇인가?

이것이 예수가 재림을 기대했느냐 여부에 관한 문제에 대한 그의 접근과는 별도로 역사적 예수의 기대감에 대한 로빈슨의 접근법이 지닌 근본적인 취약점이다. 그는 최종적인 완성에 관한 예수의 기대와 신원과 심판에

---

52) Coming, p.,50(Robinson's italics).

관한 그의 기대를 명확히 구분한다. 그러나 이런 구분은 옳지 않은 것이다. 왜냐하면 자신의 신원에 관한 예수의 기대는 최종적인 완성에 관한 전체적 기대의 일부분이고, 그의 사역에서 발생된 심판은 미래의 심판에 대한 기대를 배제시키지 않기 때문이다.

신원의 요소와 관련하여 가장 중요한 구절은 마가복음 14：62에 나오는 예수가 심문받을 때 말한 장엄한 선언이다. 로빈슨은 이 구절을 세밀히 논한 후에 그것은 하나님으로부터의 미래적인 강림이라는 의미에서의 신원이 아니라, 하나님에게로 즉시 간다는 의미에서의 신원을 가리킨다고 결론 내렸다. 그 구절은 예수가 "그의 인격과 명분의 즉각적인 신원"을 기대했으며, "…가장 중요한 것은 내가 믿는 것이 가장 확실하다는 사실이다. 즉, 이것은 하나님으로부터의 심판이 아니라, 하나님께 대한 신원의 말씀이라"는 것을 암시한다.[53] 예수의 고난을 통한, 그리고 고난으로부터의 신원에 대한 그의 기대는 또한 마가복음 8：31, 9：31, 10：33 이하 및 병행 구절, 그리고 누가복음 12：50, 13：34에서도 확인될 수 있다. 예수는 "진정 하나님의 임재 앞에 나타나게 되리라는 의미의 재림이 있게 될 것이고, 자신의 구속적인 죽음을 통하여 '이 후에'(마 26：64, 눅 22：69) 그것이 시작될 것이라고" 기대했다.[54]

고난의 정점으로서 그의 수난에 뒤이을, 그리고 개선자로서 세상에 오기보다는 하나님의 임재 앞에 나아감의 개념을 포함하는 신원에 대한 예수의 기대에 관한 이상의 주장은 이제 영국의 신약학계에서는 새로운 것이 아니다. 로빈슨은 다양한 측면에서 도드, 맨슨, 빈센트 테일러, 글래슨, 던칸의 지지를 받고 있다고 주장할 수 있고, 또한 주장하고 있다.[55] 문제의

---

53) *Coming*, p.50.
54) *Ibid.*, p.58.
55) *Ibid.*, pp.43,45,49,etc.

핵심은 의심할 바 없이 마가복음 14 : 62의 구절이다. 우리가 여기서 "인자의 강림"에 대하여 어떠한 해석을 내리든지 간에 그것은 유사한 의미의 모든 다른 구절에도 적용될 수 있다. 여기서 로빈슨, T. W. 맨슨,[56] 빈센트 테일러,[57] 글래슨과[58] 도드는[59] 시편 110 : 1과 다니엘 7 : 13을 재림을 의미하는 것이 아니라 예수의 고난에 뒤이을 신원을 언급하는 대응적 표현으로 본다는 점에서 일치하고 있다.

그러나 비록 이것이 영국의 신약학계에서 널리 받아들여지는 의견이기는 하나 그에 대한 강력한 반론이 있다. 사실 다니엘 7 : 13에 대한 유대적인 해석에서 본문을 메시야적인 의미로 해석하자마자 그것은 하늘 구름을 타고 강림한다는 맥락으로 해석되었던 것이다.[60] 여기서 유대인 해석의 중요성은 마가복음 14 : 62의 구절이 한 유대인을 겨냥한 것이며,[61] 그러므로 그것이 그 대상인물에게 뜻했던 바를 전달하도록 의도되었다는 강한 추측이 가능하다는 것이다. 유대적 해석에는 이견이 없음을 고려해보면, 대제사장이 그것을 인자의 미래적인 "도래"당시의 신원을 언급한 것으로 이해했으리

---

56) *BJRL* 32, 1950, p.174, "다니엘이 묘사하는 것이 구원을 전해주기 위하여 하늘로부터 내려오는 신적이거나, 반신(半神)적이거나 천사같은 인물이 아니라, 구원을 받기 위하여 하늘로 올라가는 인간의 형상임은 아무리 강력하게 강조해도 지나치지 않다."

57) *St. Mark*, p.569 : "…시 110 : 1과 단 7 : 13을 결합시켜보면 극적인 강림이 고려되고 있지 않음이 드러난다 …강조점은 등극(enthronement), 그것도 승리의 상징으로서의 등극에 있다."

58) 위의 p.188을 보라.

59) 로빈슨은 도드가 이제 자신과 유사한 견해를 받아들이고 있다고 주장한다. *Coming*, p.43.

60) 예를 들어, II (4) Ezra 13 : 1이하와 Billerbeck, *Kommentar* I, pp.956 이하에 제시된 랍비들의 인용구가 그러하다.

61) 로빈슨이나 위에 인용된 다른 어떤 학자들도 이 점에 관한 그 이야기의 신빙성을 의심하지 않고 있다.

라는 데에는 의심의 여지가 있을 수 없다. 본문이 다니엘서의 맛소라 텍스트에 근거해서 해석될 수 있다기보다는 유대의 전승 속에서 해석되었기 때문에 다니엘 7:13을 가리킨다는 또 다른 증거는 마가복음 14:62과 신약성서 속의 모든 다른 인용구에 의하여 전제된 다니엘 7:13의 본문에서 "구름을 타고"라는 부사구가 문장 속에 있는 원래의 자리로부터 이동하여 "오다"라는 동사와 긴밀하게 연결되었다는 사실이다. 이것은 다니엘 7:13에 대한 유대적인 해석에 의하여 전제된 어순이지만, 그 구절에 대한 맛소라 텍스트나 헬라어 역본의 어순은 아닌 것이다.[62]

그러므로 우리는 마가복음 14:62이 미래의 "강림" 당시의 인자의 신원

─────────
62) R.B.Y.Scott, " 'Behold, he cometh with clouds'", *NTS* 5, 1958-59, pp.126 이하. 또한 H.K.McArthur, "Mark XIV. 62", *NTS* 4, 1957-58, pp.156-58도 참고. 맥아더는 막 14:62의 재림 해석을 지지하는 세 가지 고려사항을 제시한다. (i) 신약이 구약의 구절을 인용할 때 구약의 문맥으로 신약의 의미를 결정하는 것은 위험한 일이다. 그리고 단 7:13이 막 14:62에서 메시야로 해석된다는 사실은 "막 14:62이 다니엘의 원래적 의미를 반복하고 있지 않음"을 나타낸다. (ii) 유대적인 해석: "단 7:13이 그 시기의 문헌에서 메시야에게 적용될 때 그것은 하늘 보좌에 등극한다기보다는 재림을 가리켰다." (iii) "막 14:62의 등극 해석은 각각 시 110:1과 단 7:13으로부터 인용된 어구의 순서에 의하여 변화된다. 글래슨의 견해가 옳다면, 이 구절은 '나는 존재한다. 그리고 너희들은 인자가 하늘의 구름을 타고 오며 권능의 우편에 앉는 것을 볼 것이다.'"로 읽어야 한다. 이에 대해 글래슨은 *NTS* 7,1960-61, pp.88-93에서 답변하고 있다. 그는 (i) 막 14:62에 대한 문자적인 재림 해석은 "지금으로부터"라는 어구와 "앉아 있는" 및 "오는"이라는 동위(同位)의 분사 때문에 곤란하다는 것, (ii) 어구의 순서 속에서 맥아더가 본 난점이 치명적인 난점은 아니라는 것(그러나 그는 스코트의 논점을 다루지 않고 있고 심지어 다니엘서의 구문을 신약의 순서대로 인용하고 있다!), (iii) 단 7:13에 대한 유대인인 해석이 문자적이라기보다는 상징적이라는 것을 주장하고 있다. 그는 이에 대한 현대와 중세의 유대교적 전거(典據)를 제시한다. 이는 강력한 논리로 보이지는 않지만, (i) 그가 스코트의 논점을 해결할 수 있다면 (ii)가, 또한 그가 최근의 유대교적 전거에 의지하지 않는다면 (iii)의 논리가 보다 강력해질 것이다.

을 의미하며 이것이 예수가 자신이 기대했던 미래적인 완성에 대해 말했던 방식 중의 하나라고 주장하고자 한다. 이 구절에 대한 재림적인 해석은 비단 그것이 이 구절에 가장 적합하기 때문만이 아니라, 그 구절이 재림에 관한 언급을 발견할 수 있는 수많은 구절 중의 하나에 불과하기 때문에 채택되어야 한다.

재림의 기대 속의 두번째 요소는 심판의 요소이다. 여기서 로빈슨은 예수가 자신의 사역을 유대 민족에 대한 심판으로 보았다고 주장한다. 그는 예루살렘 입성과 성전 정화에서의 예수의 예언적 상징 행위와 농부의 비유(막 12 : 1-12) 및 다음의 구절들에서 이에 대한 확증을 찾고 있다. 즉 "이 세대"가 선지자들의 피를 담당해야 하는 세대이며 예수의 사역은 과거 모든 일들의 정점이라고 하는 마태복음 23 : 34-38(=눅 11 : 49-51과 13 : 34-35 상단)과 누가복음 19 : 41-44, 누가복음 12 : 49, 마태복음 10 : 34, 마태복음 10 : 35(참조 눅 12 : 52 이하), 마태복음 5 : 17, 마가복음 2 : 17, 마태복음 11 : 19, 마가복음 10 : 45, 누가복음 19 : 10 등이다. 네 복음서 자료에서 다 발견되며 복음서 전승을 통하여 광범위하고 충분히 입증되는 이들 구절은 예수가 자신의 사역을 "이 세대", 곧 "오랫동안 고대하던 축복과 하나님의 심판이 마침내 임한 세대"에 대한 인자의 "강림"으로 이해했음을 보여준다.[63]

로빈슨은 예수의 사역에서 농부의 비유가 심판을 언급한다는 것을 깨닫고는 도드를 따라서 "위기의 비유들" 중에서 유사한 인용문을 찾으며,[64] 초대 교회가 오늘날 이 비유들을 재림과 연결짓게 된 강조점의 변화에 책임이

---

63) Robinson, *Coming*, p.64.
64) 밤의 도적 비유, 마 24 : 43 이하; 12 : 39 이하; 열 처녀 비유, 마 25 : 1-13; 문지기 비유, 막 13 : 33-37, 눅 12 : 35-38(마 24 : 42 참조); 일을 맡은 종, 마 24 : 45-51, 눅 12 : 41-46; 달란트 비유, 마 25 : 14-30; 눅 19 : 12-27.

있다고 주장한다. 그는 이와 관련하여 도드와 예레미아스 양자의 저서를 언급하고 있다.[65] 그러나 우리가 앞서 지적했듯이[66] 그가 예레미아스가 내린 결론에서 유추하여 예수의 사역을 넘어선 더 이상의 심판은 기대할 수 없다고 주장하는 한 예레미아스를 오해하는 것이다. 여기서 로빈슨이 실질적으로 하고 있는 일은 예수의 가르침 속에서 예수가 그 나라를 자기 사역 안에 현존하는 것으로 간주했다고 제대로 주장할 수 있는 요소들을 지적하는 것, 그런 다음에 더 나아가 예수의 가르침 속에서 위기나 심판이나 인자의 강림에 대해 언급하는 구절들로서 "그 자신이 처해있는 절정의 사건들"을 가리키지 않는 경우란 전혀 없다고 주장하는 것이다.[67] 만일 이것이 외견상 그러하듯이 예수가 자신의 사역에서 시작되었던 일의 미래적인 완성이라는 의미로 재림을 가르쳤다는 사실을 부인하려는 의도라면, 이는 너무 지나친 것이다. 글래슨과 로빈슨 두 사람이 여기서 근거로 삼고 있는 위기의 비유들이 미래적 완성을 배제한다고 해석되어서는 안된다. 그리고 예수의 가르침 속에 있는 모든 미래적 요소는 너무나 강력하기 때문에 글래슨과 로빈슨이 하듯이 무시해 버릴 수 없는 것이다.

그래써 : 재림의 지연

본 장에서 우리는 마지막으로 요즈음 상당히 많이 논의되고 있는 주제, 특히 불트만의 제자들 사이에 많이 운위되는 주제인 재림의 지연에 대하여 독일에서 나온 본격적인 성과로서 중요성을 지니고 있는 그래써(Erich Grässer)의 저서를 살펴보기로 한다. 그래써는 도드, 예레미아스, 그리고

---

65) Robinson, *Coming*. p.67. Dodd, *Parables*, pp.146-53와 Jeremias, *Parables*, pp.47-51에서 인용.
66) 5장 주11을 보라.
67) Robinson, *Coming*, p.82.

퀴멜의 모든 저술을 부정하면서 예수가 단지 미래적인 종말론만을 가르쳤다는 입장을 고수하고 있다. 다시 말해 그 나라가 가까왔으며, 이미 나타나기 시작했으나, 아직 도래하지는 않았다는 것이다.[68] 예수의 가르침에서 현재와 미래 사이의 긴장은 전혀 없으며, 오직 임박한 미래만이 있어서 그것이 윤리적 가르침을 지배하듯이 다른 모든 주제들을 지배하고 있다.[69] 예수의 종말론적 가르침은 그와 같았지만, 그 당시 초대 교회는 종말이 오지 않았다는 문제에 직면하여 어떤 타협책을 찾고자 하였다. 이는 다양한 방법으로 진행되었는데, 이를 연구해보면 재림에 대한 초대교회의 이해의 발달과정을 알 수 있다. 먼저 그 나라의 도래 시기의 불확실성을 보여주는 구절들을 창작해 내어 예수의 언설 속에 편입하였다(예컨대 막 13 : 32). 그 나라가 도래하는 시기의 이같은 불확실성에서 주의할 것을 요구하는 구절(막 13 : 33-37, 눅 12 : 35) 및 동일한 강조점을 나타내는 비유(문지기 : 막 13 : 34-36, 기다리는 종들 : 눅 12 : 36-38 등)가 생겨나게 되었다. 다음 단계는 주기도문에서 발견할 수 있다. 여기서 초대교회는 예수에게는 전혀 불필요했을 주제, 즉 그 나라의 도래를 위하여 기도하고 있다. 마지막으로 교회는 주님이 약속을 지연시키고 있다는 생각에 도달하게 되어, 이같은 정신에서 충성되고 지혜있는 종의 비유(마 24 : 45-51)와 달란트 비유(마 25 : 14-30) 및 열 처녀 비유(마 25 : 1-13)를 만들어낸 것이다.[70] 교회는 주님이 자신의 약속을 지체시키고 있다고 믿는 단계에 이르게 되자, 그럼에도 불구하고 그 약속을 믿어야 한다고 신도들에게 확신시키는 문제에 직면하게 되었다. 이런 상황 때문에 위로의 말씀(Trostwort) 즉 종말이 연기되기는

---

68) Grässer, *Problem*, pp.3-8.
69) *Problem*, p.76 : "그 나라는 현재 가운데 그 요구(윤리)를 표출하는 미래 속의 사건(종말론)이다."
70) *Problem*, pp.77-127.

하지만 그럼에도 불구하고 그것은 올 것이며 이 세대 안에 올 것이라는 말을 창작하여 예수의 언설로서 제시하였다. 우리는 마가복음 13：30, 마가복음 9：1, 마태복음 10：23 그리고 누가복음 18：7, 8 상반절을 그렇게 이해해야 한다. 마찬가지로 교회는 동일한 필요를 충족시키기 위하여 대조의 비유를 만들어냈다.[71] 그러나 결국에는 이것조차 소용없었다. 왜냐하면 종말은 훨씬 더 지연되었기 때문이다. 그래서 교회는 유대의 묵시를 참고하여 종말이 오기전에 발생되어야 하는 모든 사건을 명시하기 위하여 공관복음의 묵시를 만들어냈다.[72]

만약 우리가 그래써의 논리를 따르고자 한다면, 우리는 예수가 자신의 사역에서 시작되었던 일을 성취할 재림을 가르쳤다는 생각을 받아들일 수 없을 것이다. 왜냐하면 그의 사역에서는 어떤 일도 시작되지 않았기 때문이다. 그의 가르침 속에는 현재와 미래 사이의 긴장이 없고 모든 것이 미래적이다. 그러나 그래써의 저서가 설득력이 있다고는 거의 말할 수 없다. 사실 쿨만은 이를 철저히 비판하여 그 약점을 드러내었다.[73] 그래써는 예수의 가르침에서 현재와 미래 사이에 아무런 긴장도 없다는 가설을 세우고 있으나 이를 위하여 그는 거듭 스스로 인정한 바 있는 예수에게서 유래되었을 수도 있는 구절들을 초대교회의 창작으로 돌려야 한다.[74] 그리고 그는 이 점에 관한 도드, 예레미아스, 그리고 큄멜의 주장을 명확하게 다루려는 하등의 시도도 하지 않는다. 예수의 가르침에서 그의 사역의 현재가 가령 세례 요한의 현재와 다르다는 것을 시사하는 것은 아무 것도 없다고 주장하

---

71) *Ibid.*, pp.128-49.
72) *Ibid.*, pp.151-78.
73) O.Cullman, "Paursieverzogerung und Urchristentum", *TLZ* 83, 1958, cols, 1-12.
74) Grasser, *Problem*, pp.57,81 이하, 91 이하, 94, 112, 130; Cullmann, *op. cit.*, col.7.

는 것은 사실상 너무나 때늦은 일인 것이다.[75] 그리고 이같은 그래써의 시도는 도드, 예레미아스, 큄멜, 그리고 쿨만의 주장에 비추어서 뿐아니라, 불트만의 **제자들** 사이의 보다 최근의 발전에 비추어서도 거부되어야 한다. 우리는 예수의 가르침에서 더 이상 현재와 미래 사이의 긴장을 부인할 수 없다. 우리의 당면 문제는 그것을 이해하는 것이다. 재림의 지연에 의하여 발생된 상황에 대처하기 위한 교회의 시도의 제 단계와 이에 상응한 말씀과 비유와 강화를 창작함에 있어서의 제 행동 단계에 대한 그래써의 가설적인 재구성에 관해 말하자면, 그의 이론을 가감없이 진술하는 것만으로도 그 이론이 일반적으로 거부되기엔 충분한 것이다. 쿨만이 지적했듯이 그래써는 역사적 예수에게서 유래되었을 수도 있다고 스스로도 인정한 구절들을 초대교회의 창작으로 돌려야 할 뿐만 아니라, 마가복음 9 : 1, 주기도문, 공관복음의 묵시, 그리고 대조적 비유와 같은 다양한 자료들을 초대교회의 창작으로 돌려야 한다. 공관복음의 묵시에 관해서는 그의 논점이 그대로 받아들여질 수 있지만, 그것은 결코 새로운 것이 아니다.[76] 마가복음 9 : 1에 관해서 그는 불트만 학파의 지지를 받고 있지만, 이 구절의 난점을 충족시키고 있지 못하다.[77] 주기도문에 관해서 그는 거의 지지를 받지 못하는 듯이 보이는데, 특히 그에 관한 예레미아스의 저술의 견지에서 보면 더욱 그러하다.[78] 그리고 대조적 비유에 관해서 보자면 그는 광야에서 외치는 소리에 불과하고 앞으로도 그렇게 남아있을 것 같다.

---

75) Cullmann, op. cit., cols. 10 이하.
76) 막 13장을 신빙성있는 것으로 복권시키려 했던 비슬리-머레이의 성공하지 못한 시도에 관해서는 위의 pp.179-186을 보라.
77) 위의 pp.88 이하를 보라.
78) Jeremias, "The Lord's Prayer in Modern Research", ExpT 71, 1959-60, pp.141-6.

본 논의의 결과

예수와 재림에 관한 본 논의의 결과는 우리가 믿기에, 예수가 자신의 사역에서 시작되었던 일이 미래에 완성되리라는 것, 즉 그의 가르침에서 다양하게 묘사되었던 일이 완성되리라는 것을 기대했다는 사실을 확정지었다. 이제 논의는 이 가르침의 해석으로 방향을 돌려야 한다. 한편으로는 그것이 재림의 견지에서 엄격하게 해석되어야 한다고 주장하거나 다른 한편으로는 그것이 조금이라도 존재했다는 것을 부인하려는 시도들은 마찬가지로 실패적임이 입증되었다.

IX
예언자로서의 예수에 대한 미국학계의 견해

우리는 이미 본 저서의 여러 대목에서 미국의 논쟁에서 일관된 경향이 예수를 예언자로 보며, 그가 자기 자신의 사역에서 이 세상에 나타나게 될 구속에 관심이 있음을 강조하며, 계속되는 세계질서라는 견지에서 그의 종말론을 해석하는 것이었음을 지적한 바 있다. 우리는 이제 다음의 저서들에서 발견할 수 있는 예수의 가르침에 대한 이같은 접근을 고찰해보고자 한다.

- C. C. McCown, 「사회복음의 기원」(The Genesis of the Social Gospel), 1928.
  「예수의 종말론 재고찰」(The Eschatology of Jesus Reconsidered), JR 16, 1936, pp. 30-45.
  「진정한 예수의 탐구」(The Search for the Real Jesus), 1940.
  '인자 예수, 최근 논의 개관'(Jesus, Son of Man. A Survey of recent discussion), JR 28, 1948, pp. 1-12.
- F. C. Grant, 「그 나라의 복음」(The Gospel of the Kingdom), 1940 (= Gospel)

- John Knox, 「인간 예수 그리스도」(*The Man Christ Jesus*), 1941 (= *Jesus*).

  「주 그리스도」(*Christ the Lord*), 1945 (= *Lord*)

  「그리스도의 죽음」(*The Death of Christ*), 1958 (= *Death*).

- Amos N. Wilder, 「예수의 가르침 속에 나타난 종말론과 윤리」
  (*Eschatology and Ethics in the Teaching of Jesus*), ¹1939, ²1950 (= *Eschatology*).

맥 카 운

맥카운은 예수의 종말론을 전체적인 논의의 주제로 만들어준 데 대해 슈바이처에게 경의를 표했다.[1] 그러나 맥카운이 주장하기로, 슈바이처는 예수의 종말론에 대한 접근에 있어서 "두 가지 점에서 잘못되었다. …그의 논리와 그의 역사는 둘 다 시종일관 철저하게 방향을 잘못 잡았다."[2] 그의 논리는 그의 주장이 일련의 선언적인 삼단논법(disjunctive syllogism)의 형태를 취하고 있기 때문에 잘못되었다. 그의 중심된 전제는 예수는 종말론적이거나 비종말론적이었다는 것이다. 복음서는 예수가 비종말론적이지는 않았음을 보여준다. "그러므로 예수는 철두철미한 종말론자였다. 결론에 덧붙여진 불합리한 추가내용에 주목하라."[3] 그의 역사 인식은 그가 그리스도 당시의 유대 종말론을 철저하게 초월적이라고 이해했다는 점에서 잘못되었다. 사실 그리스도의 때에는 랍비 아키바를 포함하여 많은 정치적 메시야주의자들이 있었다. 다시 말하여 그들은 하나님이 이 세상의 문제에

---

1) *JR* 16, 1936, p.30.
2) *Ibid.*, p.31.
3) *Ibid.*, p.32.

개입할 것을 기대했다. 예수 역시 "머지 않아 세상사에 대한 모종의 신적인 개입을 기대했다."[4] 그는 하나님의 통치를 기대했으나 이것은 그가 내세적이고 초월적인 영역에서만 하나님이 통치할 것을 기대했음을 의미하는 것은 아니다. "예수는 신적인 능력이 지상에서 활동하기를 기대했다."[5] 우리는 예수의 추종자들이 그의 말을 기록하면서 이를 무의식적으로 수정했기 때문에 예수의 종말론이 무엇인지 정확하게 알 수는 없다. 그러나 결국 이것은 중요한게 아니다. 왜냐하면 사람들에게 유용하고 중요한 것은 예수의 계획이 아니라, 그의 종교적인 활동력(dynamic)이기 때문이다. 우리는 여하한 예수의 계획에 의해서도 구애받지 않고 계속되는 세상에서의 문화적인 진보라는 견지에서 이같은 종말론적 동력을 자유롭게 해석할 수 있다.

맥카운의 기본적 전제는, 예수의 종말론은 하나님의 능력이 계속되는 세계 질서 속에서 역사한다는, 그런 성질의 종말론이었다는 것이다. 이것은 또한 맥카운에 따르면 랍비 아키바와 정치적인 메시야론자들의 견해였다. 그러나 메시야라고 자처하는 사람들의 논점은 그들이 완전한 하나님의 나라를 건설하도록 하나님이 그들을 위하여 세상 문제에 개입하리라고 믿었다는 것이다. 하나님의 이같은 개입 이후에 사물은 이전의 상태와는 완전히 달라질 것이다. 우리가 모세승천기와 에스라 2서(II(4)Ezra), 바룩의 묵시록 및 다른 묵시문학으로부터 보게 되듯이 그런 기대는 초자연적 존재의 등장, 이스라엘의 종으로서 봉사하기 위하여 남겨둔 소수 외에는 이방인의 멸절, 전체적인 부활, 모든 풍성한 초자연적인 좋은 일들로 가득한 지복의 영원한 나라 등과 같은 것들로 가득차 있다. 순전히 상징적인 이런 기대에 많은 내용이 들어 있다는 것은 분명히 사실이지만, 그것은 정치적, 문화적

---

4) *Ibid.*, p.39.
5) *Ibid.*, p.46.

변화의 상징이 아니다. 그것은 지금까지 존재해왔거나 존재할 수 있었던 그 무엇과도 완전히 다른 새롭고 완전한 사물의 상태를 상징하고 있다. 그런 상태는 오직 하나님의 초자연적인 행위를 통해서만 존재할 수 있을 것이다. 역사적 예수의 기대도 이와 마찬가지였다. 우리는 위에서 미래에 대한 그의 기대에 관한 증거를 수집하였다.[6] 여기서 우리는 다시 "권능으로" 임하는 그 나라, "인자의 날", 그의 심판, 하나님과의 종말론적 식탁교제, 새 성전, 밤에 도둑처럼 임할 수있는 종말 등과 같은 상징적인 표현을 접하게 된다. 그러나 이런 상징적인 표현들은 아무리 그리스도의 영에 의하여 감화받았다고 할지라도 정치적 발전이나 문화적 진보라는 용어로 환원될 수 있는가? 그것은 교회의 사명과 삶이라는 용어로 압축될 수 있는가? 상징적 어구는 시공간 내에서 가능한 것과는 다른, 그 이상의 어떤 일을 의미하는 듯이 보인다. 이는 그것이 도드와 다른 영국 학자들의 주장처럼 시공간을 뛰어 넘어선 영원한 질서를 가리키기 때문이 아니라,[7] 오히려 예수는 하나님께서 새롭고 전혀 다른 모종의 일을 확립하기 위해(이는 오직 그림으로만 표현 가능하다) 세상사에 개입하실 것을 기대했던 것이다. 이 점에 대해서는 마지막 장에서 살펴볼 것이다.

F. C. 그랜트

프레데릭 그랜트(Frederick C. Grant)는 예수의 사역에 대한 종말론적 접근법에 아주 완강하게 반대하는 사람이다. 그는 최근의 신약학계가 "막다른 궁지에 몰려 공전하고" 있으며, "'철저적 종말론'의 근본적인 불성실함"에 의하여 그리로 끌려들어가고 있다고 생각한다.[8] 그랜트로서는 "그 나라

---

6) 위의 pp.112 이하를 보라.
7) 위의 pp.76, 87, 115을 보라.

의 복음은…원래 현세적인 기대였다…그것은 내세적이거나 묵시적이지 않았다. 복음은 애초부터 사회적 구원의 메시지였다…그것은 기만당한 광신자들의 난폭하고, 열광적이고, 기묘한 꿈 보다는 정상적 내지는 규범적인 유대교-비록 유대교를 비판하고 있기는 하지만-에 보다 가까왔다." 그랜트는 거듭 이 논점으로 되돌아온다. 묵시사상은 기만당한 광신주의였다. 그래서 극히 정상적이었던 예수 자신은 어떠한 의미에서건 묵시가가 될 수 없었던 것이다.[9]

그랜트가 여기서 현대적 가치판단을 역사적 판단의 근거로 삼고있다는 점은 분명하다. 그리고 그는 마찬가지로 신속하게 세상문제에 대한 현대 자유주의 기독교적인 접근방식에서 예수의 메시지를 다루고 있다. "우리의 혼란된 세상에서 진정으로 필요한 것은 인간적 동기를 하나님의 의지에 완전히 복종시키고, 인간 사회를 완전하고 철저하게 혁신하며, 하나님의 의에 대한 믿음의 원칙과 계시된 하나님의 목적에 따라 살아가겠다는 결단에 입각하여 사회를 개조하는 것이다. 그것이 예수의 계획이었다…"[10] 여기서 유일한 문제는 바로 이것이다. 즉 이것은 신약성서의 본문에 의거한 예수의 계획이었는가, 아니면 그러한 계획이 마땅히 그러했어야 한다는 현대적 견해에 따른 예수의 계획이었는가?

대체로 복음서의 기사는 예수의 의도에 대한 이같은 견해를 지지하지 않는다. 그랜트도 이 점을 기꺼이 인정하고는 있다. 그래서 그는 이 난점을 극복하기 위하여 복음서 전승이 형성되었던 두 중심지가 있었다고 제안한다. 하나는 예루살렘이었고, 다른 하나는 갈릴리였다. 예루살렘에서는 유대적 메시야사상에 상당한 관심이 있었고, 갈릴리에서는 묵시사상에 대한

---

8) *Gospel*, p.viii.
9) *Gospel*, pp.63,67 이하, 153,156.
10) *Gospel*, p.134.

유사한 관심이 있었다. 그래서 예루살렘에서는 예언자적 사회개혁가라는 원래의 전승이 "메시야"와, "하나님의 아들"이라는 용어로 변형되었으며, 갈릴리에서는 묵시적 "인자"라는 용어로 변형되었다. 최초의 복음 전승이 갈릴리와 예루살렘이라는 별개의 두 중심지에서 형성되었다는 생각은 로마이어(Lohmeyer)에게서 시작되었지만,[11] 일반적으로 용인되고 있지는 않다.[12] 그에 대한 그랜트의 해석은 예언자적 사회개혁가로서의 예수의 원래 모습을 유지하는 데 지나치게 관심을 기울이고 있음이 명백하므로 받아들일 수 없다.

---

11) Lohmeyer, *Galiläa und Jerusalem*., 1936. 그는 신약성서가 예수의 부활 후의 출현을 갈릴리와 예루살렘으로부터인 것으로 보고하고 있다는 사실로부터 출발점을 삼고 있다. 누가는 예루살렘에서의 출현만 아는 듯이 보이지만(행 1:4), 반면에 마태는 갈릴리에서의 출현을 보고하고 있으며(마 28:16-20). 마가는 그러한 출현을 전제하고 있다(막 16:7, 참조 14:28). 로마이어는 출현 장소에 대한 이러한 차이는 이야기 중의 신학적인 차이(p.23)에 수반된 것임을 깨달았다. 그는 이로부터 초기 기독교 내에 두 상이한 중심지가 있다고 주장한다. 하나는 종말론 및 인자와 주(主)로서의 예수를 특별히 강조하는 갈릴리이며, 다른 하나는 십자가 및 메시야로서의 예수를 강조하는 예루살렘이다(p.100).

12) 이에 관한 최근의 논의는 H.Grass, *Ostergeschen und Osterberichte*, 1956, pp.123 이하에서 이루어졌다. 그는 우리가 가진 자료에는 그에 대한 충분한 지지근거가 없으며, 로마이어가 본문 자체가 정당화하는 것 이상으로 신약성서의 증거를 과대해석했음이 분명함을 보여준다. 로마이어의 논의로부터 하나의 실례를 든다면 그는 행 1:8(너희가…예루살렘과 온 유대와 사마리아와 땅 끝까지 이르러 내 증인이 되리라)에 근거하여 갈릴리가 사도행전 기간 동안 피선교 지역이 아니었다고 주장했다. 왜냐하면 그곳은 이미 **기독교 지역**(*terra christiana*)이기 때문이라는 것이다(*op. cit.*, pp.51 이하). 그라스(Grass)는 행 1:8의 장소 나열은 유대의 중심지로부터 절반 정도 이교도 지역인(Halbheiden) 사마리아를 거쳐 완전한 이교도 지역인(Vollheiden) 더 넓은 세계로 기독교가 확산되는 것을 명시하려는 의도였으며, 이것이 사도행전 스토리 전체가 추구하는 계획이라고 분명히 올바르게 응수했다. 그러므로 우리는 이 본문으로부터 유대와 갈릴리에 각각 기독교가 성립되었던 관련 시기에 대한 결론을 도출해 낼 수 없는 것이다.

예수의 가르침 속에서 하나님의 나라를 신정적이고 개혁된 사회질서로 보는 모든 견해의 본질적인 취약점은 그것이 신약 본문에 대한 상세한 주석으로 뒷받침될 수 없다는 것이다. 그 나라의 비유나 성만찬 용어나 마태복음 11 : 12와 같은 그리스도의 말씀에 대한 주석이나 미래의 기대에 대한 예수의 실제적인 표현을 숙고해보면 그랜트가 여기서 제시하는 견해들은 간단하게 제거되고 만다.

녹 스

존 녹스는 그랜트의 책을 논평하면서 자기는 "예수가 묵시론자들보다는 예언자에 훨씬 더 근접했으며 그에게는 그 나라가 현세적인 질서였다"는 신념에 대체로 동의한다는 견해를 표명했다. 그러나 그는 이렇듯 덧붙였다. "그러나 내가 보기에 묵시사상은 그랜트 박사가 인정하는 듯 보이는 것 이상으로 예수의 사상에 보다 큰 영향을 미쳤던 것 같다. 예언사상과 묵시사상의 양대 요소는 아마도 전혀 양립할 수 없는 요소이기는 하지만 거의 확실히 존재하고 있었다. 우리는 예수가 묵시 사상을 받아들였거나 혹은 그로부터 독립하거나 그것을 거부했거나 간에 그가 절대적인 일관성을 견지했다는 식의 오류를 피해야 한다."[13]

녹스는 자신의 저서에서 이 주제들을 확장시키고 있다. 그는 이렇게 쓰고 있다. "예수가 역사 내에서 하나님의 새롭고 강력하며 창조적인 행위의 결과로서 인류를 위한 하나님의 목적이 성취될 때, 곧 모든 사람이 그를 알고 그의 법이 사람들의 심령 속에 기록되는 때를 고대했다고 믿는 데는 충분한 이유가 있다."[14] 사실 이것은 그랜트의 입장과는 상당히 다르

---

13) JBL 60, 1941, pp.74 이하.
14) Jesus, p.38.

다. "역사 내에서 하나님의 새롭고 강력하며 창조적인 행위"는 하나님 나라의 도래에 대한 묵시적 소망의 현대적인 진술로 옹호될 수 있다. 그리고 예수가 기만당한 묵시가의 광신적 신념과 관계가 있을 수 있다는 생각에 대해 그랜트가 조소를 퍼붓는 대목에서, 녹스는 조용히 이렇게 쓰고 있다. "예수가 그런 생각에 의하여 영향받았다는 것은 부인될 수 없다. 그러나 내가 믿기로 그런 생각이 그 나라에 대한 그의 지극히 독특한 사고방식을 대변해주지 못한다는 것도 마찬가지로 확실하다."[15]

녹스는 『주 그리스도』(Christ the Lord)에서 그 나라에 대한 예수의 지극히 특징적인 사고방식에 대한 자신의 견해를 제시하고 있다. 그는 헬라어로 *basileia tou theou*라고 번역되는 아람어의 문구가 영어로는 다음과 같은 세 가지 별개의 표현으로 번역되어야 하는 완전하거나 다양한 의미를 가지고 있다고 제안한다. (i) 하나님의 영원하고 궁극적인 주권, (ii) 하나님의 주권이 인정되고 그의 뜻이 준행되는 한, 사람들 속에서의 하나님의 통치, (iii) "다가올 시대"의 완전하고 흠없는 하나님의 뜻의 확립. 우리가 이들 견해 가운데 택일해야 한다거나, 그 용어에 대한 예수의 용법이 단일하거나 일관되었다고 가정할 만한 이유는 전혀 없다. "그는 의심할 바 없이 우리가 논의하였던 세 가지 의미 전부로 그 어구를 사용했다."[16] 물론 이 말은 터무니없다. 우리가 다음 장에서 입증하고자 하지만 그 어구에 대한 예수의 용법은 일관적이며, 대체로 묵시 속의 용례와 일치한다.

계속되는 세계질서의 개혁을 목표로 한 예언자적 활동의 견지에서 예수의 사역을 생각하고자 하는 사람들에게 중심된 문제는 예수의 죽음의 문제이다. 십자가에 대한 희생제물적인 해석이 예수 자신에게로 소급된다면, 그가

---

15) *Jesus*, p.39.
16) *Lord*, p.27.

자신의 사역의 정점을 이사야 53장의 고난당하는 종의 견지에서 보았다면, 그 때에는 우리가 보았듯이 "예언자로서의 예수"를 주장하는 학자들이 일반적으로 인정하는 이상의 의미가 그의 사역에 있게 된다. 존 녹스는 『예수의 죽음』이라는 최근의 저작에서 이 문제를 다루고 있다. 여기서 그는 예수의 죽음에 대한 회생제물적 해석이 그리스도의 죽음과 교회 내에서 성만찬이 확정된 시기 사이의 십여 년 동안에 기독교 공동체 내에서 생겨났을 가능성을 논의하는 데 한장 전체를 할애하고 있다.[17] 그리고 그는 심리학적인 견지에서 예수 자신의 자의식의 한 형태로서의 종-메시야라는 개념이 수용되기 어렵다는 데에 그 다음 장을 할애하고 있다.[18] 그의 논점은 이러하다. "자신의 운명에 대한 그러한 이해는 교회의 신학 -그리고 심리학 -과는 양립될 수 있다. 그러나 그것이 인간 예수의 정신건강과 조화를 이루고 있는가?"[19] 우리는 이 두 장이 신약성서의 증거에 관한 논의에 대하여 미리 선입관을 설정하는 데 도움을 주고 있다는 점 이외에는 전적으로 부적절하다고 느낀다. 문제는 "이런 생각이 초기의 공동체에서 생겨날 수 있었겠는가?"가 아니라, "그들이 그랬던가?"의 사실여부이다. 그것은 예수가 건강한 정신적 태도에 유익한 것이 무엇이냐에 대한 현대적 관점에 따라 자신을 종된 메시야로 생각했었는지에 대한 문제가 아니라, 과연 그가 그랬느냐의 문제인 것이다.

녹스는 예비적인 논의에 40페이지를 할애한 후에 결국 복음서의 증거에 대한 논의로 옮아간다.[20] 그는 예수가 자신을 "메시야"로 생각하지 않았다고 주장한다. 마가의 설명에 따르면 그는 가이사랴 빌립보에서 그 용어와

---

17) *Death*, pp.35-51.
18) *Death*, pp.52-76.
19) *Death*, p.76.
20) *Death*, pp.77-107.

그 용어가 함축하는 자신의 사명에 대한 견해를 거부하고 있다. 마가복음 14 : 62이 그 호칭을 받아들인 유일한 예가 되는데, 그것은 메시야직이 문제가 되었던 다른 모든 구절에 대한 그의 답변의 애매모호함에 비추어보면 그다지 중요하지 않다. 우리는 예루살렘 입성과 성전정화와 같은 보다 후기의 기사에서 예수의 메시야직에 대한 강조점이 점차 증대하는 것을 볼 수 있다. 그러므로 우리는 그 이야기의 최초의 형태조차도 동일한 영향으로부터 자유롭지 못했을 가능성을 인정해야 한다.[21]

이 논의의 약점은 신약성서의 증거의 극히 일부분 만이 논의되고 있다는 점이다. 만약 예수가 자신의 인격에 관하여 주장하고 있는 내용에 대해서 우리가 어떠한 판단을 내리고자 한다면, 우리는 그가 자신의 임무와 그 의미에 관하여 말한 모든 내용 속에 무엇이 함축되어 있는지 고려해보아야 한다. 예수가 자신의 사역에서 구원의 종말론적 시간이 이미 시작되었다고 믿었다는 사실을 뒷받침해주는 전체적인 증거만으로도[22] 그가 자신을 예언자 이상의 존재로 생각했음을 보여주기에 충분하다. 녹스는 이런 간접적인 증거에 대해서는 전혀 논의하지 않고 있다.

마찬가지로 예수가 자신의 사명을 고난당하는 종의 사명의 견지에서 생각했는지 여부에 관한 문제를 둘러싼 복음서의 증거에 대한 논의에서도 신약성서 본문 중 오직 하나만이 특별히 언급되었다.[23] 초대교회가 이사야 53장을 널리 사용했다는 것과, 이것이 "예수 자신이 그 구절을 동일하게 사용했다는 어떠한 주장에 대해서도 상당한 입증 책임을 지우는데, 이는 복음서의 빈약한 증거로는 당해낼 수 없다"고 말하는 것으로 충분하다고

---

21) *Death*, p.83.
22) 이것은 위의 pp.98-105에 요약되었다. 또한 불트만과 그의 학파의 "간접적 기독론"에 대해서는 pp.161-173을 참조하라.
23) 막 9 : 12 하반절, Knox, *Death*, p.105.

생각한 것이다.[24]

성만찬에 관한 예수의 말을 둘러싼 상세한 논의, 즉 자신의 죽음에 관한 예수의 태도에 대한 어떠한 논의에도 필수적인 것으로 생각되는 부분이 본서에는 빠져있다는 점도 매우 특이하다. 녹스는 희생제물적 해석이 예수의 죽음과 교회에서 성만찬이 확정되었던 시기 사이의 기간에 생겨났을 가능성을 둘러싼 논의의 맥락에서만 그에 대해 언급한다. 그러나 최후의 만찬에 관한 이런 언급이 아무리 소략하다고 할지라도 녹스는 여기서 이 문제에 관한 자기 저서의 전체적 논지를 드러내고 있다. 그는 "예수가 제자들과 가진 최후의 만찬에서 이후의 성만찬을 위한 기반을 제공했던 어떤 일 –예수의 말과 행동을 포함했던 어떤 일 –이 발생했을 가능성"을 인정하고 있다.[25] 사실이 이러하다면 예수가 자신의 죽음을 희생제물의 견지에서 해석했다는 주장을 할 만한 여지가 생기게 되고 녹스의 입장은 더 이상의 타당성을 상실하게 된다. 왜냐하면 희생적 죽음에서 절정에 달하는 예언자적 행동이라는 개념은 필연적으로 이사야 53장으로 연결되기 때문이다.

와일더

에이머스 와일더(Amos N. Wilder)는 예수의 가르침 속에 있는 중심적인 관심은 인간의 사회적 -역사적 미래에 성취될 구속에 있다고 주장한다. 그리고 예수가 그같이 비초월적인 견지에서 미래를 생각했다는 사실에 대한 증거로서 다음과 같은 고려사항을 제시하고 있다. (i) 예수는 자신의 윤리적 가르침에서 **중간윤리를** 가르치지 않았으나, 세상이 계속될 것처럼 종종

---

24) *Death*, p.105.
25) p.60의 각주를 보라.

말했다. (ii) 그는 제자들에게 그들이 이스라엘의 열두 지파를 다스리게 될 것이라고 약속했다. (iii) 그가 삼 일 만에 성전을 다시 지으리라는 구절에서 그 말은 이스라엘 자체 혹은 회중에 대한 상징으로서의 성전을 가리키고 있다.[26] 그러나 와일더는 예수의 가르침에서 이것을 중심된 요소로 본다고 할지라도 초월적, 종말적 요소를 완전히 제거하지 않도록 조심한다. 그는 예수가 자신의 종말론적 가르침에서 "유대적 용어를 빌어 자기의 삶의 획기적이고 세계 변혁적인 의미를" 신화적인 양식으로 주조해내고 있으며, 그의 가르침 속에 있는 이런 요소의 목적은 "현존하는 사물에 대항하는 윤리 의식의 힘과 하나님께서 행하시리라는 부정할 수 없는 신앙의 확신"을 표현하는 것이라고 주장한다.[27] 달리 말하여 예수의 종말론적 가르침은 하나님에 대한 궁극적인 신앙을 신화적인 용어로 표현한 것이며, 그 목적은 그 자체로서 본질상 윤리적인 메시지에 의미와 활력을 보태는 것이다.

와일더는 이같은 중심적인 신념에 준하여 윤리적 가르침과 연관된 종말론적 가르침의 기능에 대하여 상세한 분석을 제시하고 있다. 그것은 첫째로 "윤리의 구속력"이다. "다가오는 사건은…회개와 긴급하게 의를 행하기 위한 동기가 된다. 그리고 특별한 요구는 미래의 나라에 들어가는 조건으로 보인다.[28]" 이것이 예수의 미래적 종말론의 기능이다. 그러나 예수의 가르침

---

26) *Eschatology*, pp.50 이하, 위의 pp.45 이하에 나오는 글래슨이 지적한 세 논점과 이에 대한 우리의 논평을 참조하라. 글래슨이 지적한 유사한 논점들과 마찬가지로 이들 셋도 실제로 예수의 가르침이 얼마나 철저히 종말론적이었는지를 입증해준다. 예수의 윤리적 가르침은 종말론적인 율법이다. 제자들에 대한 약속은 그들이 종말론적인 인자의 직분을 공유하리라는 것이다. 새 성전의 인물은 하나님과의 완전한 성례전적 관계에 있는 종말론적 공동체를 지칭하고 있다(위의 p.115를 보라).
27) *Eschatology*, pp.35,86.
28) *Eschatology*, p.145.

에는 그 나라의 현재적인 의미도 있으며, 이것은 우리에게 종말론과 윤리 사이의 관계에 관한 두번째 측면을 제시해준다. 여기서 윤리적 가르침은 현재적 경험으로서의 그 나라와 연관되고 그로써 가능하게 된 생활방식을 표현하고 있다. 이것은 "구원의 때의 윤리, 혹은 새로운 계약의 윤리"이다.[29] 그러나 예수의 사역에서 그 나라의 도래는 위기, 즉 헌신과 증거와 희생을 요청하며 그 나라의 자녀들과 상속자들에게 엄청난 요구를 하는 갈등의 기간을 상징한다. "특히 예수의 가장 절박한 요구는 그 나라의 위기 가운데 자신을 따르는 것과 관계가 있다…[30] 이것이 종말론과 윤리 사이의 관계에 대한 세번째 측면이다. 우리는 그것을 "제자도의 윤리" (discipleship ethics)라고 부를 수 있을 것이다.

와일더의 저술은 예수의 가르침에서 종말론과 윤리 사이의 관계에 대하여 논한 영어로 된 가장 철저한 최근의 연구이다. 구원의 때의 윤리에 관한 그의 논의, 그리고 우리가 "제자도의 윤리"라고 불렀던 것에 대한 그의 논의는 설득력을 갖추고 있다. 와일더가 서술하는 위기는 예수의 가르침에서 주된 요소이다. 그리고 그것은 심판의 임박성에 의해서가 아니라 죽음의 고통과 출생의 고통이라는 두 우주적 시대의 갈등에 의하여 생겨났으며 구원의 시기와는 불가분리적인 위기이다."[31] 이 위기가 존재한다는 사실은 그와 함께 제자도의 윤리에 대한 요구와 구원의 때의 윤리에 관한 표현을 수반한다.

우리는 윤리에 대한 종말론적 구속력에 대해서 모종의 제한을 두고 있다. 그 이유는 주로 우리가 위에서 분명하게 했듯이 예수의 가르침이 계속되는 세계질서를 가정한다는 기본전제를 받아들이지 않기 때문이다.

---

29) *Ibid.*, 160.
30) *Ibid.*, 163.
31) Wilder, *Eschatology*, p.176.

종말론적 가르침이 윤리를 위한 구속력이 되는 한 우리는 차라리 임박한 그 나라를 백성의 회개를 요청하기 위한 구속력이나, 더 낫게는 회개를 위한 요청의 근거로 부르는 편을 선택할 것이다. 그리고 침입해 들어오는 그 나라에 대해서는 그것이 회개의 요청을 듣고 응답하며 예수의 활동에서 그 나라의 도래를 볼 수 있는 눈을 가진 사람들에게 구원의 윤리와 제자도의 윤리를 가져온다고 말할 것이다. 그 나라의 도래는 그 나라의 법을 수반하며,[32] 사람들은 그 법 안에서 새로운 상황 속에 있는 사람들을 위한 하나님의 뜻의 최종적인 표현을 발견한다. 이제 그들은 하나님의 종말론적 사죄와 그의 종말론적 권능의 출현을 경험할 수 있다. 이런 관점에서 그들은 종말론적 율법에서 명시된 책임과 특권을 받아들이도록 요청받는다.

　본장에서 우리는 예수의 종말론이 계속되는 세계질서의 견지에서 해석될 수 있다는 기본 전제를 받아들인 일군의 학자들의 저작을 검토해 보았다. 이들 저작은 많은 점에서 철저적 종말론의 영향으로 시작된, 예수의 가르침에서 본질적으로 종말론적인 그 나라의 성격을 인정하려 하는 운동에 대항하는 영미 신학계의 최근의 입장을 보여준다. 그것은 예수가 자신이 사용했던 종말론적 개념들을 "변형시켰음"을 증명하기 위하여 행해진 수많은 시도 중의 마지막에 해당된다. 그러나 그것은 여타의 이같은 시도들과 마찬가지로 그것이 신약성서 속의 증거와 부합될 수 없다는 확고한 사실 앞에서 붕괴되고 있다. 이 증거에 의하면 예수는 자신이 예언자 이상의 존재라는 견지에서 자신의 사역의 의미를 표현했던 것과 마찬가지로, 계속되는 세계질서의 개혁 이상이요, 그와는 판이하게 다른 그 무엇을 의미하는 용어로써 자신의 미래적 기대를 표현했던 것이다.

---

32) 예수의 가르침 속에 있는 종말론적인 율법에 대해서는 위의 pp.101-105를 보라.

X

예수의 가르침 속에 나타난 하나님의 나라

논의의 현위치

우리는 이로써 예수의 가르침 속에 있는 하나님의 나라를 둘러싼 현대의 논의에 대한 검토를 마무리하였다. 이같은 검토 작업은 완전한 것이 아니다. 어느 누구도 이처럼 다양하고 복잡하고 광범위한 논의를 완벽하게 포괄했다고 주장할 수 없을 것이다. 그러나 슐라이에르마허가 하나님 나라의 개념을 자기 신학의 핵심으로 삼고 요하네스 바이스가 그에 관한 예수의 가르침에 대해 역사적인 해석을 제시한 이래로, 이상의 맥락에서 여하한 문제가 제기되었으며 이들 문제에 대하여 어떤 종류의 대답이 제시되었는지 살펴보는 것만으로 충분하다고 생각된다. 어려운 점은 하나의 질문에 대한 대답이 언제나 또 다른 질문을 야기하는 경향이 있어왔으며 지금도 그러하다는 것이다. 그래서 지금 어떠한 결론이 확정되었다 할지라도 계속해서 답변해야 할 더 이상의 문제는 남아 있는 것이다. 이 마지막 장의 목적은 논의로써 **확정된 결론에 대해 주의를 환기시키며 남아있는 몇몇 문제점에 대한 임시적인 답변**을 제시하는 것이다. 그것은 이들 답변이 최종적인 것으로 받아들여질 수 있기 때문이 아니라, 금후의 논의를 위한 초점 역할을 할 수 있겠기 때문이다.

　논의의 과정 중 제기된 세 가지 주요 문제는 다음과 같다. (ⅰ) 하나님의 나라가 예수의 가르침에서 묵시적 개념인가? (ⅱ) 그 나라는 그 가르침에서 현재적인가, 미래적인가, 아니면 둘 다인가? (ⅲ) 예수의 가르침에서 종말론과 윤리의 관계는 무엇인가? 첫번째 문제와 관련해서는 "그렇다"는 답변이 확정될 수 있다. "하나님의 나라"는 예수의 가르침에서 묵시적 개념이다.[1] 비묵시적 방법으로 묵시적 개념을 해석하려는 다양한 시도가 그러했던 것처럼[2] 이 사실을 부인하려는 많은 시도는 실패로 돌아갔다.[3] 그러나 이것은 묵시 속에 있는 "하나님의 나라"의 의미와 용법에 관한 그 이상의 문제를 제기하고 있다. 왜냐하면 이 점에 있어서 광범한 견해 차이가 존재하기 때문이다. 한편으로 불트만은 묵시적 개념이 세계나 역사나 시간적인 맥락속에서 이해될 수 없으므로 실존적으로 이해되어야 한다고 주장할 수 있고[4] 다른 한편으로 쿨만은 그 기대가 계속되는 시간 과정의 최종단계인 새로운 시대와 연관된다고 주장할 수 있다. 그러한 견해 차이가 존재하는 경우에 우리는 다시 한 번 우리의 자료를 검토해야 할 것이다. (ⅱ)에 관해서는 그 나라가 예수의 가르침 안에서 현재이자 미래로 확정된다고 말할 수 있다. 논의의 결과 이같은 결론에 도달하였다.[5] 바이스[6]와 슈바이처[7]는 그것이 전적으로 미래적이라고 학계를 설득할 수 없었다. 도드는

---

1) 위 pp.16-21 (요하네스 바이스), 33 이하(슈바이처), 66 이하(버키트), 154 이하(불트만)를 보라.
2) 위의 pp.70 이하를 보라.
3) 위의 pp.50-56, 61-66을 보라.
4) 위의 pp.154-161을 보라.
5) 특히 5장을 보라.
6) 위의 pp.21-24 이하를 보라.
7) 위의 p.34를 보라.

그것이 전적으로 현재적이라는 그의 원래의 견해를 유지할 수 없었고, 그 결과 자기 견해를 수정했다.[8] 전적으로 미래적이라는 불트만의 해석은 이 중요한 문제에서 그의 제자들에 의하여 수정되었다.[9] 그러나 그 나라가 현재인 동시에 미래라고 결정해 놓고나면 즉시 우리가 예수의 가르침에서 이런 긴장을 어떻게 이해해야 할지의 문제가 생겨난다. 우리가 예수의 사역의 현재 및 오순절과 교회 시대의 미래의 견지에서 해석할 경우[10] 그 이상의 초월적인 영역을 고려해야 하는가, 하지 말아야 하는가?[11] 우리는 현재의 사역과 미래의 재림 사이의 긴장을 시간 내에서 예측해야 하는가, [12] 아니면 그 긴장을 실존적으로 해석해야 하는가?[13] (iii)의 종말론과 윤리의 관계와 관련하여 우리는 바이스의 **중간윤리**가 수용되고[14] 배척되고[15] 다시 수정되는[16] 모습을 보았다. 그리고 우리는 현재로서의 그 나라와 다양한 방법으로 표현된 윤리적 가르침 사이의 관계를 보았다.[17] 이 마지막 논점은 계속해서 논해보아야 할 것이다.

더 진전된 토론을 위한 질문들

---

8) 위의 pp.74-83, 87 이하를 보라.
9) 위의 7장 특히 pp.166-170을 보라.
10) 영국 학계에서 아주 인기있는 해석이다. 위의 pp.88 이하를 보라.
11) 이에 대한 도드의 최종 입장에 대해서는 위의 79와 88을 보라. 헌터의 유사한 견해에 대해서는 위의 p.115를 보라.
12) 예레미아스, 큄멜, 쿨만, 위의 pp.120 이하를 보라.
13) 불트만과 그의 학파, 위의 6장을 보라.
14) 위의 pp.34(슈바이처), 68(버키트)를 보라.
15) 위의 pp.53 이하 69, 129 이하를 보라.
16) 특히 불트만에 의한 것이다. 위의 p.161을 보라.
17) 위의 pp. 55(Wm.Manson), 81 이하(Dodd), 129 이하(T.W.Manson), 174-178(Bornkamm, Conzelmann, Fuchs)을 보라.

그러므로 우리가 이 장에서 토의하도록 시도하게 될 문제들은 다음과 같다. 즉 묵시와 예수의 가르침 속에 있는 "하나님의 나라"의 의미와 용법, 예수의 종말론과 그 해석에서 현재와 미래 사이의 긴장, 그리고 예수의 가르침 속에 있는 종말론과 윤리 사이의 관계 등이다.

1. 묵시와 예수의 가르침 속에 나타난 "하나님의 나라"

우리가 "하나님의 나라"를 묵시적 개념으로 인정한다면, 우리는 더 나아가 현대의 논의에서 제기된 문제들에 대처하기 위하여 묵시 속에 있는 그 개념의 의미와 용법에 관한 여러 가지의 질문을 제기해야 한다. 특히 우리는 시간의 개념, 종말의 성격에 대한 질문들, 그리고 전체적으로 시간과 종말의 개념을 배경으로 하여 "하나님 나라"의 특별한 의미와 용법에 대하여 질문해야 할 것이다. 그렇지만 우리는 물론 묵시 자체로서 시작할 수는 없다. 우리는 구약성서에 있는 시간과 종말의 문제, 특히 묵시의 발전의 배경이 된 구약의 측면, 곧 예언 운동으로부터 시작해야 한다.

구약에서의 시간과 종말의 문제는 최근에 절대적인 직선적 시간개념이 구약에는 생소하다고 논증한 게르하르트 폰 라드(Gerhard von Rad)에 의하여 철저하고도 명석하게 논의되었다. [18] 현대 서구세계는 직선적 시간과 종말론적 직선시간, 즉 정점과 완성과 종말을 향해 움직이는 시간으로 생각한다. 구약은 그렇지 않았다. 구약에서 시간은 점과 같다(punctiliar).

---

18) Gerhard von Rad, *Theologie des Alten Testaments*: Ⅰ, *Die Theologie der geschichtlichen Überlieferungen Israels*, 1957, 1958 (영역, 1962); *Theologie der prophetischen Überlieferungen Israels*, 1960(영역본 준비 중). 이 저서는 거의 확실히 우리 시대의 구약 신학에 대한 권위있고, 실로 결정적인 저술임이 입증되고 있다. 그리고 각주를 보면 알겠지만 우리는 본 장 전체를 통하여 본 저서에 힘입은 바 크다. 우리는 본 저서를 *Theologie* Ⅰ과 Ⅱ로 인용하고자 한다.

X 예수의 가르침 속에 나타난 하나님의 나라 ○ 223

그것은 그 각각이 특별한 사건과 연관된 일련의 순간들 혹은 계절들로 생각되었다. 사건이 없는 시간은 없고, 시간이 없는 사건도 없다. 시간이 목표로 하여 움직이는 미래의 정점에 대한 생각도 없고, 오직 사건과 그 사건이 일어나는 시간, 그리고 시간과 그 시간에 발생되는 사건의 연속적인 주기운동만이 있다.[19] 이같은 맥락 내에서는 종교적인 축제가 최고의 중요성을 얻게 된다. 이스라엘 사람들은 원래 농업상의 절기였던 것을 자기들을 위한 하나님의 구원행위와 연관시킴으로써 "역사화시켰다"(historicized). 축제 중에 가령 유월절의 출애굽사건과 같이 축제가 기념하는 하나님의 구원행위는 다시 한번 현재 속에서 경험되었다.

그래서 이스라엘 사람들은 끊임없이 자기들을 위한 하나님의 구원 행위를 "기억했고", 이같이 해서 "역사적으로" 사고하기 시작했다. 그러나 그들의 역사적 사고는 연속된 일직선적 시간이 아니라 하나님이 자기 백성을 구원하기 위하여 행동했던 일련의 시간적 사건들과 관련되었다. 그들은 하나님이 행동하셨던 사건의 순서를 결합시킨다는 의미에서만 직선적으로 사고했다.[20] 그들에게 있어서 역사는 본질적으로 하나님의 구원행위가 나타났던 일련의 사건이요, 하나의 연속체로 생각되는 일련의 사건이었다.[21]

예언자들로 말미암아 이같은 개념에 새로운 요소가 첨가되었다. 예언자들은 하나님이 기억되고 기록된 과거의 구원 사건에서 행하셨던 모습을 볼 뿐만 아니라, 하나님의 손길이 자기들 시대의 사건 속에서도 마찬가지로 행하신다고 주장한다. 그리고 그들은 당신의 백성을 위한 미래적이며 심지

---

19) 창 8 : 22. von Rad, *Theologie* II, p 115
20) 신 26 : 5이하; 수 24 : 2 이하; von Rad, *Theologie* II, p. 119.
21) 폰 라트에 의하면 구약성서의 주된 "역사적" 전승에서는 이러한 연속성을 전후로 다양한 시점에 도달하는 것으로 인식한다. 야훼 전승과 제사전승은 창조로부터 가나안 정복에까지, 신명기 전승은 모세로부터 587년의 파국에까지, 역대기 전승은 첫 사람으로부터 바빌론 포수 이후까지이다. *Theologie* II, p.120.

어 완성적인 하나님의 구원 행동을 선포한다.[22] 우리가 종말론에 대해서 논하기 위한 출발점은 바로 이 점에서이다. 왜냐하면 아모스와 호세아 이래로 계속하여 선지자들의 메시지는 종말론적이기 때문이다. 그것은 그들이 시간의 종말이나 역사의 종말에 대해서 관심을 가졌다는 말이 아니다. 그들에 대해서 그같이 말하는 것은 그들이 전적으로 상이한 시간 개념과 역사 개념을 이야기한다고 말하는 것과 같다. 그들은 과거의 하나님의 행동과 유사한 모습을 지니게 될 미래의 하나님의 구원 행동에 관심이 있었다. 호세아는 약속의 땅으로 들어가는 새로운 진입에, 이사야는 새로운 다윗과 새로운 시온에, 예레미야는 새로운 언약에, 제2이사야는 새로운 출애굽에 관심이 있었다. 이러한 미래의 신적 행동은 결정적인 구원 사건이기 때문에 그들의 소망은 종말론적이다. 이스라엘의 생존은 절기 때 기억한 것이나 구원사에 기록된 바에 의해서가 아니라 선지자들이 예언한 바에 의하여 결정될 것이다.[23]

따라서 우리는 여기서 예언적 종말론에 대한 본질적인 요소를 이해하게 된다. 예언적 종말론은 과거의 구원 사건과 유사하지만 종말론적 사건이 진정 궁극적으로 결정적인 사건이 된다는 점에서 상이하게 하나님의 구원 행위를 나타낼 미래의 사건과 관련된다. 그것은 이스라엘의 생존가능성이 전적으로 그에 의하여 결정되리라는 점에서 이스라엘에게는 생사의 문제가 될 것이다. 이스라엘의 구원은 이 점에서 그 역사 속에 나타난 과거의 하나님의 모든 행사를 대신할 종말론적 사건에 달려 있게 될 것이다.

우리는 종말론을 이같이 이해함으로써 하나님의 나라 개념에 관한 한, 문제의 핵심에 도달하였다. 왜냐하면 달만이 우리에게 가르쳐주었듯이

---

22) von Rad, *Theologie* II, p. 126. John Marsh, *The Fullness of Time*, 1952, pp. 53-74.
23) von Rad, *Theologie* II, p. 131.

*malkuth shamayim*과 그와 동등한 용어들은 왕의 통치, 즉 하나님의 왕적인 행위를 가리키기 때문이다. 그 용어들은 특히 인간의 구원에 결정적인 영향을 미치는, 역사와 인간 경험에 대한 하나님의 최종적 개입에 사용된다. 이 개념의 첫 출현이 미래 혹은 (더 낫게는) 그 이상의, 최종적인 구원 사건에 대한 이같은 예언적 기대와 관련되어 있다는 것은 우연이 아니다(미 2:12 이하, 4:1-7, 사 24:21-23, 33:22, 52:7-10, 습 3:14-20, 옵 21). 또한 유대인의 기대감 속에서 그 개념이 발전, 변모함에 따라(비록 앞으로 보게 되듯이 그것이 사용될 경우에는 그 특별한 의미를 항상 유지하고 있지만) 그 개념은 보다 적게 사용되고 점차 다른 개념으로 대체되는 경향이 있음도 우연이 아니다.

이제 하나님께서 왕으로서 당신을 나타내실 더욱 진전되고 최종적인 구원 사건에 대한 이같은 기대는 자연히 하나님은 영원히 왕이라는 신념(출 15:18, 시 145:11 이하)에 뿌리박고 있으며 근거를 두고 있다. 하나님이 영원히 왕이라는 신념은 그가 결정적인 구원 사건에서 왕으로 나타나게 되시리라는 소망을 가능케 한다. 이것은 묵시 속에 드물게 나오는 "하나님의 나라"에 관한 구절 중 한 곳에 표현되어 있다.

> 그러나 우리는 우리 구주 하나님께 소망을 두노라. 왜냐하면 우리 하나님의 능력은 자비와 함께 영원하시며 우리 하나님의 나라는 열방에 대한 심판 가운데 영원할 것이기 때문이다. 솔로몬의 시편 17:3.

더욱 진전되고 최종적인 구원 사건에 대한 예언적 선포는 유대의 묵시와 예수의 가르침에 나오는 "하나님의 나라"의 용법의 진정한 배경이다. 왜냐하면 유대의 종말론에서 유일무이한 요소가 바로 이 개념이기 때문이다. 최근에 우리는 이스라엘에만 있지 않고 고대의 이웃 나라들과 공유했던 요소들을 유대의 종말론에서 분간해 내게 되었다. 그리고 이 요소들은 하나님 나라에 대한 기대감의 진정한 기원으로 환영받았다. 모빙켈(S. Mowinckel)[24]은 바빌론이나 다른 나라들처럼 이스라엘에도 야훼가 의식 중에 왕으로서 즉위하고 많은 시편, 특히 소위 "즉위의 시편"에 속하는 시편 47, 93, 95-100편이 불리워졌던 신년축제가 매년 있었다고 주장했다. 이런 제의적인 절기에서 야훼의 우주적인 투쟁, 승리, 그리고 즉위가 기념되었다. 그리고 여기서 야훼의 왕적 통치 개념과 하나님의 나라 개념이 유대의 미래적 소망에서 중심적인 종교적 이념으로 발달되었다. 모빙켈은 이 소망을 "종말론적"이라고 부르려 하지 않는다. 왜냐하면 그에게는 "종말론"이란 용법상 현저하게 이원론적이며 필연적으로 현 질서의 갑작스럽고 파국적인 종말을 내포하며 그 존재는 본질상 다른 종류의 질서로 대체될 마지막 때의 일들에 대한 관념의 복합물을 언급하는 데에만 국한 되는 것이기 때문이다.[25] 그럼에도 불구하고 후기 유대교의 진정한 종말론이 발달한 것은 이런 소망으로부터이다.[26] 크라우스(H. J. Kraus)[27]는 하나님의 나라 개념을 야훼가 즉위하는 절기보다는 다윗왕이 시온에서 즉위하는 연례 절기(삼하 6, 삼하 7, 시 132, 78 : 65-72, 24 : 7-10, 2, 72, 89 : 4-5, 20-38 등)에서 추적하고자 하였다. 그레이(H. J. Gray)[28]는 즉위 시편을 거쳐 라스 샴라(Ras Shamra)에서 발견된 바알과 모트와의 쟁투에 관한 우가릿 신화로까지 소급되는 개념을 추적하고 있다. 바벨론, 라스 샴라, 그리고 여타 지역의 비교 연구에 의하여 유대교의 종말론을 규명하려는 이들 수많은 유사한 시도

---

24) S. Mowinckel, *Psalmenstudien* II, *Das Thronbestigungsfest Jahwähs und der Ursprung der Eschatologie*, 1922. 또한 그의 *He that Cometh*, 1956, pp.139-54 참조.
25) *He that Cometh*, pp.125 이하.
26) *Ibid*, pp.261-79. A. Benzen, *King and Messiah*(*Messias-Moses redivivus-Menschensohn*, 1948의 저자에 의하여 영역됨), 1955, pp.37 이하.
27) H. J. Kraus, *Die Königsherrschaft Gottes*, 1951.
28) John Gray, "The Hebrew Conception of the Kingship of God; its Origin and Development", VT6, 1956, pp.268-85.

들은 이처럼 엄청나게 복잡한 주제에 대한 우리의 전반적인 이해에 기여하고 있기 때문에 중요하다. 그러나 폰 라드는 확실히 유대적 관념에서 새롭고 독창적인 것, 즉 일련의 "역사적인" 사건들에서 경험된 하나님의 구원행위, 그리고 더욱 진전되고 결정적인 구원 사건의 예언적 선포에 대하여 주의를 환기시키면서, 여기에 유대 종말론 특유의 요소가 있다고 주장하고 있는데, 이는 분명히 옳다. 종말론이 아무리 발달했든지, 그리고 그 발달 도중에 다른 곳에서 유래된 관념에 의하여 아무리 많이 영향 받았든지, 핵심 요소는 언제나 하나님이 당신의 백성을 구원하기 위해 왕으로서 나타나실 이같이 더욱 진전된 결정적 사건에 대한 기대감인 것이다.

유대의 종말론이 예언자들과 그리스도의 탄생 사이의 수 세기 동안 발달했다는 것은 분명하다. 왜냐하면 후기 유대교의 종말론 즉 우리가 묵시문학에서 발견하는 종말론은 다가오는 종말론적 사건의 예언적 선포와는 아주 다르기 때문이다. 그런 종말론적 사건은 아직 여전하다. 사실 모든 묵시는 이같은 기대되는 사건을 중심으로 구성된다. 그러나 그것이 표현되는 형식은 수 세기 동안의 경험과 사변을 통하여, 그리고 페르시아 사상의 영향을 받아 엄청나게 복잡해졌다.

묵시문학의 특징은 종말론적 이원론, 즉 현 시대와 다가올 시대 사이의 엄격한 구분이다.[29] 더욱 진전된 결정적 구원사건에 대한 예언적인 견해는 이 현시대의 종말과 새롭고 전혀 상이한 시대의 개막이라는 (무한히) 정

---

29) "다가올 시대"란 일상적으로 묵시문헌에서 종말에 대한 명칭으로 나온다. 예를 들어 Enoch 71 : 15; Slav. Enoch 65 : 8; Syr.Bar. 14 : 13; 15 : 8;II(4) Ezra 4 : 27; 7 : 13; 7 : 47; 8 : 1. 그 용어는 초기보다는 후기 묵시의 특징을 보이지만, 쿰란 사본에서는 발견되지 않았다. 그것은 신약에서는 마태가 마가의 *eis ton aiōna* (막 3 : 29)를 대신하여 도입한 마 12 : 32와 막 10 : 30 = 눅 18 : 30 (마 19 : 29에는 생략되어 있다)에서 발견된다. 이 하나의 예만 가지고는 그 표현이 역사적 예수 특유의 용어라는 가정을 정당화시켜 주지 못한다.

교한 관념으로 바뀌었다. 이같은 우주적 시대의 변화를 수반하는 상황은 너무나 다양하고 복합적이어서 그것을 압축시켜 체계적으로 묘사하기란 불가능하다. 사실 갖가지의 다양성과 유연성이 묵시의 본질이기 때문에 이같은 묘사에의 시도 자체가 묵시적 소망을 근본적으로 잘못 기술하는 것이다. 우리는 종말 직전의 갈등과 억압과 파국의 마지막 고난의 때인 "메시야적 재난"[30]과 옛 시대로부터 새 시대로의 전환을 의미하는 수백 가지로 다양하게 불리우는 "날"[31]-"마지막 날들", "마지막 시대", "날들의 마지막" 등-을 볼 수 있다.[32] 종말이 다가옴에 따라 하나님의 "영광"은 심판과 구원으로 나타날 것이며,[33] 생명과 호흡을 지닌 모든 존재가 그를 찬양하게 될 것이다.[34] 하나님은 온 세상의 하나님으로 존경받을 것이다.[35]

---

30) 비록 이 용어가 랍비 문헌에서만 발견된다고 할지라도, 그것이 표방하는 사상은 묵시 및 신약 속의 공관복음의 묵시에서 흔히 등장한다. 막 13:8=마 24:8에서는 실제로 "재난"(ōdines)이라는 단어가 발견된다.

31) 몇몇 발견되는 어구의 예를 각각 하나씩 들어보자. "그 날", Enoch 45:3 이하; "그 위대한 날", Enoch 54:6; "심판의 날", Ⅱ (4), Ezra 7:38; "대심판의 날", Enoch 19:1; "심판의 위대한 날", Enoch 22:11; "완성의 날" enoch 16:1; "날들의 종말의 완성", Ass.Mos.1:18 ; "시간의 완성", Ⅰ QpHab,7:2; "하나님의 날", Syr Bar. 48:47; "강력한 분의 날", Syr Bar. 55:6, "주의 위대한 날", Skr.Enoch 18:16, "당신의 분노의 날", 1 QH 15:17 ; "분노와 진노의 날", Jub 24:28; "권고의 날", 1 Qs 4:18; "복수의 날", 1 QM 15:6. 이 목록은 거의 무한정 확장될 수 있다((Volz, *Eschatologie*, pp.163-65 참조). "날" 이라는 단어는 강요되지 말아야 한다. 왜냐하면 그것은 "계절", "정해진 시간" 등으로 번역될 수도 있을 다양한 용어들을 번역하는 데 사용된 것이기 때문이다. 그런데 우리는 이 용어로써 시간의 종말 개념을 뜻하고 있다. 즉 우리는 세상의 종말을 다루고 있다(Volz, *op. cit.*, p.164).

32) 예를 들어, Enoch 27:3; Noah Fragment 108:1; Ass.Mos. 1:18; Test, Naph. 8:1; Syr.Bar.6:8, 25:1, Ⅱ (4) Ezra 3:14, 6:34;1 QpHab. 2:5, 7:7, 7:12, 9:6, 1 QS 4:16, 17;CD 4:4, 6:11,1 QSa 1:1.

33) 예를 들어, Enoch 102:3, (104:1 참조); Ⅱ (4) Ezra 7:42 (지존자의 광채); Syr. Bar.21:23,25; 1 QSb 3:4.

우리는 종말의 사건과 연관되어 나타나는 거의 어지러울 만큼 다양한 등장 인물들을 발견하게 된다. 거기에는 다윗의 자손[36)]인 메시야,[37)] 거룩한 군주,[38)] 임금,[39)] 오른손에 홀을 든 복된 사람,[40)] 혹은 바다에서 올라오는 초월적인 인물,[41)] 인자,[42)] 종말론적 제사장[43)]인 동시에 메시야적 왕,[44)] 모세나[45)] 엘리야[46)]와 같은 예언자,[47)] 에녹, 에녹과 엘리야를 합친 사람,[48)] 에스라,[49)] 바룩,[50)] 천사[51)] 혹은 천사장 미가엘[52)] 등이 포함된다. 때때로

---

34) 예를 들어, Enoch 48 : 5;61 : 9-12.
35) 예를 들어, Enoch 91 : 13 이하; 63 : 1 이하; 10 : 21; Sib.Orac. 3 : 710 이하.
36) 예를 들어, II (4)Ezra 7 : 28 이하, Syr. Bar.29 : 3, 39 : 7, 72 : 2.
37) 예를 들어, Ps.Sol.17 : 21; II (4)Ezra 12 : 32.
38) Sib. Orac. 3 : 49.
39) Sib. Orac. 3 : 652,5 : 108.
40) Sib. Orac. 5 : 414 이하.
41) II (4)Ezra 13 : 6.
42) 에녹서의 비유들(Similitudes).
43) Test. Levi 18.
44) 쿰란 사본에서 예를 들면 다음과 같다. 1QS 9 : 11; CD 12 : 23 이하. 이런 기대에 대해서는 특히,K.G.Kuhn, "The Two Messiahs of Aaron and Israel", in *The Scrolls and the New Testament*, ed.K.Stendahl, 1957,pp.54-64과 A.S.van der woude, *Die Messianische Vorstellungen der Gemeinde von Qumran*, 1957.
45) 신 18 : 15,18로부터 유래된 기대. TWNT II ,pp.862-7에 있는 예레미아스를 보라.
46) 말 3 : 1로부터 유래된 기대. TWNT II ,pp.930-6에 있는 예레미아스의 견해를 보라.
47) Jub. 10 : 17; Slav. Enoch 64 : 5.
48) II (4) Ezra 6 : 26.
49) II (4) Ezra 14 : 9(14 : 49와 14 : 14 참조).
50) Syr. Bar. 76 : 2; 13 : 3; 25 : 1.
51) Ass. Mos. 10 : 2.
52) 단 12 : 1.

하나님은 아무런 중간적 인물을 통하지 않고 직접 역사하신다.[53] 종말과 결부될 수 있는 일련의 사건들은 그때 자기들의 역할을 수행하는 다양한 인물들에 대한 묘사만큼이나 복잡하다. 의인[54]이나 모든 사람들의[55] 부활, 심판,[56] 사탄과 벨리아르/벨리알(Beliar/Belial)과 그의 사자들의 멸망,[57] 이교도 왕국과 통치자[58]들과 모든 죄인들과 불경건한 사람들의 파멸,[59] 천지의 변화,[60] 세상과 그 시대[61]와 사 계절의 종말,[62] 이 모든 것들이 불[63]이나 물[64]에 의하여 파괴되고[65] 하나님이나 이스라엘의 종말론적 공동체[66]에 의하여 재창조될 것이다.[67] 마찬가지로 구원의 때의 생활에 대한 묵시적 묘사도 복잡다단하다. 예를 들어 쿰란 사본에서 우리는 종말론

---

53) Sib. Orac. 4 : 40 이하, 181 이하.
54) Ps. Sol. 3 : 11 이하, Enoch 91 이하; Test. Judah 25; Test. Benj. 10 이하
55) 단 12 : 2; Enoch 22; 51 : 1; Ⅱ (4) Ezra 7 : 32.
56) 이 가장 인기있는 묵시적 주제에 관한 세부 묘사의 모음집에 대해서는 Volz, *Eschatologie,* pp.272-309를 보라.
57) Ass.Mos. 10 : 1;1QH 3 : 25-36;1QM *passim.*
58) 단 7 : 11; Ⅱ (4)Ezra 11 이하; Ps.Sol.17 : 22; Syr.Bar.72 : 6
59) Syr. Bar. 85 : 15; Enoch 80 : 2-8; 94 이하; 1QS 2 : 15 이하; 4 : 12 이하; 5 : 13과 쿰란 사본 전체에서 빈번히 등장한다.
60) Enoch 45 : 4 이하; Syr.Bar. 49 : 3; Ⅱ (4)Ezra 6 : 16.
61) Syr.Bar.44 : 9; 31 : 5; 85 : 14; Jub.23 : 18.
62) Slav. Enoch 33; 65 : 6 이하.
63) Sib. Orac. 5 : 477-482; Test. Levi 4 : 1; Ass.Mos.10 : 4 ff.; 1QH 3 : 12-18.
64) Sib. Orac. 3 : 80-90; 4;173 ff; 5 : 528 ff.; Enoch 1 : 6 f.; 1QH 3 : 29; 17 : 13.
65) 1QH 8 : 16-20.
66) Sib.Orac. 5 : 212; Jub.1 : 29; Enoch 72 : 1, 91 : 16; 1QS 4 : 25; 1QH 11 : 13 f.; 1 QH 13 : 11 이하
67) Jub. 19 : 25.

적인 치유⁶⁸⁾와 위대한 평화와 장수, 많은 자녀들, 영원한 축복, 끝없는 기쁨, 영원한 생명과 영원한 빛(1 QS 4 : 6-8)에 대해 읽게 된다. 축복받은 자들의 최종 상태는 영원히 하나님과 함께 거하는 것이요(1 QH 4 : 21), 영원한 구원과 장수를 누리는 것이요(1QH 13:17 이하), 영원한 구원과 항구적 평안을 알게 되는 것이요(1 QS 18:19 이하), 영원히 평화와 축복과 기쁨과 장수(1 QM 1 : 9)를 누리는 것이다. 종말은 원래 낙원의 상태로 돌아가는 것으로 묘사되고 있으며, ⁶⁹⁾ 동시에 현저하게 민족주의적이며 유물적인 방식으로 그려지고 있다(1 QM 12:11 이하). 그것은 "영광"⁷⁰⁾과 성전의 비유⁷¹⁾로 묘사되며 그 때의 사람들은 천사와 같아질 것이다.⁷²⁾ 팔복강론에서와 마찬가지로 시편 37편은 종말론적으로 해석되며, 종말에 "가난한 자들"이 땅을 기업으로 받을 것이다.⁷³⁾ 묵시록의 다른 곳에서도 종말에 유업을 얻는다는 사상은 흔히 등장한다.⁷⁴⁾ 그리고 "다가오는 시대를 상속하는 것", "생명을 상속받는 것", "영원한 생명을 상속받는 것", "불후의

---

68) Enoch 10 : 7, 95 : 4, 96 : 3; Jub. 1 : 29 참조
69) 1QS 4 : 20; CD 3 : 20;1QH 17 : 15. Syr. Bar. 4 : 3;73 : 7.
70) 1QS 4 : 7 f. Test.Benj.4 : 1; Enoch 62 : 15; Syr.Bar.15 : 8, 54 : 15, 48 : 49,54 : 21, 66 : 7; Ⅱ (4)Ezra 8 : 51, 9 : 31, 7 : 95, 7 : 98.
71) CD 3 : 19f.;1QSb 4 : 25-27; 4QFlor.3-7.
72) 1QS 11 : 8. Syr.Bar. 51 : 5참조.
73) 4QpPs 371 : 8이하. Ps.37 : 10에 나오는 "겸손한"을 "가난한"이라는 의미로 해석되는 것은 제1복과 정확하게 대응된다. 이것은 그 둘 사이의 관련성을 암시하는 듯이 보일 수 있다. 위의 p.112와 아래의 pp.253 이하를 보라. Enoch 5 : 7에서 땅을 유업으로 받는 자는 "선택된 자"이다.
74) Syr.Bar. 44 : 13; Ⅱ (4)Ezra 7 : 96(오는 시대를 물려받는 것);Ps.Sol. 14 : 10(생명을 물려받는 것); Enoch 40 : 9(영원한 생명을 물려받는 것);Slav. Enoch 50 : 2; 66 : 6(무궁한 생명을 물려받는 것); Enoch 37 : 4(영원한 생명의 분깃을 갖는 것); Syr.Bar. 14 : 13(약속된 세상을 받는 것); Syr. Bar. 44 : 15 (오는 세상을 부여받는 것); Syr. Bar. 51 : 3(죽지않을 세상을 획득하고 받는 것)

생명을 상속받는 것", "무한한 시간을 상속받는 것", "영원한 생명이라는 몫을 갖는 것", "다가올 세상을 차지하는 것", "소멸되지 않는 세상을 획득하고 받는 것"이 "땅을 기업으로 받는 것"과 같은 뜻이며, 그 문제에 있어서 "천사들의 몫을 나누어 가지는 것"과 동일하다(I QS 11 : 8).

우리의 목적을 위하여 중요한 점은 이런 혼란스럽도록 복합적인 기대가 사실상 역사와 인간의 경험에 대한 하나님의 결정적인 개입과 그 개입으로 결과되는 구속받은 자들의 최종 상태라는 두 가지 중심 주제를 축으로 하고 있다는 사실이다. 그 안의 모든 것은 이 두 가지 주제 중 어느 하나와 연관되어 역할을 수행한다. 묵시적 상상은 역사와 인간의 경험에 대한 하나님의 결정적인 개입이라는 기본 개념 위에서 거기에 수반될 상황과 그 개입의 형태를 묘사함에 있어서 제멋대로였다. 묵시록 저자들은 구속받은 자들의 최종적인 지복 상태를 묘사하는 데 관심을 가지고 있기 때문에 이전의 압제자들의 노예로서 안일하고 사치스럽게 살아가는 **생활**로부터 천사적 상태로 영원히 하나님의 영광을 나누기까지 생각할 수 있는 모든 영역의 즐거움을 묘사하고 있다. 아주 다양한 비유적 묘사의 사용과 그 다양한 비유가 한 문서 속에서 발견된다는 사실은 나름의 독특한 기대를 표명하고 있는 수많은 별개의 선견자들이 있으며 그들 각각의 **상이한** 글이 한 문서로 짜 맞추어져 있다기 보다는, 오히려 각각의 모든 선견자들이 표현불가능한 것을 표현하는데 관심을 가지고 있고 그렇게 하려는 시도 가운데 이 비유에서 저 비유로 쉴새없이 움직이고 있음을 암시하고 있다. 그 비유는 결코 일관성을 가지고 있지 않다. 그것이 어떤 단일한 선견자의 작품인지도 의심스러우며, 분명히 우리가 소유하고 있는 어떤 문서의 경우도 그렇지 않다. 예를 들어 쿰란 사본은 우리에게 아론과 이스라엘이라는 두 메시야를 통한 하나님의 개입에 관해서는 어느 정도의 일관성을 제공하는지 모른다.[75] 그러나 그것들은 분명히 복받은 자들의 **최종 상태**에 대한 묘사에 관해서는 아주 무한할 정도의 다양성을 보이면서 생경한 유물론(I QM 12:11 이하)으로부터 천사들과 하나되는 일에 이르기까지의(I QS 11:8) 전 영역을 포괄하고 있다. 그러나, 우리는 일관적인 유형의 묵시적 기대가 다양하게 있을 것으로 가정해서는 안된다. 우리가 해야 하는 것은 하나님의 개입과 구속받은 자들의 최종 상태라는 두 가지 주요 주제와 이 주제들과 연관되어 사용된 무한히 다양한 비유적 표현을 인정하는 것이다.

이것을 예수의 가르침에 연결시키기 위하여 우리는 다음의 질문을 해야 한다. 이 기대 속에서 하나님의 나라의 위치는 어디인가? 그 대답은 그 구절이나 그 상당어구가 하나님의 개입 및 구속받은 자들의 최종 상태와 연관되어 발견된다는 것이다. 그것은 아주 드물게, 묵시 문학 전체에서 약 7회(9회?) 정도 나타난다.[76] 그러나 그것은 위의 두 주제와 관련 되어서 (오직 이같은 관련하에서만) 나타난다. 이 문제는 예수의 가르침의 논의에 너무나 중요하므로 우리는 그 구절의 개별적 용례를 묵시문학 속에서 검토해 보고자 한다.

A. 역사와 인간의 경험에 대한 하나님의 결정적인 개입과 관련된 "하나님의 나라"

(!)솔로몬의 시편 17:3
　그러나 우리는 우리 구주 하나님께 소망을 두노라.

---

75) 그렇다고 할지라도 이런 비유어가 1QH에서나, 1QpHab 에서 발견되지 않는다는 점은 유념되어야 한다. 이 점에 관하여, 그리고 일반적으로 묵시 속에 있는 메시야적 기대와 그 의미의 다양성에 대해서는 Morton Smith,"What is implied by the variety of Messianic figures?" *JBL* 78, 1959, pp.66-72를 참조하라.
76) 인용구는 다음과 같다. Ps.Sol. 5:18, 17:3; Sib.Orac. 3:46 f., 3:767; Ass.Mos. 10:1; 1QM 6:6, 12:7. 계속해서 가능한 두 개의 인용구는 이러하다. 1QSb 3:5, 4:26. 이들 인용구는 아래에서 모두 논의될 것이다.

왜냐하면 우리 하나님의 능력은 자비와 함께 영원하시며
우리 하나님의 나라는 열방에 대한 심판 가운데
영원할 것이기 때문이다.

우리는 이미 하나님이 영원히 왕이라는 확신과 그가 왕으로서 결정적인 구원 사건에서 모습을 드러내시리라는 소망 사이의 관련성을 예시하면서 이 구절에 주목한 바 있다.[77]

시편 기자는 정복과 포로기(13절 이하)를 겪었던 하나님의 백성의 위태로운 상태를 그들 자신의 부족의 결과로 묘사하고 있다. "왕은 죄인이요, 재판관은 불순종했고, 백성들은 범죄하였다"(20절). 시편 기자의 소망은 하나님이 자기들을 위하여 대적을 멸망시킬 새로운 메시야적 왕국을 세우고 (21절 이하), 그들과 그들의 도성이 세상의 영광이 되며 이방 나라들이 그들의 종이 되는 복된 상태 속으로 그들을 이끄신다는 것이다. 이 소망에 대한 근거는 단지 "주님 자신이 영원무궁토록 우리의 왕이다"(46절)는 것이다.

여기서 이 시편은 왕이신 하나님과 그의 신민인 백성 사이의 영원한 관계와 그가 미래에 그들을 위하여 역사 속에서 결정적인 개입을 함으로써 그의 왕다운 권능을 행사하리라는 기대를 아주 명확히 표현하고 있다. 3절에서 이 미래에 있을 왕적 행위는 하나님의 나라로 서술되며, 세계 열방 위에 다모클레스의 칼처럼 매어달려 있는 것으로 묘사되고 있다.

(ii) 시빌의 신탁집 3 : 46 이하

그러나 로마가 이집트를 다스릴 때(아직도 그같이 하길 망설이고 있지만) 불멸하시는 임금의 가장 강대한 나라가 우리들 위에 출현할 것이다. 그리고 한 거룩한 군주가 나타나 덧없이 흐르는 모든 시대에 온 세상에 왕홀을 휘두를 것이다.

---

77) 위의 p.225를 보라.

X 예수의 가르침 속에 나타난 하나님의 나라

저자는 계속하여 모든 이스라엘의 대적에게 임할 끔찍한 파국을 기뻐한다. 우리는 "라틴 사람들에 임한 우주적인 진노", "로마에 임한 파멸", "고통을 괴로와하게 될 도시들" 등의 구절을 보게 된다.

여기서 하나님의 나라는 그의 백성의 적들에게 파멸을 가져오는 하나님의 왕적 행위로 나타나는데, 전체 내용이 생경한 민족주의적 용어로 형상화되고 있지만 그럼에도 역사에 대한 하나님의 결정적인 종말론적 개입과 결부된 저자의 소망을 표현하고 있다.

(iii) 모세 승천기 10 : 1
> 그 후에 그의 나라가 그의 모든 피조물 전체에 임할 것이다.
> 그리고 사탄은 더이상 보이지 않으며,
> 슬픔은 그와 함께 떠나가리라.

여기서 "그의 나라"가 그의 백성의 대적들을 파멸시키고 그들의 축복을 확고하게 하기 위하여 역사 속으로 개입하는 하나님의 왕적인 행위라는 사실은 분명하다. 왜냐하면 전자는 동일한 사상을 두 번이나 다른 단어로 반복하고 있기 때문이다.

> 왜냐하면 천상의 그분이 자기 보좌로부터 일어나사
> 그의 자녀들로 인한 분과 진노 가운데
> 그의 거룩한 처소로부터 나오실 것이기 때문이다(3절).

> 지극히 높으신 이 곧 영원하신 하나님께서 홀로 일어서리라.
> 그리고 이방인들을 벌하기 위해 나타나시며
> 그들의 모든 우상을 파괴하시리라.
> 그때 너 이스라엘은 행복해지리라.

(iv) 빛의 자녀들과 어둠의 자녀들의 전쟁 두루마리(1 QM)6 : 6
> 그리고 이스라엘의 하나님이 그 나라가 되실 것이며,

그는 당신의 백성들 중에 권능을 보이시리라.

(v) 빛의 자녀들과 어둠의 자녀들의 전쟁 두루마리 12:7
오 하나님이여, 당신의 나라와 당신의 거룩한 회중의 영광 가운데
광채를 발하시는 주께서 영원한 도움으로 우리 중에 계시나이다.

쿰란의 전쟁 두루마리로부터 인용된 이 두 구절은 모두 빛의 자녀와 어두움의 자녀 사이에 벌어진 종말론적인 쟁투에 대한 하나님의 간섭을 생생하게 그리고 있다. 이 쟁투에서의 자녀들은 아론과 이스라엘이라는 두 메시야에 의하여 인도될 것이고, 그 결과 어두움의 왕자(벨리알)와 그를 추종하는 자들이 완전히 파멸당하게 될 것이다. 첫번째 구절에서 하나님의 간섭은 하나님께서 그의 백성을 위하여 권능을 행사하실 때 드러난 그 나라의 모습으로 언급되고 있다. 그리고 두번째 구절에서는 그 나라의 영광이 전쟁 중에 있는 하나님과 그 천사들의 행위 속에 나타나고 있다. 두 실례 모두 역사에 대한 하나님의 결정적인 개입이 명확히 언급되고 있으며, 여기서 그 개입은 거룩한 전쟁의 형상으로 묘사되고 있다.

이상으로 우리는 역사와 인간의 경험에 대한 하나님의 결정적이고 종말론적인 개입의 기대를 표현하기 위하여 사용된 "하나님의 나라"의 묵시적인 다섯 실례를 검토하였다. 여기서 생기는 질문은 이러하다. 우리는 예수의 가르침에서 동일한 언급을 발견하고 있는가? 이런 질문은 제기하자마자 해답이 나온다. 왜냐하면 우리는 아주 명확히 이같은 언급을 보고 있기 때문이다. 특히 마가복음 1:15, 누가복음 10:9-11, 마태복음 12:28 =누가복음 11:20, 마태복음 11:12(눅 16:16 참조), 누가복음 17:20 이하 등의 기록에 그런 내용이 나온다.

마가복음 1:15에서 사람들은 자기들이 회당에서 간구했고 (카디쉬 기도), 또한 묵시적 소망의 중심주제인 역사에 대한 하나님의 결정적인 개입이

X 예수의 가르침 속에 나타난 하나님의 나라 ○ 237

임박했다는 사실이 선포됨으로써 도전받고 있다. 이 기도에 대한 하나님의 응답, 이 소망의 성취가 이제 임박했다. 동일한 메시지는 마태복음 10 : 7과 누가복음 10 : 9-11에서 제자들에게 위임되었다. 이 구절의 실제적 형성은 2차적일 것이라는 사실은 중요치 않으며, 이같은 방식의 "하나님의 나라" 용법은 분명히 예수의 가르침에 특징적인 것이다.[78]

마태복음 12 : 28=누가복음 11 : 20은 우리가 이미 동사인 *ephthasen*의 의미와 관련하여 논의했던 본문이다. 그리고 우리는 그 구절이 하나님의 나라가 예수의 귀신축출 속에서 임하였다는 의미로 이해되어야 한다고 주장했다.[79] 이 귀신축출은 제자들의 귀신축출이 사탄의 전복의 표적이듯이 (눅 10 : 18), 사탄의 세력에 대항한 결정적인 전투에서 승리의 표적이 된다. 이것은 쿰란의 전쟁 두루마리에 그려진 상황과 현저하게 일치된다(두루마리에는 거룩한 전쟁의 표상으로 나타난 것이 여기서는 귀신들림과 귀신축출의 용어로 나타난다는 점을 제외하면). 거룩한 전쟁에서 하나님의 개입에 대한 기대를 표현하기 위하여 전쟁 두루마리 6:6과 12 : 7에 기록된 하나님 나라의 용법은 예수의 가르침에서 개인적으로 고난당하는 자의 처지에 대한 하나님의 개입을 설파하는 예수의 가르침에서의 동일 개념의 용법에 비견된다. 특별히 새로운 점은 쿰란 종파에게는 미래적인 것이 예수와 그의 제자들의 사역에서 드러난 하나님의 왕적 행동과 접촉한 개인의 경험에서는 현재적이라는 사실이다. 개인의 경험이 종말론적인 투쟁의 무대가 되었다. 이 무대 안에서 그 나라는 하나님의 주권적 능력이 이제는 사탄에 대항한 결정적 싸움의 이같은 측면속에 나타나고 있다는 의미에서 이미 임한 것이다. 귀신축출은 사탄이 무력하게 되고 그의 나라가 "늑탈되고 있다"(마

---

78) 이 구절에 있어서 문제점은 임박성의 특색이다. 이 점은 아래 pp.288 이하에서 자세하게 논의될 것이다.
79) 위의 pp.83,87,101을 보라.
80) 위의 p.101을 보라.

12 : 29 *harpasai*＝막 3 : 27 *diarpasai*）는 사실을 밑받침하는 증거이다.[80]
이로써 우리는 이 부류 중의 가장 어려운 구절인 마태복음 11 : 12 이하
(눅 16 : 16 참조)에 접하게 되었다.

세례 요한의 때부터 지금까지 천국은 **침노를** 당하나니 **침노하는 자는
빼앗느니라.** 모든 선지자와 및 율법의 예언한 것이 요한까지니.

(눅 16 : 16 율법과 선지자는 요한의 때까지요 그 후부터는
하나님 나라의 복음이 전파되어 사람마다 그리고 침입하느니라.)

최근에 큄멜(W. G. Kümmel)은 이 구절에 대한 상세한 논의를 통하여
이전의 논의 내용을 요약하고 쟁점이 되는 문제들을 제시한 바 있다.[81]
오늘날 그 구절이 명백히 편집적인 맥락 속에 위치하고 있다는 점에는

---

81) Kümmel, *Promise and Fulfilment*, 1956, pp. 121-4. 훨씬 최근의 논의들이 비록 그 구절에 대해 제시된 장황한 해석목록에 더 진전된 의견을 추가하긴 했지만, 큄멜의 저술에 많은 것을 보탰다고 말할 수는 없다. D.Daube, *The New Testament and Rabbinic Judaism*, 1956, pp.285-300는 제안된 거의 모든 해석이 이런 식으로 지지될 수 있기 때문에 유대교의 배경을 고려하거나 히브리어나 아람어로 다시 번역하는 작업은 여기에서 별로 도움이 되지 않음을 보여 주었다. F.W.Danker, "Luke 16 : 16-an opposition logion", *JBL* 77,1958,pp.231-43은 누가복음의 형태를 보다 원형이라고 생각하고는 그것이 예수의 그 나라 선포에 대한 바리새인들의 비판을 인용한 것이라고 주장한다. G.Braumann, "Dem Himmelreich wird Gewalt angetan", *ZNW* 52, 1961, pp.104-9는 마 11 : 12에 나오는 *harpazousin* 과 빌 2 : 6에 나오는 *harpagmon* 사이에 연관성이 있다고 주장한다. 그리고 그는 빌 2 : 6이 예수가 자신을 하나님과 동등됨을 취하고자 했었다는 비난을 반영하고 있는 것처럼, 이 구절은 예수가 그 나라를 장악하려고 시도했다는 의미로 가해졌던 초대 교회에 대한 비난을 반영한다고 해석하고 있다. 앞의 비난에 대해서 교회는 반대로 예수가 종의 모양을 취했으며(빌 2 : 6 ff.), 뒤의 비난에 대해서는 그 나라를 장악하려고 추구했던 것은 예수가 아니라 그의 반대자들이며, 초대 교회가 아니라 그들의 반대자들이라고 대꾸했다(이 경우 마 11 : 12의 *harpazousin*은 역설적인 부대적 의미를 갖게 된다).

전반적인 합의가 이루어졌다. 그것은 원래 독립적인 그리스도의 말씀으로 구전되었음에 틀림없다. 그러므로 그 해석은 마태나 누가의 문맥에 의존하지 않아도 되는 것이다. 나아가 큄멜은 편집의 가능성에 근거하여 마태복음의 형태로 나온 그 구절의 전반부가 보다 신빙성이 있고, 율법과 선지자에 관한 언급은 누가복음의 형태를 더 선호해야 한다고 주장한다. 그래서 우리는 **마태복음 11 : 13와 누가복음 16:16 전반부를 해석하고 마태복음 11 : 13과 누가복음 16:16 후반부는** 위의 좀더 원전에 가까운 형태에 대한 이차적 수정으로 간주하며 논의로 놓아두고자 한다.

본 구절에 대한 실제적인 해석은 다음과 같은 세 가지 논점에 달려있다.

(ⅰ) *biazetai*: 이것은 중간태인가, 아니면 수동태인가?

(ⅱ) *biastai*의 의미와 지칭하는 바.

(ⅲ) *harpazousin*의 의미.

그런데 슈렝크(Schrenk)는 *biazetai*를 수동태로 받아들여야 하며, *harpazousin*은 그와 더불어 나쁜 의미로 받아들여야 함을 입증하였다.[82] 그래서 T. W. 맨슨과 같이 그 구절을 "율법과 선지자는 요한의 때까지였다.[83] 그 때로부터 하나님의 나라가 그 능력을 행사하고 침노하는 자들(men of violence)이 거기에 덤벼든다"라고 해석하며, "침노하는 자"를 "그 나라에 참여하기 위하여 모든 위험을 무릅쓰고 모든 희생을 감내하는 사람들"로 해석하는 의견들은 배척되어야 한다고 하였다. 우리는 그 구절을 "…하늘 나라가 침노를 당하며 침노하는 자들이 그곳을 노략질하고 있다"로 해석해야 하며 나아가 "침노하는 자들"이 누구를 지칭하며 그 나라가 어떻게 "노략질 당하는지" 결정하려고 노력해야 한다.

큄멜은 슈렝크와 더불어 "노략질"이란 사람들이 그 나라를 도둑질 당하고

---

82) *TWNT* Ⅰ. pp.609 이하에 있는 G.Schrenk의 견해.

83) R.Otto의 견해를 따라 Manson, *Sayings*, p.133.

있음을 의미하며, "침노하는 사람들"은 영적인 세상에서 세상 통치자들이거나 예수에 대한 유대인 반대자들일 수 있으나 이 점을 확정할 수는 없다고 주장하고 있다. [84] 확실한 것은 세례 요한이 옴에 따라 현존하고 있는 하나님의 나라가 이미 공격당할 수 있는 새로운 시대가 동터왔다는 것이다.

우리는 이 마지막 논점에 대해서는 전적으로 동의하고 있다. 그러나 "침노하는 자들"과 "노략질"에 대한 언급은 특히 쿰란 사본에 비추어 더 논의 되어야 한다.

바로 앞에 나온 마태복음 12 : 28에 대한 논의에서 우리는 여기에서 거룩한 전쟁의 신학에 관하여 예수와 쿰란 종파 사이에 유사점이 있다고 주장한 바 있다. 이제 전쟁 두루마리에서는 빛의 자녀들의 승리는 비록 하나님이 개입한다고 할지라도 투쟁없이는 결코 획득되지 않는다는 점이 더 나아가 지적되어야 한다. 반대로 "실로 그것은 하나님의 구속받은 백성들에게는 고난의[ ] 시기가 될 것이다. 그러나 이것은 모든 이전의 고난과는 달리 영원히 지속될 구속으로 신속히 종결될 것이다."(I QM 1 : 12, 개스터의 번역). 마태복음 12 : 28은 예수의 귀신축출을 종말론적 투쟁에서 하나님 나라 측이 거두는 승리로 해석하고 있다. 마태복음 11 : 12은 분명히 동일한 맥락에서, 그러므로 동일한 투쟁에서 하나님 나라에 대항하여 거둔 한시적인 승리를 가리킨다고 해석될 수 있다.

이 제안은 마태복음 11 : 12에 나오는 *harpazousin*의 용법에 의하여 지지되고 있다. 우리는 마태복음 12 : 28에 대한 논의의 말미에서 마태복음 12 : 29을 언급한바 있다. 거기서 예수의 귀신축출은 강한 자, 즉 사탄의 집을 늑탈하는 것으로 해석되므로 종말론적 투쟁의 일부분이 된다. 여기서 마태가 11 : 12에 나오는 동일한 동사를 정확하게 사용하면서 마가복음 3 : 27에

---

84) *Promise*, p.123

처음 나오는 *diarpasai*를 *harpasai*로 변형시킨다는 점은 세심하게 주목할 가치가 있다. 이같은 변형의 이유가 무엇이든지간에 그것은 11 : 12에 나오는 동사가 종말론적인 투쟁에서 하나님의 나라를 "노략질"한다는 뜻으로 해석될 수 있다는 사실에 대한 증거가 된다. 그리고 마태복음 11 : 12와 12 : 29에서 사용된 그 용법은 두 구절이 동일한 종말론적인 투쟁을 언급하는데 11 : 12는 하나님 나라의 패배를, 12 : 29은 승리를 각각 지칭한다는 우리의 주장을 뒷받침해주고 있다.

쿰란 사본 역시 우리가 다루고 있는 구절에 나오는 *biastai*를 해석하는데 도움을 준다. 베츠(O. Betz)는 이 표현과의 병행구를 쿰란 사본의 감사 시편(1 QH)에서 발견할 수 있다고 지적했다.[85] 거기서 쿰란 시편 기자는 자기 생명을 찾았던 "침노하는 자들"의 공격에 자신의 운명이 놓여 있는 것으로 생각하고 있다는 것이다.[86] 그의 사념은 자연스럽고 부드럽게 과거와 현재의 경험으로부터 종말론적인 미래로 움직이고 있다. 사실 감사 시편 4 : 22에서 그는 자기가 적들에 대항하여 일어설 날을 꿈꾸고 있다. 그리고 그 뒤에 나오는 구절이 종말론적인 투쟁을 지칭하고 있음이 분명해진다. "침노하는 사람들"이라는 표현은 또한 "날들의 마지막"에 임할 그들의 운명에 대해 말하는 하박국 주석(I QpHab) 2 : 6에서 쿰란 종파의 반대자들에게 사용하고 있다. 그것은 쿰란 사본의 시편 37편 주석(4 QpPs 37)에 세 번 나온다. 한번은 (2:12) 그 분파의 반대자들과 다가오는 파멸에 대하여, 두번은 (3 : 4와 4 : 5) "이방인 중 끔찍한 자들"(Allegro)과 그들이 종말론적인 심판 때 담당하게 될 역할에 대해 사용한다. 그러므로 그런

---

85) O.Betz, "Jesu heiliger Krieg," NT 2, 1957-8, pp.116-37.
86) '*risim*, 1 QH 2 : 21. 문자 그대로는 "무서운 자들"이다. Gaster, *Scriptures*, p.137는 "난폭한 사람들"로, Mansoor, *Thanksgiving Hymns*, p.107는 "폭압적인 사람들"로 번역한다.

표현이 종말론적인 투쟁에서 하나님의 나라의 대적들에 대해서 사용될 수 있음은 분명하다. 마태복음 11 : 12을 이같이 해석하는 것은 분명히 정당하다.

만약 우리가 제안한 것처럼 마태복음 11 : 12를 번역하고 해석하고자 한다면, 하나님의 나라가 실제로 패배한 증거가 과연 있는지, 그리고 여기서 이에 대해 어떠한 언급이 있는지 질문해 볼 수 있을 것이다. 마태나 누가복음의 문맥은 둘 다 편집의 결과이기 때문에 여기서 사용할 수 없다. 그러나 그 구절이 세례 요한을 지칭하고 있다는 사실 속에 그럴듯한 실마리가 담겨있다. 하나님의 나라의 시대는 요한과 더불어 시작된다. "예수는 실제로 세례 요한의 도래에서 우주적 시대의 변화를 목도했다."[87] 또한 그와 더불어 그 나라에 대한 침노행위가 시작된다. 그러므로 많은 것이 그 구절로부터 분명해진다. 그리고 여기서 가리키는 것이 사실상 세례 요한의 투옥과 죽음이라고 가정하는 것은 자연스럽고 매력적인 발전단계일 것이다. 그것이 옳을 가능성은 있지만 이를 입증할 도리가 없다.

지금까지 마태복음 11 : 12에 대해서 많은 것을 말했다. 이제 우리는 이와 관련된 성구중 마지막에 속하는 눅 17:20 이하를 살펴보기로 한다.

> 하나님의 나라는 **볼 수 있게** (meta paratereseos) 임하는 것이 아니요 또 여기 있다 저기 있다고도 못하리니 하나님의 나라는 **너희 안에** (entos hymon) 있느니라.

이 구절에 대한 해석의 가능성은 다음에 나오는 새영어성서 (NEB) 의 번역에서 잘 확인될 수 있다.

> 너희는 관찰로써 하나님의 나라가 언제 오는지 말할 수 없다.

---

87) J.M.Robinson, *New Quest*, p.118. 계속해서 위의 pp.168 이하를 보라.

X 예수의 가르침 속에 나타난 하나님의 나라 243

"보라 여기 있다!"라거나 "저기 있다!"라고 말하는 것은 불가능할 것이다. 왜냐하면 사실 하나님의 나라는 너희 가운데 있기 때문이다."

그리고 본문의 난외여백에 아마도 (번역상의) 가능성이 감소되는 순서대로 다음과 같이 추가되고 있다. "혹은 사실 하나님의 나라는 너희 안에 있기 때문이다로, 혹은 갑자기 너희 가운데 있게 될 것이기 때문이다로 (번역할 수도 있다)."

사실 새영어성서에서 채택된 해석이 가장 선호할 만한 해석이다. 그것은 다음의 네 가지 사항을 지적하고 있다.

(i) "하나님의 나라"는 역사 속의 하나님의 결정적인 개입으로 이해된다. 이제 우리는 바로 위에서 논의된 구절에서 그것을 뒷받침하는 충분한 증거를 가지고 있다.

(ii) *meta paratērēseōs*는 유대의 묵시적 집단에서 아주 유행하던 대로 종말이 임박하다는 징조를 지켜보고 계수하던 놀이(pastime)를 언급하는 것으로 해석된다.[88] 예수는 우리가 아래에서 주장하겠지만 그런 계산이 근거하고 있는 역사이해를 배척하고 있기 때문에 그것을 강력하게 반대하고 있다.

(iii) "여기 있다. 저기 있다"는 "보라. 그리스도가 여기 있다. 보라 저기 있다"(막 13:21)고 말하게 될 사람들에 대한 경고를 상기 시켜

---

88) 설명을 위해서는 Billerbeck, *Kommentar* IV, pp.977 이하를 보라. *parateresis*는 헬라어 성서의 다른 곳에서는 나타나지 않고 있지만, Moulton and Milligan, *Vocabulary of the Greek Testament*, p.490은 그 동사가 질병에 대한 세밀한 관찰의 경우에 사용될 수 있음을 보여준다. 질병의 징후를 찾는 데 사용될 수 있었던 단어라면 분명히 하나님의 결정적인 개입이 임하는 징조를 찾는데도 사용될 수 있었다.

준다. 여기서 부인되고 있는 것은 하나님의 개입이 당대의 유대인들의 기대감에 준하여 그 신용도를 점검할 수 있는 어떤 종말론적 인물의 등장과 밀접한 관계가 있는 사건이라는 개념이다.[89]

(iv) entos hymōn 은 "너희 가운데"(among you)로 번역된다. 이것은 두 가능성 중의 하나로서, 다른 하나는 "너희 안에"(within you)로 번역하는 것이다. 이 단어는 또한 "안"(inside)을 의미하는 마태복음 23:26에서만 다시 한 번 등장하고 있기 때문에 신약성서 entos의 용법에 근거하여 이 둘 사이에서 선택하기란 불가능하다. 또한 그 헬라어 단어는 두 가지 의미를 다 가질 수 있기 때문에 일반적인 헬라어 어법도 우리에게 도움이 되지 않는다.[90] 그래서 우리는 보다 일반적인 고려사항으로 관심을 돌려야 한다. 여기서 결정적인 견해는 만약 그 단어를 "안에서"로 번역할 수 있다면 우리가 여기서 예수의 기록된 가르침 안에서는 더이상 유사한 단어가 없이 하나님의 나라를 이해하게 된다.[91]

누가복음에 있는 대로의 그 구절은 편집된 것일 가능성이 극히 크므로, 그것이 바리새인들에게 향한 말씀이라는 사실에 근거하여 이같은 해석을 배제할 수는 없고, 오히려 예수가 다른 경우에는 한번도 이같이 특수한 방식으로 그 나라에 관해 말하지 않았다는 사실에 근거할 수 있다. 누가복음 17:21의 entos hymōn을 명확히 "너희 안에"를 의미하도록 개작한 외경의 구절이 하나 있는데, 곧 옥시린쿠스 파피루스(Oxyrhynchus Pap.) 654:3이다. 우리가 이 구절 속에서 예수의 가르침과는 완전히 생소한 "나라"를 알게 된다는 것은 의미심장한 일이다.[92]

---

89) 막 13:21이 2차 자료라는 사실은 여기에서 관계가 없다. 그것은 눅 17:20 이하에서 배척되고 있는 메시야를 찾는 데 대한 설명이다.
90) 완전한 인용문과 함께, Kümmel, *Promise*, p.33.
91) 사실 T.W.Manson, *Sayings*, p.304 ; Kümmel, *Promise*, pp.33 이하.
92) Jeremias, *Unknow Sayings of Jesus*, 1958(R.H.Fuller가 *Unbekannte Jesusworte*

X 예수의 가르침 속에 나타난 하나님의 나라 ○ 245

　*entos hymōn*에 대해 숙고한 결과, "너희 안에서"라는 첫번째 난외 각주의 가능성에 반(反)하여 새영어 성서의 본문해석이 확립됨을 알 수 있다. "너희 손이 미치는 곳에서"라는 두번째 난외 각주의 가능성은 본문보다 더 가능성이 희박한 듯하다. "왜냐하면 거기에는 *entos hymōn*에 대한 아주 자유로운 번역이 포함되어 있고, 또한 이 구절에서 주장하고 있는 것과 부정하고 있는 것 사이의 예리한 대조점이 상실되기 때문이다." "왜냐하면 하나님의 나라가 갑자기 너희 가운데 있게 될 것이기 때문이다"라는 세번째 난외 각주의 가능성은 그 구절 안에 대조점을 유지하고 있으나, 본문보다는 개연성이 없어 보인다. 왜냐하면 그것은 원문에서 아무런 정당한 이유도 없이 "갑자기"라는 단어를 도입해야 하며, 또한 그 나라의 미래적인 도래에 모든 강조점을 두는데, 이는 예수의 가르침에서 현존하는 그 나라에 대한 증거를 고려할 때 개연적이지 않기 때문이다. 그러므로 새영어성서 본문번역이 유지되게 되고, 이로써 자연스럽게 우리가 위에서 제안한 해석으로 기울게 된다. 이같은 해석에 있어서 더욱 진전된 논의를 보장하는 한 가지 측면은 우리가 위의 (ⅱ)에서 이미 암시했듯이 이 구절에서 거부하고 있는 역사 이해의 문제이다. 이제 우리는 이 점에 대해 관심을 돌려보기로 한다.

　묵시가 예언과 아주 근본적으로 다른 점 중의 하나는 그 역사에 대한 이해에 있다.[93] 예언자들은 하나님이 과거의 어떤 역사적 사건들 속에서 행동했으며 행동하고 계시며 행동하시리라는 확신 가운데 그들의 소망을 미래에 두었다.[94] 이 행위는 이스라엘에게 회개하라는 도전이 되었다. 그들
―――――――――
를 영역 1951), pp.15 이하 동일한 논평이 적용되는 이 구절에 대한 또 다른 해석은 콥트어로 된 도마복음에서 발견되었다.(Logion 3)
93) 다음의 내용에 관해서 우리는 von Rad, *Theologie* Ⅱ.pp.314-21와 Rossler, *Gesetz und Geschichte*,1961, pp.55-60에 많은 도움을 입고 있다.
94) 위의 pp.225 이하를 보라.

이 파국에 직면했던 것은 하나님이 역사 안에서 활동하고 계시기 때문이다. 그리고 그들은 하나님이 자기들을 위하여 역사 속에 들어오시며 들어오실 것이기 때문에 구원에 대한 소망을 가질 수 있었다. 이 모든 진술에서 중요한 것은 역사 자체가 아니라 하나님이 그 안에서 활동하시고 그 속에 들어오시며 그 안에서 그들에게 도전하고 계신다는 사실이었다. 묵시적 역사 이해에서는 이 모든 것이 변화되었다. 하나님의 행위를 알 수 있는 일련의 사건으로서의 역사 대신에, 아담[95] 혹은 태초의 혼돈으로부터 생겨난 세계 제국들과 더불어 시작되며[96] 종말론적인 완성과 함께 종결되는 통합된 과정,[97] 보편적인 전체로서의 역사관으로 바뀐 것이다. 이 과정의 각 부분은 그것이 전체와 연관되어 있기 때문에 중요하다. 그리고 비록 각 부분이 하나님의 활동으로 인하여 그러한 양상을 취하고 있다 할지라도, 그럼에도 불구하고[98] 이들 각 부분은 그 속에 역사하는 하나님의 활동이 드러나기 위한 것이므로 그 자체는 중요치 않으며, 동시에 그 부분들은 신적 계획을 성취한다는 점에서 중요하다. 묵시의 입장에서 역사의 중요한 사실은 그것이 온전히 하나님의 계획에 따라 이미 예정된 경로를 좇아 예정된 완성을 향하여 운행되고 있다는 점이다.[99] 이것이 묵시가 역사를 신화적인 용어로 묘사할 수 있는 이유이다. 하나님이 활동하고 그가 알려질 수 있는 사건으로서의 개별적인 사건은 중요성을 상실하게 되었다. 중요한 것은 예정된 정점으로 나아가는 사건의 연속이고, 하나님이 그의 백성에게 구원을 가져다 주는 것으로 알려지게 되는 것은 바로 이 정점에서인 것이다.

---

95) Enoch 85:3; Syr. Bar.56:5.
96) 단 7:2.
97) Enoch 90:20, 29; Test. Levi 18:2; Syr. Bar.70:7; Ass. Mos.10:3; etc.
98) Enoch 89:20,59; Syr. Bar. 63:6; Ass.4:5.
99) Enoch 39:11; 92:2; Ⅱ(4)Ezra 14:11; Syr. Bar.69:2; Mos.12:5.

[100] 그래서 묵시의 관심은 전적으로 이 종말을 향하고 있으며, 묵시적 선견자들은 주로 이 종말에 대한 시간 계산[101]과 그것이 다가오는 징조를 묘사하는데[102] 온통 정신을 쏟고 있다. 이런 일은 예정된 계획이 "진리의 책에 기록되어 있으며" 선견자들은 여기에 접근할 수 있기 때문에 그들에게 가능한 일인 것이다.

역사에 대한 묵시적 이해는 누가복음 17:20 이하에서 종말의 징조를 찾거나 그 도래 시기를 계산하고, 이같은 접근방식을 거부할 때 이미 전제되어있다. 예수는 묵시가 전제하고 있는 역사 이해를 배척하고 있다. 그 나라의 도래는 미리 계산할 수도 없고, 묵시가 추구하는 것과 같은 징조를 수반하지도 않을 것이다. 왜냐하면 그 나라는 하나님이 정하신 방식으로 역사와 인간의 경험 속으로 침입해 들어오는 하나님의 주권적인 권능이지, 묵시적 선견자들이 접근 할 수 있었던 하나님의 계획을 따라 미리 예정된 정점까지 불가항력적으로 움직이는 역사가 아니기 때문이다. 사실상 우리는 이 구절에서 묵시적 역사 이해가 배척되고 예언적 이해로 복귀하는 모습을 볼 수 있다.

예수가 묵시적 역사관을 배척하고 구약 예언의 역사관으로 복귀했다는 주장은 그의 가르침 속에 있는 다른 요인들에 의하여 지지될 수 있다. 예컨대 우리는 묵시가들이 보다 즐겨 사용하였던 표현인 "완성", "시대의 종말", "다가오는 시대" 중의 어느 하나보다는 하나님의 왕적 행위에 강조

---

100) Enoch 58:6; Syr.Bar.74; Ⅱ(4)Ezra 7:98; Dan 7:27.
101) Ⅱ(4)Ezra 14:11 이하; Syr. Bar.53-74; Enoch 93:1-14; 91:12-17. Billerbeck, *Kommentar* Ⅳ, pp.986 이하.
102) Enoch 99:4 이하 Jub.23:23 이하, Ⅱ(4) Ezra 4:51-5:13; Syr. Bar. 25:1-29:2. Billerbeck, *Kommentar* Ⅳ, pp.977 이하.
103) 단 10:21; 마찬가지로 Enoch 103:2; 106:19-107:1; Test Levi 5:4; Billerbeck, *Kommentar*Ⅱ, pp. 175 이하; Sayings,pp.141-7, 334-7.

점을 둔 "하나님의 나라"라는 표현을 사려깊게 선택하였다. 그리고 우리는 예수의 가르침으로부터 묵시적 선견자들을 특징짓고 그들의 역사 이해로부터 생겨난 요소들, 즉 징조와 계산, 세계사의 시기와 기간, 거룩한 책들의 환상과 해석, 신화적인 용어로 된 사건 묘사 등 어떤 것도 전혀 발견할 수 없다. 끝으로 공관복음의 묵시의 기초를 이루며 아마도 누가복음 17:22-37, 21:34-36, 마가복음 13:32-37 속에 보존되어 있는 예수의 진정한 가르침이 존재한다. [104] 이것은 역사와 인간 경험 속으로 하나님이 개입해 들어오는 갑작스럽고 예기치 못한 방법 및 이런 위기에 대응할 준비를 해야할 인간들의 책임에 강조점을 두고 있으며, 따라서 묵시적 강조보다는 예언적 강조를 되풀이하고 있다.

이제 우리는 역사와 인간 경험에 대한 하나님의 결정적인 개입이 언급되어 있는 묵시 및 예수의 가르침에 나오는 "하나님의 나라"의 용법에 대한 논의를 완료하였다. 그러므로 우리는 계속해서 다음의 문제로 넘어 가기로 한다.

B. 역사와 인간의 경험에 대한 하나님의 개입의 지향점으로 계획된 구속받은 자들의 최종 상태와 관련된 "하나님의 나라"

이와 관련된 "하나님의 나라"라는 용어의 용법은 묵시 가운데 아주 회귀하다. 그 중에 두 개의 확실한 실례 (시빌의 신탁집 3:767과 축복의 책 4:25 이하)와 하나의 개연적인 예(솔로몬의 시편 5:18 이하)와 보다 가능성 있는 예(축복의 책 3:5)가 있다. 이런 용법이 드물다고 하여 우리는 놀라지 말아야 한다. 묵시는 사물의 이같은 최종적 단계를 하나님의 계획의 필연적인 성취로 강조하는 것과 그 영광을 묘사하는 일에 관심이 있었고, 따라서 하나님의 나라와는 다른 용어들을 선택하는 경향이 있었다.

---

104) T.W.Manson, Teaching, pp.260 이하;Sayings, pp.141-7,334-7.

반면에 예수는 이와 관련하여 거의 독점적으로 "하나님의 나라"를 사용했다. 이것은 단지 그의 관심이 여기서 하나님의 왕적 행위를 강조하며, 역사와 인간의 경험 속으로 돌입해 들어와서 계속하여 최종적인 지복 상태를 이루기까지 일하시는 하나님께 대한 역동적이고 지속적인 관심을 유지하는 것이었기 때문에 가능했다. 하나님의 계획의 필연적인 성취는 지나간 일이 되었다. 우리는 그 대신에 역사와 인간 경험에 대한 처음의 침입에 못지 않은 최종적인 지복 상태를 확립함에 있어서 하나님의 주권적인 권위를 인정하고 그에 응답하라는 도전을 받고 있다.

(i) 시빌의 신탁집 3 : 767

시빌의 신탁집 3 : 652-795는 하나님이 모든 인간들 위에 영원한 나라를 세움으로써 종결되는 일련의 종말론적 사건들을 묘사하고 있다.[105]

> 그런 후에 한 때 경건한 자들에게 신성한 율법을 주셨던 그분은
> 세세무궁토록 그가 대지와 세계, 그리고 복락과 모든 희락, 영원한
> 분별심과 즐거움의 문을 열어주기로 약속하신 모든 사람들에게 진실로
> 당신의 나라를 세워주시리라 (767-71).

우리는 왜 "나라"가 여기에서 사용되어야 하는지 즉시 알 수 있다. 왜냐하면 모든 강조점은 하나님의 주도권과 행위에 놓여 있으므로 "나라"가 적절한 표현이기 때문이다.

(ii) 솔로몬의 시편 5 : 18 이하

주님을 경외하는 사람들은 좋은 선물로 즐거워하고

---

105) 하나님은 동방으로부터 한 왕을 보내신다. 그는 하나님의 초자연적인 도움을 받아 이방인들과 그 원수들에 대항하여 싸우고 그들을 파멸시킨다 (652-97). 그런 다음 하나님의 자녀들은 평화와 평온 가운데 거룩한 분의 손의 도움을 받아 살아가며 (698-709), 이방인들도 이제는 하나님을 인정하게 된다 (710-40).

당신의 선하심이 그 나라 안에서 이스라엘에 (있도다/있으리라)
주님의 영광이 복되리니, 그는 우리 임금이시도다.

이 인용구의 난점은 의심할 여지없이 셈어의 영향으로 인하여 중요한 문장에서 "있다"라는 동사가 없고 따라서 동사를 보충해야 한다는 사실이다.[106] 우리가 "있다"를 보충한다면 그것은 이스라엘의 현재적인 경험을 지칭한다. 우리가 "있으리라"를 보충하면 종말론적인 내용이 되어 시편기자는 최종적인 지복 상태를 기대하고 있는 셈이 된다.[107] 대부분의 주석가들은 "있다"를 보충하고 그 문장에 현재적인 의미를 부여한다.[108] 그러나 이것은 두 가지 대안 중에서 보다 가능성이 적은 듯이 보일 것이다. 왜냐하면 솔로몬의 시편에서 유일하게 다른 인용구는 종말론적인 나라에 대한 언급이고[109] 시편의 구성상 이 경우에는 종말론적인 언급이 매우 타당하기 때문이다. 그것은 왕이신 하나님에 대한 시편기자의 완전한 신뢰감에 기초한 기도이

---

106) J.Viteau, *Les Psaumes de Salomon*, 1911, p.115.
107) 더 가능성이 높은 것은 *tē basileia sou* 앞에 *en*을 생략함으로써 그 나라가 이스라엘을 가리키도록 하는 것이다. 그래서 Viteau, op. cit., pp.284 이하에서는 "당신의 자비가 이스라엘과 그 나라에 넘쳐 흐릅니다"라고 읽고 있다. 그러나 이것은 가장 개연성이 없어보이며, 대부분의 주석가들은 그들의 본문에 *en*을 포함시켰다. Rahlfs, *Septuaginta* II, 1935, p.447; Ryle and James, *Psalms of Solomon*, 1891, p.62; Rendel Harris, *Odes and Psalms of Solomon*(시리아역), 1909, p.144 (시리아 판의 번역본), Gray, *Apocr. and Pseud.* (ed. Charles) II, 1913, p.638.
108) Ryle and James, *op. cit.*, p.63은 "당신의 나라"가 이스라엘을 가리키며 참된 이스라엘이 하나님의 나라와 공존하고 있다고 이해하지만, 종말론적인 언급일 가능성도 인정하고 있다. Rendel Harris, *op. cit.*, p.144는 그 시리아어를 "당신의 은혜가 당신의 나라 안에서 이스라엘 위에 있습니다"라고 번역하기는 하지만, 아무런 주석도 제시하지 않는다. Gray, *op. cit.*, p.638은 헬라어를 "당신의 선하심이 당신의 나라 안에서 이스라엘 위에 있습니다"라고 번역하지만, 그 구절을 논의대상으로 삼지 않고 있다.
109) Ps.Sol. 17:3은 위의 pp.233 이하를 논의했다.

다. 16절 이하에서 그 기도는 현재에 기대 할 수 있는 일(16절, 18절 상반부)과 종말론적인 미래에 소망할 수 있는 일의 견지에서 응답되고 있다. 이같은 추론이 옳다면 이것은 그의 백성의 최종적인 지복 상태로서의 하나님의 나라를 가리킨다.

이같은 제목으로 고려할 수 있는 세번째, 네번째 인용구는 모두 "축복의 책"(Formulary of Blessings, I QSb)으로부터 유래된다. 그것은 훈련교본(I QS)의 두 "부록" 중 하나로서, 나머지는 "회중 규칙"(I QSa)이다. 이들 두 "부록"은 성격상 종말론적이다. 즉 그것은 종말론적인 전쟁에서 벨리알과 그의 사자들이 파멸당한 후 종말의 때에 존재하게 될 공동체에 관심이 있다. 축복의 책은 종말의 때를 위한 공동체 즉 공동체의 평신도들, 메시야적 대제사장, 제사장들, 그리고 메시야적 왕을 위한 소망이 표현되어 있는 일련의 축복으로 구성되어 있다.

(iii) 축복의 책 3:5
메시야적 대제사장을 향한 축복과 관련하여 다음과 같은 행이 발견된다.

그가 너희에게 은혜와 영원한 평화와 *malkuth*를 **허락하시기를…**

사본은 온전하지 못하여 *malkuth* 뒤에 나오는 단어나 구절이 산실되어 렸다. 그 때문에 해석을 확정하는 일이 불가능하게 되어 두 가지 가능성이 제안되었다. 그 사본에 대한 원래의 편집자인 밀릭(J. T. Milk)은 "그 나라" ('*et le royaume* …)로 번역하고는 이러한 각주를 첨가하였다. "참고: 신약 성서와 탈무드 본문에 나오는 '하늘나라'"[110] 개스터(T. H. Gaster)는 이 입장을 따라 다음과 같이 번역하고 있다. "너희에게 은혜(와 영원한 평화)와 (하늘) 나라의 (유업)을 허락하는 것."[111] 반면에 반 데어 부데(A.

---
110) *DJD* I, pp.124 이하.
111) *Scriptures*, p.98.

S. van der Woude)는 "제사장의"라는 어구 뒤에 *malkuth*가 나오는 쿰란1호 동굴 제21두루마리(1Q 21) 1:2에 대해 주의를 환기시키고 있다. 그리고 그는 이것이 여기서 가리키는 의미라고 주장하는데,[112] 이를 마이어(J. Maier)가 지지하며,[113] 그 경우에 우리는 이를 "제사장의 통치"나 그와 유사하게 번역해야 한다. 그래서 이 본문이 확실히 최종적인 복받은 상태를 가리키고 있다고 할지라도 우리는 그것이 그와 관련하여 *malkuth*를 "나라"로 사용하고 있다고 확신할 수 없다.

(iv) 축복의 책 4:25 이하

우리는 제사장들을 대상으로 한 축복의 책에서 다음과 같은 내용을 발견한다.

> 너는 거룩한 처소에서 중의 존전의 천사와 같이(영원히) 만군의 하나님의 영광을 위해(봉사하라). 너는 그 나라의 궁전에서 섬기는 자처럼 시립할지어다.

이것은 제사장들이 새예루살렘의 성전에서 봉사하게 될 때 최종적인 지복 상태에서 그들이 담당할 직능에 대한 언급이다. 쿰란 사본에서 최종적인 복받은 상태는 종말론적 성전에 대한 비유로서 생생하게 묘사되었다.[114] 그렇다면 여기서 "나라"의 용법은 구속받은 자들의 최종적인 상태를 지칭하는 것이 확실하다.

이상이 묵시문학 속에 나타난 이 용법의 실례이다. 물론 동일한 용법이

---

112) *Messianische Vorstellungen*, p.110.
113) *Die Texte vom Toten Meer* Ⅱ, 1960, p.160.
114) 예를 들어 감사시편(1 QH) 3:19-23에서 시편 기자는 자신의 최종적인 운명을 하나님의 아들의 회중이과 거룩한 사람들의 무리 및 자신과 하나님 사이의 완전한 성례전적 관계성의 견지에서 그려낸다. 그리고 종말론 미드라쉼(4 QFlor.) 1:1-7은 성소의 비유에서 "날들의 마지막"에 그 공동체가 누릴 복된 상태를 그려준다.

예수의 가르침에서 발견될 수 있다는 것은 분명하며, 특별히 주석학적인 설명을 필요로 하지 않는다. 우리는 특징적인 몇몇 실례를 열거하고 간단하게 논의하는 것으로 만족할 것이다.

(i) 마태복음 5 : 3-12, 누가복음 6 : 20-23; 팔복 강론 [115]

이 내용이 현재의 형태로는 의심할 바 없이 배열상 편집되어 있지만, 예수가 이와 극히 흡사한 내용을 가르쳤다는 데에는 의심의 여지가 있을 수 없다. 비록 어떤 학자들은 마태의 3인칭 형식을 선호하고 있지만 둘 중에 누가의 형태가 보다 원본에 가깝다는 데 일반적인 합의가 이루어져 있다.[116] 팔복과 유사한 구절은 다음과 같은 콥트어로 된 도마복음에서 발견되었다.

말씀 54 : 예수께서 말씀했다 : 가난한 사람은 복이 있나니, 왜냐하면
하늘나라가 너희 것이기 때문이다.
말씀 69 하반절 : 배고픈 사람은 복이 있나니, 왜냐하면 갈망하는
자의 배는 채워질 것이기 때문이다.

이 두 구절이 도마복음에서 함께 발견되지 않는다는 데 유념해야 한다. 이것은 개별적인 팔복이 분리된 단위로서 전승 속에 유포될 수 있었고 실제로 그러했다는 것을 보여주고 있다. 말씀의 형태로 된 팔복은 구약과 묵시와 헬레니즘의 유대 및 랍비 문헌으로부터 우리에게 잘 알려져 있다.[117] 예수의 가르침에서 팔복의 배경으로서 특히 흥미있는 구절은 쿰란 사본 시편 37편 주석(4 QpPs 37) 1 : 8 이하에서 발견될 수 있다.

---

115) 위의 p.112를 보라.
116) 예를 들어, Bultmann, *Tradition*, p.114(영역본,pp.109 이하).
117) Art. makarios in *TWNT* IV,pp.367-9(Bertram).

그리고 온유한 자들은 땅을 차지할 것이요, 그들은 풍부한 화평으로
즐기리로다. 이에 대한 해석은 고난의 때를 받아들이는 가난한 자들(의
회중)에게 중요하다. 그들은 모든 올무로부터 건짐받을 것이다 …[118]

여기서 시편 37:11은 마치 마태복음 5:5에서처럼 종말론적으로 해석되며 쿰란 종파에게 "가난한 자들"로서 적용되고 있다 ʿnwym 을 ʾbywnym으로 해석하며 불가피하게 누가복음 6:20을 상기시키고 있다.[119] "가난한 자들"이란 쿰란 공동체가 즐겨 자기를 지칭하는 말이다.[120] 누가복음 6:20은 이같은 쿰란의 자기 호칭을 인용하여 예수의 선포의 도전을 받아들이는 사람들에게 다시 적용하고 있는가? 분명히 이런 일은 가능하다. 그러나 그 사실 여부와는 상관없이 분명히 예수의 팔복 강론은 시편 37편 주석과 마찬가지로 종말론적 지향점을 가지고 있다. 팔복 강론은 미래의 복 받은 상태를 고대하며 그에 대해 가르친다.

그것은 그 때 세상 가치가 당연히 뒤바뀔 것이다, 왜냐하면 하나님의 가치가 확립될 것이기 때문이라고 가르치고 있다. 미래의 복 받은 상태에서 기존의 가치들이 역전된다는 이런 주제는 예수의 가르침에 대한 공관복음의 기록 도처에서 발견된다. 마가복음 10:31에 나오는 "먼저된 자로서 나중되고 나중된 자로서 먼저 될 자가 있느니라"는 "내세에 영생"이라는 언급 뒤에 나온다.[121] 마태복음 10:26은 드러나야 될 감추인 것에 대해 말하고 있고, 마태복음 18:4은 자기를 낮추는 그 이가 천국에서 크다고 하고

---

118) J.M.Allegro, *PEQ*,1954, pp. 69-75에 의하여 편집되고 재구성된 본문을 따르고 있다.
119) Cross, *Ancient Lbrariy*, pp.61 이하. 이미 위의 5장 주1에서 언급되었다.
120) 예를 들어,lQpHab 12:3,6,10; IQM 11:9,13,13:4; IQH2:32; 종파 전체에 관해서는 나 QpPs37 2:10; 종파의 개별 구성원에 대해서는 1 QH 3:25, 5:16-18.
121) 마 19:30에는 이 뒤에 영원한 생명을 유업으로 받는다는 내용이 있고, 눅 13:30에는 하나님의 나라에 대한 언급이 나오고 있다.

있다(마태복음 23 : 12, 누가복음 14 : 11, 18 : 14 참조). 그래서 우리는 예수가 구속받은 자들의 최종 상태와 관련하여 "하나님의 나라"를 사용했으며, 그것은 현재적 삶의 질서가 역전된 사물의 상태가 될 것이라고 가르쳤다는 것을 알 수 있다.

프랭크 크로스 2세(Frank M. Cross, Jr)는[122] 누가복음에 있는 제2의 팔복강론에서 종말론적 연회에 대한 언급을 보고 있다. 그는 그 대응 어구를 시편 37편 주석(4 QpPs 37) 2 : 10 이하에서 발견하고 있는데, 거기서 시편 37 : 21 이하는 "(이스라엘)의 높은 산을 물려받을…가난한 자들의 회중, 그들은 (그의) 거룩한 (산에서) 기뻐할 것이다"로 해석되고 있다.[123] 이것은 매력적인 가설로서 팔복강론과 쿰란 종파 사이의 관련성을 한층 강화시켜줄 것이다. 확실히 누가복음 6 : 21은 종말론적인 연회라는 견지에서 해석될 수 있다. 그리고 이것이 예수의 가르침 속에서 사용된 개념이라는 사실은 우리가 이제 살펴볼 구절에서 확인할 수 있다.

(ⅱ) 마태복음 8 : 11(눅 13 : 28 참조)

예레미아스는 이 구절을 철저하고 명확하게 해석하면서[124] 성서의 상징에서 먹고 마시는 행위는 하나님의 관점(vision)을 전달하고 있다고 지적한다. 하나님과의 최종적인 복된 친교에의 동참을 상징하는 종말론적 잔치의 개념은 이사야 25 : 6-8을 시초로 하여 묵시문학에서 사용되며[125] 예수의 가르침에서 실제적인 역할을 담당하고 있다. 그것은 여기 마태복음 8 : 11에서 발견될 뿐만 아니라, 또한 마가복음 14 : 25과 누가복음 22 : 16 및 우리가 이미 주목했듯이 누가복음 6 : 21의 배경에도 나타난다. 그것은

---

122) *Ancient Library*, p.67 n.81.위의 5장 주1을 보라.
123) 4QpPs37 2 : 10 이하. 크로스의 재구성.
124) . J.Jeremias, *Promise*, pp.59-65.
125) 예를 들어, Enoch 62 : 14.

또한 즐거움이 현재적 체험의 사실이 되는 마가복음 2:19에서 혼인잔치의 상징의 배경이 되고 있음에 유의하여야 할 것이다(이는 예수의 가르침에서 현재와 미래 사이의 긴장의 증좌이다).

(iii) 마태복음 5 : 20, 마가복음 10 : 14 이하 마태복음 7 : 21, 마가복음 10 : 23-25, 마태복음 21 : 31(43절 참조), 마가복음 9 : 47 하나님의 나라에 들어가고 받아들여짐.

이 구절을 다루는 모든 주석학자들은 한스 빈디쉬(Hans Windisch)에게 큰 빚을 지고 있다.[126] 그는 최종적인 지복상태로 진입하기 위한 조건에 대한 개념이 이스라엘에서 오랜 역사를 지니고 있음을 지적했던 것이다. 그것은 계명에 대한 순종이 약속의 땅에 들어가기 위한 조건이 되는 신명기 4 : 1, 6:17 이하, 16:20에 근원을 두고 있다. 그것은 이사야 26:2 이하(거룩한 도성으로의 진입)처럼 구약의 묵시 안에서도 발견되며, 시편 15편과 24편처럼 성전으로의 입장을 위한 조건을 노래하는 입당송(入堂頌)에서 일정한 역할을 담당하고 있다.[127] 예언자들은 예를 들어 이사야 33 : 13 이하와 58 : 13 이하에서 동일한 개념을 반영하고 있으며, 그것은 에스라 2서 7 : 14, 솔로몬의 시편 14 : 10과 같은 묵시에서도 그 자리를 잡고 있다. 예수의 가르침에서 그것은 특히 이들 구절에서 분명히 구속받은 자들의 최종상태인 하나님의 나라와 연관되어 사용되고 있고, 여기서 그것은 아마 구약의 성전에로의 "입당 율법(Torah of entry)"이 발전된 형태일 가능성이 높다. 이 점에서 예수의 가르침에 있어서 참으로 특기할 만한 일은 그가 이 개념을 미래적인 나라와 연관시켜 사용하고 있는 것이 아니라, 그가 당대인들이 배척했을 법한 사람들은 포함시키면서도 당대인들이 그 나라에서 자리

---

126) "Die Sprüche vom Eingehen in das Reich Gottes", ZNW 27,1928, pp.163-92, 앞의 5장 주4를 보라.

127). S.Mowinckel, 'torotha' entrée, Windisch, op. cit., p.181에 의하여 인용됨.

를 얻으리라고 가장 확신했을 법한 사람들은 배제하는 식으로 이 개념을 적용하고 있다는 점이다. 다른 점에서와 마찬가지로 이 점에서도 그는 1세기 유대교의 전승과 관례에 고의적으로 항거하고 있다.

예수의 가르침으로부터 몇몇 특징적인 구절을 이처럼 간략하게 논의한 결과, 예수는 이런 제2의 묵시적 의미, 즉 하나님과 구속받은 자들의 최종상태에 관련하여 하나님의 나라를 사용했음이 드러난다. 현대의 논의에서는 이것이 쟁점이 되지 않기 때문에 우리는 더이상 이 문제를 가지고 애쓸 필요가 없다. 그 어떤 유능한 학자라도 이것이 예수의 가르침 특유의 용법이라는 점을 부인하지는 않을 것이다. 우리가 강조하고자 하는 점은 우리가 이 항목에서 앞서 언급한 것이다. 즉, "하나님의 나라"는 묵시 문학 속에서는 이같은 의미로 사용되어도 매우 드물게 나타나는데 비해, 예수의 가르침에서는 이같은 연관성으로 사용된 전형적인 용어인 것이다.

이로써 묵시와 예수의 가르침에서 특수한 용어로서 쓰인 "하나님의 나라"에 대한 용법을 둘러싼 우리의 논의는 결론을 보게 된다. 우리는 그 용어가 묵시에서 드물게 나오지만, 등장할 때에는 (a) 역사와 인간의 경험에 대한 하나님의 **결정**적인 개입과, (b) 이 개입이 지향하도록 계획된 구속받은 자들의 최종상태와 관계된다는 점을 보여주었다고 믿는다. 그것은 정확하게 이와 동일한 방식으로 예수의 가르침에서 사용되었다. 중요한 차이점은 묵시에서는 드물게 나오는 것이 예수의 가르침에서는 규범적 용법이라는 것이다. 이런 차이는 강조점의 차이 및 역사 이해상의 차이를 보여준다. 예수는 그러한 용어를 사용함으로써 하나님의 행동에 일체의 강조점을 두고 있고, 역사란 필연적인 결말을 향하여 작용하는 과정이라기보다는 그 행동이 **명확**하게 **현시**되는 영역임을 암시하였다. 우리는 일직선적인 시간개념의 견지에서 예수의 종말론적 가르침을 해석할 필요는 **없다**. 왜냐하면 이것은 그가 의지하였던 예언적 이해에도 생소한 것이기 때문이다. 우리는 반드시 역사나 시간의 종말이라는 견지에서 그것을 이해할 필요가 없을는지 모른다. 왜냐하면 강조점은 인간 구원을 위하여 결정적인 것이며 완전한 지복 상태의 비유 속에 그려진 하나님과의 완전한 연합을 인간에게 확보해 주는 것으로서의 하나님의 행위에 두어져 있기 때문이다. 이 후자의 논점이 반드시 역사나 시간의 종말을 **포함하는지**의 여부는 예수의 가르침에서 현재와 미래 사이의 긴장에 대한 우리의 이해에 달려 있을 것이다. 이제 우리는 이에 관한 토의를 해보도록 한다.

2. 예수의 가르침에서 하나님의 나라에 관한 현재와 미래 사이의 긴장

이 긴장은 두 가지 방법으로 인식될 수 있다. (a) 예수의 가르침에는 그 나라의 현재적인 측면들이 있고, 또한 더 진전된 미래적인 측면들이 있음을 보여줄 수 있다. (b) 가르침 중에는 현재와 미래 사이의 긴장이 반영되는 개별적 구절이나 항목이 있음을 입증할 수 있다. 우리는 이러한 긴장의 성격에 대한 문제에 접근하기 위해서 이 두 관점으로부터 예수의 가르침을 보다 주의깊게 살펴보고자 한다.

A. 현재와 미래로서의 하나님의 나라

우리는 이제 예수의 가르침에서 하나님의 나라가 현재이자 미래라는 논점을 설명하려고 더이상 애쓸 필요가 없다. 이것은 오늘날의 논의에서 확고하게 인정된 논점 중의 하나이며, 우리는 이미 예수의 가르침 자체로부터 그 증거를 요약한 바 있다.[128] 우리의 문제는 예수의 가르침 중에서 이런 측면들을 확정하는 것이 아니라, 그것을 해석하는 것이다.

이런 면에서 현재로서의 그 나라는 둘 중에 보다 쉬운 편에 속한다.

---

128) 위의 pp.98 이하 (현재로서의 그 나라)와 pp.114 이하 (미래로서의 그 나라)를 보라.

그 나라는 당신의 백성의 구원을 위하여 결정적으로 그들을 방문하고 구속하기 위하여 역사와 인간의 경험 속으로 개입해 들어옴으로써 드러난 하나님의 왕적인 행동이며,[129] 예수의 가르침에서 제시된 주장은 단지 이런 일이 그의 사역 가운데 일어나고 있다는 것이다. 어떻게 이런 일이 일어나고 있는지에 관해서 우리는 그 가르침에서 발생하고 반복되는 세 가지 연관된 논점을 지적할 수 있다. (ⅰ) 귀신축출은 종말론적 갈등 상황의 맥락에서 해석되며(마 12 : 28, 막 3 : 27), 그와 동일한 상황이 마태복음 11 : 12에서 그려지고 있다. 예수가 옴으로써 종말론적 갈등이 시작되고, 그 투쟁의 장은 예수나 그의 제자들에 의하여 도전받은 개인의 상황 및 경험이다(눅 10 : 18). (ⅱ) 예수는 듣는 자들에게 자신의 사역에서 전통적으로 메시야 시대와 연관된 예언과 비유가 성취되고 있으며, 그들이 지금 이에 응하여 즉각적으로 궁극적인 결단을 내려야 한다고 도전하고 있다.[130] (ⅲ) 보다 구체적으로 예수는 하나님의 뜻의 직접적인 현시로서 듣는 자들에게 종말론적인 사죄를 제공하고 회개한 죄인을 자신과의 종말론적인 교제 속으로 받아들이고 있다.[131] 이 모든 논점 가운데 공통적인 요소는 그것들이 개인의 경험과 직접 연관되어 있다는 것이다. 사람들이 불트만과 그의 학파의 철저한 실존주의에 대하여 어떠한 제한을 가하든지, 그들이 개인적인 인간 존재의 영역을 하나님의 나라가 현시되는 영역으로서 우리의 주의를 환기시킴으로써 측량할 수 없는 도움을 주었다는 데에는 의심의 여지가 있을 수 없다.

---

129) 우리는 여기서 하나님의 나라에 대한 예수의 가르침에서 이방인이 차지하는 위치에 관한 문제에 대해서는 관심을 기울이지 않을 것이다. Jeremias, *Promise*는 예수가 사실상 자신의 사역을 유대인들에게로 한정시키기는 했지만, 이방인들이 궁극적인 전망 속에 포함되어 있음을 보여주었다.
130) Points 1-3, 위의 pp.98 이하를 보라.
131) Point6, 위의 p.101을 보라. 불트만 학파, 특히 위의 p.176에 나오는 푹스의 저술에 나오는 강조점을 보라.

예수의 가르침에는 그 나라의 현시의 매개체로서 외적인("사진촬영이 가능한"이라고 표현할 수 있는) 사건에 대한 명백한 거부와, 특히 이 점에서 매우 상이한 묵시적 가르침의 견지에서는 극히 주목 할만한 개인 경험에 대한 집중이 나타난다.[132] 예수의 가르침 속에는 현재로서의 그 나라에 관하여 명시적으로나 암시적으로나 직접적이고 유일하게 개인의 경험과 관계되지 않는 단일한 요소는 전혀 없다. 유일한 "외적" 요인은 예수 자신, 그의 메시지, 그리고 그의 사역이다. 그 나라는 믿음을 가지고 그에게 나아오는 사람들, 즉 그 나라가 자신들에게 개인적인 경험의 문제가 될 수 있도록 이 도전을 그들 자신의 실존과 기꺼이 결부시키려 하는 사람들에게는 명확히 나타나지 않는다. 우리가 그 나라에 대하여 "역사와 인간의 경험에로의 개입 속에 드러난 하나님의 왕적 행위"라고 조심스럽게 말한 것은 이런 이유 때문이다.

우리는 이와 관련하여 누가복음 17 : 20 이하에 대해서, 특히 그 말씀 안에 있는 "너희 안에서"의 의미에 대해서 마지막으로 한 마디 지적해야 한다. 여기서 교훈되고 있는 것은 하나님이 예수와 그의 제자들의 사역 안에서, 그리고 사역을 통하여 왕으로서 활동하고 계시며, 이것을 인식하고 그에 응답하는 것이 예수의 동시대인들의 의무라는 점이다. 그 나라는 이제 역사 속에 현존하고 있다. 그것은 별들이 하늘로부터 떨어진다거나 유대인들이 로마인들을 바다 속으로 내 모는데 성공했다거나 마른 개울 바닥에 이제는 하루 24시간, 일년 365일 동안 물이 흐르고 있다는 점에서가 아니라, 마귀들의 권세가 무너졌으며 죄가 용서되었으며, 죄인들이 예수 주위에 모여서 종말론적인 교제를 나누고 있다는 점에서이다. 이런 일들은 인간의 경험에 현존한다는 의미에서 진실로 역사적인 사건이다. 그리고

---

132) 물론 이 점에 대한 유대 묵시의 일반적인 가르침을 반영하는 공관복음의 묵시는 2차적이다. 위의 8장을 보라.

그것들은 어떤 특정한 인간이 인식하든지 여부와 상관없이 현존하고 있다. 이런 의미에서 그 일들은 "외적인" 사건이지만, "사진 촬영할 수 있는" 사건은 아니며 묵시적인 의미에서의 "징조"가 아닌 것이다. 우리는 귀신축출을 사진으로 찍을 수 있고, 죄사함의 선포를 녹음할 수 있겠지만, 하나님의 왕적 행사는 사진이나 녹음으로 나타나지 않을 것이다. 귀신축출이 바알세불의 능력에 기인되며 죄사함의 선포가 하나님을 모독하는 행위로 여겨질 수도 있었다.[133] 하나님의 왕적 행위를 경험하려면 신앙을 가져야 한다. 즉 우리는 그 사건을 제대로 해석하고 올바르게 해석된 사건 속에 계시된 하나님께 조건없이 헌신해야 한다. 그 때에, 그리고 오직 그 때에야 그 나라가 개인적 체험의 대상이 되는 것이다. 그렇지만 그 나라는 개인의 경험으로서 현존하게 되며, 따라서 예수의 가르침 안에서 현재적인 그 나라는 사실상 믿는 자의 개인적 경험 안에서 잠재적이고 -실제적으로 현존하는 나라를 의미한다.

그렇다면 미래에 대해서는 어떤 것을 기대할 수 있는가? 여기서 우리는 소위 "묵시적 인자에 관한 구절들"에서 시작해야 한다. 왜냐하면 예수의 가르침 중 이 특별한 측면의 진정성은 더이상 진지하게 의심될 수 없기 때문이다.[134] 이 주제에 관한 가장 최근의 연구인 퇴트의 연구를 통해서[135] 이같은 가르침의 진정한 핵심이 아주 명확하게 현재와 미래 사이의 긴장을 드러내며 예수의 사역에서 시작되었던 일의 미래적인 완성을 가르치는 구절들(마 24 : 27, 24 : 37, 39, 눅 17 : 30, 11 : 30, 마 24 : 44, 눅 12 : 3 이하)에 있음이 밝혀졌다. 이 구절들은 어떠한 의심의 여지도 없이 예수가 그러한 미래적 완성을 기대하고 있음을 명백히 하지만, 그같은 완성의

---

133) 위의 pp.192 이하를 보라.
134) 위의 6장을 보라.
135) 위의 pp.149 이하를 보라.

형태에 대해서는 아무것도 말해주지 않는다. "강림" 혹은 "인자의 날들"은 단지 완성에 대해 말할 때 사용된 수사어일 따름이며, 문자 그대로 저 별들의 세계로부터 한 인물이 내려오는 것을 의미하지 않는 것은 메시야적 잔치의 비유가 시온산의 경사지 전역에 야외 식탁을 세우는 것을 의미하지 않는 것과 마찬가지이다. 이 구절들이 .임박한 완성에 대해서 우리에게 가르쳐주는 한 가지 내용은 그것이 밀과 가라지와 고기잡는 그물(마13 : 24 -30, 13 : 47 이하)의 두 비유에서도 발견되는 심판의 메시지를 포함하게 된다는 것이다.

현재와 미래 사이의 동일한 긴장은 "대조의 비유들"에서도 발견될 수 있다.[136] 거기서는 완성을 확신함으로써 예수를 뒤따르는 공동체를 위하여 생겨난 소망에 강조점이 두어져 있다. 감추인(논의의 여지가 있는) 현재와 드러난 미래 사이의 차이점에 강조점을 두고 있는 마가복음 9:1과[137] 예수와 그의 사역을 신원하는 것으로서 완성에 강조점을 두고 있는 마가복음 14 : 62이 거기에 속한다.[138] 예수의 가르침 중에서 이들 요소 중 어떤 것도 완성(혹은 재림)에 대해서 그것이 심판을 수반하고 소망을 지속하며 예수를 신원할 것이라는 것 외에 다른 내용을 우리에게 말하지 않는다. 완성/재림의 정확한 본질은 신비로 남아있는 것이다.

예수의 가르침 중에 다른 요소들은 이 완성에서 기대되는 그 이상의 내용들을 암시하면서도 그 정확한 본질의 비밀을 밝히고 있지 않다. 팔복은 그것이 하나님의 가치들을 확정함으로써 당연히 기존 가치들의 전복을 내포함을 함축하고 있는데 이것은 또한 마가복음 10:31, 마태복음 10:26, 마태복음18 : 4에서도 발견되는 주제이다.[139] 마태복음 8 : 11(눅 13 : 28 참조)에

---

136) 겨자씨, 누룩, 인내심 많은 농부, 씨뿌리는 자. 위의 p.192를 보라.
137) 위의 pp.190 이하를 보라.
138) 위의 p.197을 보라.

서 사용되었으며 주의 만찬(막 14 : 25, 눅 22 : 16)에 대한 종말론적인 전망과 누가복음 6 : 21의 팔복의 배경이 되는 메시야적 잔치의 비유는[140] 그것이 하나님의 궁극적인 축복에의 완전한 참여를 의미한다는 것을 가르치고 있다. 그리고 우리가 본 장 앞부분에서 이미 살펴보았던 것처럼 최종적인 지복상태의 통상적인 묵시적 상징인 새 성전(막 14 : 58, 15 : 29)의 비유는 [141] 구속받은 자들의 공동체가 하나님과의 완전한 성례전적 관계를 누리는 것으로 묘사하고 있다.[142]

이 점에서 고려해야 할 예수의 가르침 중의 최종적 측면은 예수 자신의 사역에 후속된 위기에 대해 직접 언급하는 것이다. 여기서 우리는 제자들 편에서 주의하라는 명령과[143] 이스라엘을 향한 경고와[144] 분명히 이스라엘의 다양한 집단들을 겨냥한 경고를[145] 발견할 수 있다. 이것은 예수의 가르침 중에서 묵시의 우주적인 종말에 가장 근접한 것이며, 의심할 바 없이 공관복음의 묵시의 토대가 된 것은 가르침 속의 이러한 요소이다. 그러나 여기서 교훈하고 있는 것은 확실히 완성의 한 측면인 심판의 실재성 이상도, 이하도 아니다. 제자들은 현재와 미래 사이의 긴장 가운데 사로잡혀서 자기들의 첫 결단의 영예를 의지하지 않게 될 수도 있다. 예수와

---

139) 위의 pp.252 이하를 보라.
140) 위의 pp.112 이하를 보라.
141) P.252, 253.
142) 위의 p.112를 보라.
143) 눅 12 : 35-46; 12 : 49-53; 13 : 22-30; 17 : 22-30. 위의 p.112를 보라.
144) 막 11 : 12-14; 마 7 : 19; 눅 23 : 29-31; 21 : 34; 눅 13 : 6-9; 막 9 : 50. Jeremias, *Parables*, pp.122, 125 이하.
145) 눅 12 : 16-20에 나오는 어리석은 부자는 부자들(사두개인들?)을 대상으로 하였다; 마 24 : 45-51 상반절에 나오는 소유물 맡은 종, 마 25 : 14-30의 달란트 비유와 막 13 : 33-37은 모두 백성의 지도자들, 특히 서기관을 대상으로 하였다. 마 23 : 37 Par은 예루살렘 도성을 대상으로 하였다. Jeremias, *Parables*, pp.123-5.

그의 사역의 도전에 대해 눈을 감고 있던 사두개인들, 서기관들, 바리새인들은 하나님의 궁극적인 심판의 견지에서 결과를 각오해야 한다. 달리 말하면 우리는 여기서 우리가 인자 구절에서 발견했던 바와 동일한 주제를 보게 된다. 이 부분이나 저 부분이나 심판과 그 도래의 정확한 본질에 대한 세부적 서술은 나오지 않았다. 실재하는 심판을 예수의 당대인들에게 선포하기 위해서는 이런 종류의 비유어를 사용하는 것 외에 달리 도리가 없었다. 한편으로 이들 구절과 비유와 다른 한편으로 일반적인 공관복음의 묵시와 유대의 묵시 사이의 바로 그 차이점 때문에 우리는 이런 가르침 속에서 그것이 실제로 담고 있는 내용 이상을 읽으려 해서는 안된다. 이는 마치 이 가르침의 폭과 설득력을 볼 때, 그 메시지를 가볍게 무시해 버릴 수 없음을 알게 되는 것과 마찬가지이다.

우리가 믿기로 미래에 관한 예수의 가르침에 대한 이같은 논의로부터 도출해낼 수 있는 결론은 예수가 자신의 사역에서 시작했던 일의 완성을 바라보았으며, 그 완성의 다양한 측면들을 명시했다는 것이다. 그러나 그는 그 정확한 본질에 대해서는 어떠한 구체적인 가르침도 제시하지 않았다. 그러므로 우리는 우주적인 파국과 천상적 존재의 강림이라는 견지에서 미래적 가르침을 객관화함으로써 우리들 개개인을 위하여 현재와 미래 사이의 긴장을 해소시킬 수 없으며, 또한 그것을 천상적 영역이나 사후의 생명을 가리키는 것으로 할 수도 없다. 예수의 가르침에는 이 중 어떤 것도 정당화시켜주는 소지가 없다. 우리는 이런 가르침을 공정하게 평가하기 위하여 예수의 사역에서 시작되었던 일의 완성이 이루어질 것이며 그것이 예수의 사역과 그를 처음 믿었던 사람들의 경험 안에서 시작되었던 것처럼 경험될 수 있는 동일한 실재가 되리라는 신념을 굳게 붙잡아야 한다. 어떻게?, 언제?, 어디에서?라는 질문이 당연히 제기될 수도 있으나, 그런 질문들은 예수의 가르침이 그에 대한 대답으로 해석될 만한 여하한 소지도 피하는 듯이 보인다는 사실을 보면 불합리한 질문이다(막 13 : 32). 이 가르침은 그 원래 소관사항, 즉 신자가 살고 행하고 존재해야 하는 현재와 미래 사이의 긴장상태에 강조점을 두고 있다.

B. 예수의 가르침에 나타난 현재와 미래 사이의 긴장의 직접적 반영

우리가 여기에서 획하는 구분은 명백히 인위적인 것이다. 왜냐하면 예수의 모든 종말론적 가르침은 정도의 차이는 있으나 이같은 긴장을 반영하고 있기 때문이다. 위의 (a)에서 우리는 이를 직접적으로 반영하는 구절, 예를 들어 인자에 관한 묵시적인 구절들, 대조의 비유들, 마가복음 14 : 62에 관하여 논의했다. 그럼에도 불구하고 그것은 편리한 구분이다. 왜냐하면 우리가 위에서 논의한 모든 가르침에는 강조점이 현재나 미래에 두어져 있는 반면에, 예수의 가르침은 현재와 미래 사이의 긴장을 반영하면서도 어느 한쪽에 굳이 강조점을 두고 있지 않기 때문이다.

여기서 고려되어야 하는 첫번째 것은 우리가 앞에서 주목했듯이[146] 제자들의 현재적 경험 및 미래적인 완성과 관련하여 사용된 메시야적 잔치의 비유의 용도이다. 미래적 완성에 대한 언급은 위의 (a)에서 논의하였다. 예수가 이 비유를 미래적인 언급과 함께 사용한 것은 분명하다. 그러나 마가복음 2 : 1-19 상반절에서는[147] 분명히 제자들의 현재적인 경험이 언급되고 있다.[148] 그러므로 우리는 이 비유가 지칭하는 하나님의 축복의 경험이 현재와 미래 사이의 긴장이 드러나는 영역임을 인정해야 한다. 죄사함은 개인의 경험이며, 또한 그러할 것이다. 종말의 축복은 알려져 있고, 알려질 것이다.[149]

---

146) 위의 p.255를 보라.
147) 막 2 : 19하반절-20은 2차적이다. Jeremias, *Parables*, p.42 n 82; Bultmann, *Tradition*, p.96(영역본,p.92).
148) Jeremias, *Parables*, p.94.

이와 관련한 두번째 고려 사항은 그 나라와 관련된 예수의 말씀의 형식 구조에 대한 제임스 로빈슨의 저작이다. [150] 그는 현재와 미래 사이의 긴장이 많은 구절들의 형식 구조에 직접적으로 분명히 나타남을 보여줄 수 있으며, 그럼으로써 현재와 미래가 직접적이고 명백하게 서로 연관되어 있으며 개인의 실존적인 경험을 가리킨다는 주장을 하고 있다. 우리는 여기에 더 첨가시킬 내용이 없으며, 그것을 단지 예수의 가르침에서 인정할 수 있는 주된 논점으로만 언급하고 있다. 현재와 미래사이의 긴장은 개인적인 경험의 문제이고, 이런 강조점은 종말론적인 예수의 가르침에 대한 어떤 해석에서도 유지되어야 한다.

마지막으로 이와 관련하여 우리는 주기도문을 생각해보아야 한다. 왜냐하면 이것은 현재와 미래 사이의 긴장이 아주 명확하게 확인되며 아주 직접적으로 개인의 경험과 연결된 경우이기 때문이다. [151] 그런데 주기도문은 실로 가장 중요하지는 않다고 할지라도 분명히 대단히 중요한 가르침의 일부이며 그것이 예수의 제자들에게 교훈되었고, 따라서 예수 자신이 지극히 중요하다고 간주했던 경험의 측면들 즉 그가 그들에게 기도하도록 가르쳤던 내용을 반영하고 있는 것으로 보아야 할 것이다. [152]

149) 그러므로 우리는 여기서 예수의 설교와 케리그마의 선포를 직접 비교할 수 있는 지점에 도달한 것처럼 보일 것이다. 우리는 이런 주장을 예수의 자기 이해와 케리그마에 의한 예수 이해 사이의 관련성에 관해 후기 불트만주의자들이 도달한 결론과 같이 놓을 수 있다.
150) 이미 pp.123 이하에서 검토되었다.
151) 어떤 문제이건 우리는 다음의 업적에 큰 빚을 지고있다. J.Jeremias, "The Lord's Prayer in Modern Research," *ExpT* 71,1059-60,pp.141-6와 E. Lohmeyer, *Das Vater-Unser*, ^{6}1960;K.Stendahl, "Introduction and Perspective" in *The Scrolls and the New Testament*(ed.Stendahl),1957(= *Scrolls*) pp.1-17; K.G. Kuhn, "Temptation, Sin and Flesh",in *Scrolls*, pp.94-113; 그리고 P.Fiebig, *Jesu Bergpredigt*,1924(유대교의 병행구의 본문).
152) 우리는 예레미아스가 개연적인 원형으로 재구성한 주기도문의 진정성을 옹호할

주기도문에 암시된 가르침에 대해 주목해야 할 첫번째 특징은 그것이 겨냥한 대상이다. 제자들이 아버지, 곧 abba로 부르도록 교육받은 대상은 하나님인 것이다. 예레미아스는 이것이 예수 자신의 관행 중 독특한 특징이요 1세기의 유대교에서는 전혀 필적할 만한 경우가 없다는 점을 보여주었다.[153] 제자들은 하나님을 어린이들이 사용하는 말로 부르도록 교육받고 있는데, 이는 유대인들이 특히 회피하던 관행으로서 그들이 예수와 그의 사역에서 나타난 왕적인 행위에 대한 응답의 결과로서 누리게 될 하나님과의 새로운 관계를 명시하는데 불과하다. 그래서 우리는 주기도문의 서두에서 핵심적 논점에 접하게 된다. 하나님의 왕적 행위에 대한 적절한 응답은 하나님을 아버지로 부르는 특권으로 특징지워지는 abba가 함축하는 모든 의미와 함께 그와의 새로운 관계성으로 귀착된다.[154] 동일한 논점은 마가복음 10 : 15에 기록된 구절에서도 부정적으로 언급되고 있다. "누구든지 하나님의 나라를 어린아이와 같이 받들지 않는 자는 결단코 들어가지 못하리

필요를 느끼지 않는다. 이에 관한 당시의 유대적 관행에 비추어 만약 예수가 제자들에게 기도를 가르치지 않았더라면 그것은 가장 이례적인 일이었을 것이다. 주기도문이 아람어와 알기쉬운 아람어법(예를 들어, 빚/죄 = hoba)으로 쉽게 번역될 수 있는 것을 보면 그것이 전승 가운데 잘 보전되었음을 알 수 있다. 실로 우리는 그것이 분명히 암기되고 세심하게 전수된 기도문이었던 것으로 추측할 수 있다. 본문 속에 도입된 변화는 전부 전례적인 확장으로 쉽사리 이해될 수 있고, 누가와 마태복음에 있는 두 상이한 부분은 각각 이방인이 지배적인 공동체와 지배적으로 유대적-기독교적인 공동체에서 행해진 교리문답 교육의 견지에서 쉽게 설명할 수 있다(Jeremias). 이 모든 것을 고려해볼 때 주기도문에 대하여 우리가 가끔 접하게 되는 회의론(예를 들어 위의 p.203에 나와있는 Grasser의 저술에서)은 심각하게 받아들일 필요가 없다.
153) *ExpT* 71, p.144.
154) 롬 8 : 15, 갈 4 : 6의 바울의 말 참조. 이것은 예수의 설교와 케리그마의 선포 사이의 직접적인 관련성에 대한 또 다른 논점으로서, 이 경우에는 케리그마에 대한 바울의 해석인 것으로 보인다.

라."이것은 예수의 가르침 중에 가장 전형적인 강조점으로 묘사되어야 한다. 우리는 마가복음 10 : 15이 아마도 미래를 가리킬 가능성이 가장 많은 반면에[155] 주기도문의 *abba*는 확실히 현재를 언급하고 있음을 주목해야 한다. 이는 예수의 가르침에서 현재와 미래 사이의 전형적인 긴장을 보여주는 것이다. 그러나 양자 속에 함축되어 있는 논점은 동일하다. 하나님 나라의 경험은 하나님과 새로운 관계를 맺는 경험이다. 역사와 인간의 경험 속에 현현한 하나님의 왕적인 행위는 하나님과의 이러한 새로운 관계로 인도한다. 이것은 지금 향유될 수 있으며(*abba*), 어떤 방식으로든 미래에 완성될 것이다(막 10 : 15).

주기도문에서 우리와 관계된 다음 사항은 간구이다. "나라이 임하옵시며.""이름이 거룩히 여김을 받으시오며"와 밀접한 관련을 갖고있는 이 구절은 다음과 같은 카디쉬의 기도문과 상응한다."그의 위대한 이름이 그가 당신의 목적에 따라 창조한 세상에서 찬미되며 거룩해질지어다. 그는 너의 생애와 너의 날들과 온 이스라엘의 집이 생존하는 동안 더욱 속히, 가까운 때에 당신의 나라를 세울지어다."고로 이 축원도 분명히 종말론적이다.[156] 그러나 우리는 이런 축원을 사용하도록 교육받고 있는 사람들이 그 나라를 이미 개인적으로 경험한 사람들임을 기억해야 한다. 그러므로 그들은 다른 사람들도 이러한 경험을 공유할 수 있게끔 기도하도록 교육받고 있거나, 보다 개연적으로는 자신들의 경험 안에서 이미 시작되었던 일의 완성을 위하여 기도하도록 교육받고 있는 것이다. 이것은 현재와 미래 간의 이같은 고도의 특유한 긴장의 또 다른 실례이다. 제자들은 이같은 긴장 속에 사로잡혀 있기 때문에 그들의 기도의 방향을 그 긴장이 해소될 미래 쪽으로 향하고 있다. 나중에 초대교회는 "주께서 임하시느니라"(고전 16 : 22)라는

---

155) 위의 pp.255 이하를 보라.
156) 이미 위의 pp.20,28에 나온 바이스와 달만이 그러하다.

X 예수의 가르침 속에 나타난 하나님의 나라 ○ 269

기도에서 현재와 미래간의 긴장에 대하여 동일한 이해를 표현할 수 있었다. 우리는 주님의 초림과 재림 사이의 긴장에서 그 나라가 이미 임했으면서도 "나라이 임하옵시며"라고 기도하도록 교육받았던 제자들의 경우와 정확하게 동일한 종말론적인 지향점을 보게 된다. [157]

이제 우리는 다음 간구, 즉 "일용할" 양식을 위한 기도를 살펴보기로 한다. 이 구절은 이미 자신이 알고 있는 그리스 문헌에서 *epiousion*이라는 형용사에 대한 동의어를 발견할 수 없었던 오리겐(Origen)에게 문제가 되었는데, [158] 현대의 학자들이 이 기도에 대하여 행한 철저한 논의로 인하여 두 가지 가능성있는 해석이 제시되었다. 첫번째는 그것을 생활필수품을 위한 기도로 해석하는 것이다. "제자들은 하나님의 종이다. 그들이 요청하는 것은 하나님께서 자기들에게 지정하신 일들을 수행할 수 있는 매일매일의 충분한 양식이다. 내일의 직무를 위해서는 오늘의 양식으로 족하다." [159] 두번째는 그것을 종말론적으로 해석하는 것이다. 그것이 "생명의 떡"을 가리킨다고 이해하는 것, 즉 여기 지금 제자들에게 알려질 수 있는 종말의 선물을 지칭한다고 이해하는 것이다. "예수는 하나님의 자녀들이 그들의 손을 뻗쳐 완성의 영광을 붙잡고 그것을 끌어내려 믿음으로 얻고 기도로 획득하여 그들의 가난한 생활 속으로 지금, 여기, 오늘 당장 받아들일 수 있는 특권을 주신다." [160]

이들 두 가능성 중에 두번째 것이 선호되어야 한다. 첫번째 것은 결국 상투적인 유대인의 경건, 즉 하나님 앞에서 매일의 필요에 대한 신뢰감의

---

157) 예수의 메시지와 초대교회의 이해 사이의 또 다른 그리고 아주 중요한 유사점.
158) J.M.Crdde, *The Gospel According to St. Luke*, 1950, p.157에서 인용한 Origen, *De Orat*.27,15.
159) T.W.Manson, *Saying*, p.169.
160) Jeremias, *ExpT* 71,p.145.

변형일 따름이다.[161] 그리고 만약 그런 해석을 여기서 받아들인다면, 우리는 그렇지 않다면 전적으로 종말론적일 기도 속에 이런 뜻밖의 상투적 문구를 삽입하는 것이 될 것이다. 우리는 또한 제롬이 히브리어 복음서에서 명백히 종말론적인 내용을 담고있는 아람어인 마하르(mahar)를 발견했다는 사실을 알고 있다.[162] 마지막으로 예수의 가르침 속에 있는 메시야적 잔치에 관한 비유는 "내일, 곧 미래의 양식"을 메시야적 잔치로 상징화된 축복에의 참여라는 견지에서 이해하는 것이 자연스럽도록 만들어준다. 그래서 이 간구 역시 현재와 미래 사이의 독특한 긴장을 보여주고 있고, 이번에는 제자들의 경험에서 이미 알려진 하나님의 종말론적 축복들을 가리키고 있다. 제자들은 서로 간에, 그리고 예수와 더불어 종말론적 교제 가운데 자기들이 소유하게 된 것들을 계속 경험하기 위해 기도하도록 교훈받고 있다. 그들은 그것들을 완성 때 완전히 알게 될 것이지만 "여기 이미, 지금 이미" 알고 있는 것이다.

종말의 축복 중 최상의 것은 죄사함이었다.[163] 그래서 주기도문은 "우리가 우리에게 죄 지은(indebted to us) 자를 사하여 준 것같이 우리 죄를 사하여 주옵시고", 즉 "우리에게 대항하여 죄를 지은(sinned against) 자들"처럼 자연히 일반적인 것으로부터 특수한 것으로 옮겨간다. 죄사함은 예수의 사역에서 하나님의 종말론적 용서의 도전에 응답한 사람들이 제자들

---

161) Billerbeck, *Kommentar* I, pp.420 이하에 나온 예들.
162) 마 6:11(PL 26:43)에 대한 Jerome, *Commentary on Mathew* 17 : "히브리어 복음서에서 나오는 '실속있는 빵'(substantial bread)을 표현하는 말로 '내일의'이라는 의미를 지닌 '마하르'(mahar)를 찾아냈다. 그래서 그 의미는 내일의, 즉 미래의 우리의 빵이 오늘 우리에게 주어진다는 뜻이다." Jeremias, *ExpT* 71, p.145는 후기 유대교에서 *mahar*가 다음 날 뿐만이 아니라, 최종적인 완성인 미래를 의미한다고 지적하고 있다.
163) 위의 p.99를 보라.

과의 교제 속에 진입했던 근거가 되었다. 그러나 여기서도 다시 현재와 미래 사이의 긴장이 유지된다. 제자들은 이런 죄사함에 대한 그들의 경험이 실제적이었다 할지라도, 그리고 그것이 하나님과의 새로운 관계의 초석으로서 타당했다 할지라도 최초의 죄사함에 만족하여 편히 안주 할 수 없었으리라. 결코 아니다. 죄사함은 그들이 최초로 응답한 현재와 완성의 미래 사이의 관계에서 생겨난 긴장에서 지속되는 경험이며, 그들의 기도에서 계속적으로 기억되어야 한다.

이 기도의 두번째 부분인 "우리가 우리에게 죄 지은 자를 사하여 준 것같이"는 사실 주기도문에서 실로 독특한 것이고, 그 자체로서 아주 특별한 관심을 끌 자격이 있다. 그것은 아버지라는 기도의 대상과 더불어 예수의 기도에서 그 당시의 유대의 기도에서는 절대로 필적하는 것을 찾을 수 없는 표현이다. 그 기도의 나머지 부분은 비록 현저한 차이점이 있음에도, 즉 예수의 기도의 신선함, 직접성, 간결성, 그리고 현재와 미래 사이의 전형적인 종말론적 긴장이[164] 유대의 기도에서는 발견되지 않는다 할지라도, 유대의 기도에서 몇몇 대응적인 요소를 가지고 있다.[165] 그러나 아버지와 마찬가지로 "우리에게 죄 지은 자를 사하여 준 것같이 우리 죄를 사하여 주옵시고"라는 표현은 유사한 실례가 전혀 없다. 유대교에서 이와 가장 근접한 것은 집회서 28 : 2에 나오는 "이웃의 잘못을 용서해 주어라. 그러면 네가 기도한 때에 네 죄도 사하여질 것이다"라는 구절이다. 그러나 이런 사상이 비록 랍비적인 유대교에 남아있었다 할지라도[166] 그것은 죄사함을

---

164) I. Abrahams, *Studies in Pharisaism and the Gospels*(= *Studies*) Ⅱ, 1924, pp.98 이하.

165) 이에 대한 가장 좋은 실례는 위의 pp.268 이하에 나오는 카디쉬의 대응어구와 비교되는 것으로서 주기도문 중의 "이름이 거룩히 여김을 받으시오며 나라이 임하옵시며"이다.

166) Billerbeck, *Kommentar*, I, pp.424 이하.

위한 유대의 기도서들 가운데 아무런 자리도 차지할 수 없었다. 기도서들 가운데 특징적인 것은 "18편의 폐회기도"(Eighteen Benedictions) 중의 여섯번째이다. [167] "우리 아버지여, 우리를 용서하소서. 왜냐하면 우리는 당신께 범죄했기 때문입니다. 우리의 죄과를 당신의 눈 앞에서 지워주소서. 오 주여, 관대히 용서하시는 당신은 찬양받으실지어다." 실제로 유대인 학자인 에이브러햄스(Abrahams)는 유대 기도서들의 "무조건적인" 사죄를 주기도문의 "조건적인" 사죄와 대조시킬 수 있고, 대조시키고 있다. [168] 그러므로 마태복음 6장에 기록된 유대인 기독교 개종자들을 위한 교리문답 내용에서 주기도문 뒤에 이 기도와 그 의미에 특별히 주목하는, 공관복음의 전승에 널리 유포된 구절이 나온다는 것은 이상한 일이 아니다. "너희가 사람의 과실을 용서하면 너희 천부께서도 너희 과실을 용서하시려니와"(마 6 : 14, 막 11:25 참조). 이같이 우리는 여기에서 예수의 가르침 중에 지극히 중요하며 세심하게 숙고해야 할 새로운 요소를 가지고 있다.

우리는 마태복음 6 : 12 하반절에 나오는 동사가 누가복음의 현재형(*aphiomen*)과는 대조적으로 부정과거형(*aphēkamen*)이라는 점을 주목함으로써 다음의 고찰의 출발점으로 삼고자 한다. [169] 예레미아스는 이것이 아람어법이며, 그것이 여기서 지금 발생하는 행위를 지적하기 때문에 현재형으로

---

167) Fiebig, *Jesu Bergpredigt* II, p.51에서 인쇄된 본문 번역.
168) Abrahams, *Studies*, II, pp.95이하.
169) 현재형(*aphiemen, aphiomen*의 정자법 변형)은 텍스투스 레셉투스(*textus receptus*, 1550년 로버트 스테파누스가 출판한 헬라어 신약본문-역자 주) 마 6 : 12 하반절에 나오며, 또한 몇몇 고대의 사본에서도 발견된다(*aphiemen* 혹은 *aphiomen*으로서). 오리겐은 완료형으로 된 문장과 현재형으로 된 문장을 다 알고 있었기 때문에 이 현재형은 이 본문의 경우엔 확실히 고대의 변형이다. 현대의 비평 본문들은 만장일치로 완료형을 선택한다. 티센도르프,(Tischendorf), 폰 조덴(von Soden), 네슬(Nestle), 메르크(Merk), 수터(Souter), 그리고 킬패트릭(Kilpatrick) 등은 모두 그렇게 읽고 있으며 개역표준역(RSV)과 새영어성서(NEB)도 그렇게 번역해놓고 있다.

번역되어야 하는 아람어 완료형을 나타낸다고 주장한 적이 있다. "그래서 '이같이 우리가 우리에게 죄지은 자들을 용서하는 것처럼'이라고 해야 올바른 번역이 될 것이다."[170] 아람어의 현재완료용법(perfectum praesens)이 본문전승 속에 있는 변형인 aphēkamen/aphiomen을 설명해줄 것이기 때문에 이것은 유력한 논리인 것으로 보인다.

그렇다면 우리는 아람어 완료형에 비추어 이 기도를 읽을 때 "이같이 우리가 용서하는 것처럼"에서 제자가 하나님의 용서함을 받는 것과 그의 기꺼이 용서하려는 마음 사이에 현저한 연계성을 보게 된다. 그 연계성은 마태복음 6:14(막 11:25 참조)의 구절에 의하여 강화되는데 그 시기의 유대 기도서들에는 이와 유사한 것이 없다. 예수의 가르침에서 기꺼이 용서하려는 마음은 예레미아스가 지적했듯이[171] "우리가 하나님의 용서를 붙잡을 수 있는 편 손"이다. 이것은 새로운 음조이다. 그리고 그것은 본 기도문에서 하나님을 아버지로 부른 사실만이 그 중요성에서 필적할 수 있는 것이다. 사실 이 둘은 예수의 가르침에서 핵심 요소로 합칠 수 있으며, 종말론적 가르침에서도 그러하다. 왜냐하면 아버지(abba)는 우리가 위에서 주장했듯이 예수의 그 나라 선포와 그에 대한 제자들의 응답의 토대 위에 형성되는 하나님과의 새로운 관계의 표출로서, 기도에서 사죄를 위한 "조건적인" 요소는 이같은 응답의 본질적인 성격을 보여주며 따라서 우리가 아래에서 논하겠지만, 예수의 가르침에서 종말론과 윤리의 관계 이해를 위한 핵심이 되기 때문이다. 그러나 당분간 이같은 간구 전체와 제자들의 경험 사이의 명백한 관계성에 주목하는 것과 이 간구는 본 기도문 속의 모든 다른 구절들과 마찬가지로 예수의 사역의 "지금"-혹은 제자가 그 사역 안에서 자기에게 허락된 사죄를 첫번째로 경험한 일-과 완성의 "그

---

170) *ExpT* 71, p.146.
171) *Ibid.*

때" 사이의 종말론적 긴장의 맥락에 위치해 있다는 사실로 만족하기로 하자.

"우리를 시험에 들게 하지 마옵시고"라는 기도의 마지막 간구는 주석학자에게 "마옵시고"의 의미와 "시험"이 무엇을 지칭하는가라는 두 가지 문제를 제시한다. 여기서 우리에게 도움이 되는 고대 유대의 기도서 두 편이 있다. 그 하나는 18편의 폐회기도요, 다른 하나는 베라코트(b. Berakhoth) 60절 하반부에 나오는 저녁기도이다. 18편의 폐회기도 중 여섯번째와 일곱번째는 다음과 같다.[172]

> 우리 아버지여, 우리를 용서하소서. 왜냐하면 우리는 당신께
> 죄를 지었기 때문입니다. 당신의 눈앞에서 우리의 죄과를
> 깨끗케 해주옵소서. 우리의 고통을 돌아보시고, 우리 편에 서서
> 싸워주옵소서. 당신의 이름을 위하여 우리를 건지소서.

저녁 기도는 다음과 같다.[173]

> 저로 죄의 손아귀에 들게("들다"(come)의 사역형) 마옵소서.
> 시험의 손아귀에,
> 수치의 손아귀에도 들게 하지 마옵소서.

우리는 앞의 기도문을 주목함으로써 예수의 당대인들이[174] 용서를 위한 기도에서부터 일상적 경험 속에서 하나님의 도움을 구하는 기도로 자연스럽게 옮아갔던 모습을 볼 수 있다. 그리고 예수의 기도도 마찬가지로 사죄로부터 하나님이 "우리 편에 서서 싸워주십시오"라는 생각으로 옮아간다고 가정

---

172) Fiebig, *Jesu Bergprddigt* Ⅱ, p.51에서 인쇄된 본문을 다시 번역한 것.
173) Fiebig, *op. cit.*, p.54에 인쇄된 베니스판 본문을 번역한 것.
174) 18편의 폐회기도가 유대의 기도문 중에 가장 중요하며 그것이 1세기로까지 소급된다는 것은 일반적으로 공인되고 있다. Kuhn, *Achtzehngebet und Vaterunser und der Reim*, 1950, p.10.

하는 것이 자연스럽다. 두번째 인용문은 "시험에 들게 하지 마옵시고"의 이해에 도움을 제공하고 있다. 왜냐하면 이것은 허용적 힘(permissive force)을 가진 것으로 이해될 수 있는 셈어의 사역시제를 반영함이 분명하다는 데에 일반적인 합의가 이루어져 있기 때문이며, 따라서 이것은 예수가 당연히 알았을 기도로부터 유래한 실례인 셈이다. [175] 그래서 예수의 기도는 우리의 개인적인 경험에서 하나님의 계속적인 도움을 간구하는 기도로 이해될 수 있다. 우리가 "시험"의 손아귀(즉 능력 아래)에 들어가지 않도록 그가 우리 편에 서서 싸워달라는 것이다.

신약성서에 나오는 "시험"의 개념은 쿤(K. G. Kuhn)의 『두루마리와 신약성서』(*The Scrolls and the New Testament*)에 나오는 "시험, 죄 그리고 육체"라는 논문에서 주의 깊게 검토되었다. [176] 그는 *peirasmos*(시험) [177] 가 신약성서의 개념에서는 항상 사탄을 통하여 나오며 믿는 자가 세상을 살아갈 때 끊임없이 사탄의 공격을 받고 있다는 의미임을 보여주고 있다. [178] 이제 이 점에서 신약성서는 쿰란 사본과 일치하고 있다. 왜냐하면 이들 사본은 사탄의 *peirasmoi*에 끊임없이 공격당하고 있는 종파의 신도들의 동일한 이원론 및 관념을 정확하게 제시해 보여 주기 때문이다. [179] 쿰란 사본에는 종말론적 전쟁이 시작됨에 따라 이런 상황이 첨예화될 것이라는 예상이 나와있다. "그 때는 하나님의 구속받은 백성들에게는 *peirasmos*의 때일 것이

---

175) Jeremias, *ExpT* 71, p.146.
176) 위의 주151을 보라.
177) 그리스어 단어인 *peirasmos*(유혹-시험-고난-테스트)에 담긴 의미의 범위를 대변할 수 있는 한 단어를 영어에서 찾아내기란 불가능하다. 이 점에 대해 우리는 필연적으로 (의미를) 오도하는 "시험"이라는 말로 번역하기보다 쿤의 논문에서의 실례를 따라 *peirasmos*로 표기하고자 한다.
178) Kuhn, *Scrolls*, p.100.
179) 1QS 1 : 17 ff.; 3 : 22-25; 4 : 16-19. Kuhn, *Scrolls*, p.100.

다. 그러나 이는 모든 이전의 *peirasmoi* 와는 달리 영원히 지속될 구속으로 신속하게 종결될 것이다"(1 QM 1 : 12). 사실 이들 사본에서 우리는 그 종파의 구성원들이 경험하고 있는 현재의 *peirasmos*와 종말론적인 미래에 예상되는 *peirasmos*를 구분할 수 없다. 그들은 스스로 하나님의 종말론적 백성이라고 의식하고 있기 때문에 그들의 생각은 전자로부터 후자로 자연스럽게 옮아가고 있다.[180]

우리는 예수의 사역에서 인간의 경험 속에 이미 종말론적인 갈등이 시작되었다는 본질적인 차이점에도 불구하고 예수의 가르침이 쿰란 사본의 경우와 마찬가지로 거룩한 전쟁을 반영하고 있다고 이미 주장한 바 있다.[181] 그래서 주기도문의 마지막 간구가 종말론적인 갈등을 언급하고 있음을 깨닫는 것은 자연스럽고, 실로 필수적이다. 여기서 *peirasmos*는 마가복음 14 : 38과 계시록 3 : 10에서와 마찬가지로 이같은 종말론적 투쟁 중에 맞이하는 사탄의 공격이다.[182] 묘사되고 있는 것은 마태복음 12 : 28의 경우와 마찬가지로 종말론적 갈등의 장으로서 개인적 경험이고,[183] 따라서 그 간구는 친숙한 쿰란 사본의 표현을 부연 인용한다면 하나님의 분깃이 된 사람(a man of God's lot)이 승리함으로써 갈등이 언제나 해소될 수 있도록 하나님께서 제자들의 갈등-체험에 개입하게 하려는 목적을 가지고 있다. 제자는 종말론적인 갈등 상황에 사로잡혀 있고, 그의 경험은 하나님과 사탄 사이의 전면전의 일부가 된다. 그러나 이 경험에서 그는 혼자 싸우도록 내버려져 있지 않다. 하나님은 그가 *peirasmos*의 능력 안으로 떨어져 사탄의

---

180) 위의 p.240과 Kuhn, *Scrolls*, p.110을 보라.
181) 마 12 : 28의 주석과 관련하여 위의 p.237을 보라. 쿤, *Scrolls*, p.111에서 유사한 지적을 하고 있다.
182) Kuhn, *Scrolls*, pp.94 이하.111.
183) 위의 p.237을 보라.

공격에 굴복하지 않도록 "그의 편에 서서 싸우실" 것이다. 우리는 여기서 다시금 현재와 미래 사이의 독특한 긴장을 주목해야 한다. 제자 개개인의 *peirasmos*는 종말론적 갈등의 일부분이기는 하지만, 그 정점은 아니다. 획득된 승리는 진정한 승리이지만, 아직 최종적인 승리는 아니다.

 이제 우리는 하나님의 나라에 관한 예수의 가르침에서 현재와 미래 사이의 긴장을 논의한 결과 확정지은 몇몇 요점을 함께 결합시킬 시점에 도달하였다. 우리는 그것이 예수의 사역 안에서 하나님께서 자신을 왕으로서 드러냈을 때 시작하신 일과 그가 당신이 선택하는 시기와 방식으로 완성하실 일 사이의 긴장임을 주장하였다. 그러나 예수의 가르침은 우리에게 이런 방법과 시기에 관하여 아무런 지침을 주지 않고 있다. 오히려 그것은 완성의 때에 수반될 일, 즉 심판, 예수 자신의 신원, 하나님의 가치들의 확정, 그리고 하나님과의 완전한 교제와 관련된 제반 축복들의 향유에 주의를 돌리고 있다. 예수의 가르침은 유대의 묵시와 마가복음 13장 및 그 대응 구절들에서 그토록 성행했던 완성의 방법과 시기에 대해 논의하기는 커녕 그것이 또한 인간의 경험 속의 그 나라의 현재적 출현과 관계되어 있기 때문에 미래적 인간의 경험 속에 확실히 나타날 완성에 보다 관심을 기울이는 듯이 보인다. 그래서 결국 현재와 미래 사이의 긴장은 무엇보다 인간 경험 내의 긴장이고, 이 점은 주기도문에서 아주 극명하게 드러나는 것이다. 이 기도는 역사와 경험 안에서 하나님의 왕적인 행위의 결과로서 현재 제자가 향유하는 하나님과의 새로운 관계를 기념함으로써 시작한다. 그리고 그것은 계속하여 현재와 미래 사이의 이러한 종말론적이고 경험적인 긴장 사이에 신앙적 실존의 총체를 구성하는 핵심요소들에 관심을 가진다. 그 핵심요소들이란 완성으로 정점에 도달할 때까지 계속될 하나님의 왕적인 행위와, 알려졌고 알려져야 할 하나님의 종말론적 축복과, 기꺼이 용서받는다는 견지에서 제자들이 응답할 때 보다 깊이 지속적으로 경험될 수 있으며 이 축복들 가운데 최상인 죄의 용서와, 제자가 지금 사로잡혀 있으며 그 자신도 목하 일역(一役)을 담당해야 하는 종말론적 갈등 등을 말한다. 우리는 이 긴장이 어떻게, 언제, 그리고 어디에서 해결될 것인지 말할 수 없다. 그리고 이 점에 대해 예수의 가르침이 침묵하고 있다는 사실은 확실히 의미심장하다. 우리는 이런 긴장의 해결에 대해서가 아니라, 긴장 자체가 우리에게 의미하는 바와 우리가 무엇을 해야하며 그 안에서 무엇을 추구해야 하는지에 관심을 기울여야 한다. "우리가 그 안에서 무엇을 해야하는가"라는 이 마지막 지적은 우리를 자연스럽게 본서에서 논의할 마지막 문제점 즉 종말론과 윤리 사이의 관계로 이끌어준다. 그러나 우리는 그 문제로 나아가기 전에 "때가 찼고 하나님 나라가 가까왔으니 회개하고 복음을 믿으라"(막 1:15)는 말씀에 대하여 논평해야 할 것이다.

이것은 예수의 종말론의 해석 속에 짜맞추기에는 특히 어려운 구절이다. 그것은 예수의 가르침 중에서 그 나라의 현재적인 측면에 속해있지도 않고, 이를 마태복음 12:28과 일치시키는 방식으로 해석하려는 도드의 시도는 실패로 돌아갔다.[184] 동시에 그것은 가르침 중에서 그 나라의 미래적인 측면에 속해있는 것도 아니다. 우리는 미래적인 나라가 예수의 사역과 제자들의 경험에서 시작된 일의 완성임을 보았다. 그러나 마가복음 1:15은 예수의 사역이 시작되기 전인 것이다. 그런데 그 구절의 위치는 편집상의 문제이기 때문에 이는 그 자체로서 특별히 타당성 있는 지적이라 할 수는 없다. 그러나 그것은 우리가 마가복음 1:15 자체를 아직 임하지 않았으므로 이미 시작된 일의 완성에 관한 가르침과 조화될 수 없는, 임박한 모종의 일을 단순히 가리키고 있다고 인정한다면 중요한 지적이 된다. 그래서 이 구절은 현재로서의 그 나라의 가르침이나 미래로서의 그 나라의 가르침에 속해있지 않다. 그렇다면 그것은 어디에 속하는가? 그것이 신빙성있는 구절이라면 그것은 이들 두 요소보다 앞선 시기에 속해 있음에 틀림없다. 그러므로 그것은 그 나라가 예수 안에서 드러나고 듣는 자들이 이에 응답할 그 순간의 임박성을 가리키는 것으로 해석되어야 한다. 이 경우에 그 나라에 관한 예수의 가르침에는 세 가지 요소, 즉 마가복음 1 : 15, 예컨대 마태복음 12 : 28의 현재성, 그리고 예컨대 마태복음 6 : 10의 미래성이 병존한다. 이같은 지적이 실제로 맞는다면 막 1:15은 적절하게 예수의 사역의 시초에 위치해 있게 되고, 마태복음 10 : 7(눅 9 : 2 참조)도 마찬가지로 적절하게 제자들의 사역의 시초에 위치하게 된다. 그 구절들은 그들의 사역에서 임하게 되며 하나님이 당신의 방법과 때에 완성시킬 일의 임박성을 선포하고 있다. 그러나 그러한 해석은 전승이 그 구절들 사이에 지극히 정교한 구분을 유지해왔다는 가정을 필요로 하는데, 이는 매우 개연성이 적다. 누가복음 9 : 2이 분명히 전승의 요약(눅 8 : 1, 행 8 : 12 참조)인 것처럼 마가복음 1 : 15과 마태복음 10 : 7도 사실상 예수의 메시지의 요약으로서 전승내에서 창작되었다는 가정이 훨씬 더 그럴 듯하다. 실로 마가복음 1 : 15은 전승의 요약으로 제시될 수 있다. 그 구절은 다음과 같은 주장에 의하면 예수의 가르침으로부터 용어를 채택하여 사용하고 있지만, 초대 기독교의 신학 개념들을 반영하고 있는 것이다. (i) "때가 찼다"는 말은 놀랄 정도로 갈라디아서 4 : 4과 에베소서 1 : 9 이하 및 복음서 기자들, 특히 마태에 의한 복음서 설화의 해석을 상기시켜준다. (ii) "하나님의 나라"와 "회개하라"는 확실히 예수에 의하여 사용된 용어이지만, 마찬가지로 "복음을 믿으라"도 확실히 초대교회의 전형적 문구이며,[185] "회개하고 복음을 믿으라"는 사도

---

185) 믿다(believe in(en))라는 단어는 다른 경우에는 신약성서 바티칸 사본(B)의 요 3 : 15 본문에만 나오는데 *epi* 혹은 *eis*를 가진 동사(요 3 : 15에서의 변형)는 그리스도, 혹은 하나님에 대한 믿음을 초대 그리스도인들이 특징적으로 공식화할

행전 11：17 이하, 20：21 같은 사도적 케리그마에로 연결되는 특유의 점층법(漸層法)적인 표현이다. 그러므로 마가복음 1：15은 전승 가운데 정식화된 예수의 가르침의 요약이며, 그 자체로서 역사적 예수의 가르침에 대한 해석에 영향을 미치고 있다고 주장될 수 없다.

3. 예수의 가르침에 나타난 종말론과 윤리의 관계

지금까지의 논의로써 우리는 예수의 종말론적 가르침이 결국 그의 사역 안에서 하나님의 왕적인 행위의 도전에 응답하는 개인의 경험과 관계되어 있으며, 따라서 윤리적 가르침은 개인이 현재와 미래 사이의 종말론적 긴장에 사로잡혀 있는 상태에서 해야하는 일과 관계가 있다고 믿고 있음을 분명히 한 것으로 생각한다. 우리의 주장은 역사와 인간의 경험 속에 하나님이 개입하시는 궁극적인 목적은 인간이 당신과의 새롭고 완전한 관계 안으로 들어오기 위하여 나타내어야 하는 응답에 관해 설명하도록 계획되었다는 것이다. 우리는 이제 이러한 논지를 세 가지 방식으로 개진하고자 한다. (a) 주기도문에 포함된 가르침으로부터 (b) 산상보훈의 의미에 대한 예레미아스 교수의 최신 저술을 언급함으로써 (c) 율법의 성서적 개념에 대한 고찰을 통하여.

A. 주기도문에 포함된 가르침

바로 앞서 나온 주기도문에 관한 논의에서 주기도문에는 1세기 유대교의 기도문에는 유사한 실례가 없는 두 가지 특징이 있음을 지적한 바 있다. 그것은 바로 하나님을 아버지라고 불렀다거나, "우리가 우리에게 죄 지은

때 사용되었다. "복음"(Good News)은 초대 교회의 어휘로부터 생겨났다(막 1：1！). 그것은 거의 틀림없이 예수에 관한 구원의 메시지를 바울이 공식화시킨 것이며, 롬 10：14에서 바울이 이해하듯이 "복음을 믿는 것"이 기독교적 신앙의 출발점이다.

자를 사하여 준 것같이 우리의 죄를 사하여 주옵시고"라는 사죄를 위한 청원에 첨가된 "조건"이다. 이제 우리는 기도문 안에서 이극히 중요한 두 요소들에 관해서는 앞서 서술한 내용을 단지 반복하기만 해도 될 것이다. 전자는 예수의 그 나라에 대한 선포에 대한 올바른 응답을 가능케 하는 하나님과의 새로운 관계를 명시하고 있다. 후자는 그 나라의 선포 속의 중심적인 측면, 즉 사죄의 경우에 요구되는 응답을 명시한다. 이 선포가 종말론적이며, 또 용서의 명령이 분명히 윤리적이기 때문에 우리는 여기서 예수의 가르침 안에서 종말론과 윤리 사이의 관계에 직면하고 있다. 윤리적 가르침은 하나님이 자신을 예수의 사역 안에서 왕으로 나타내심으로써 허락하신 그곳에 인간이 보다 완전하게 들어갈 수 있기 위하여 종말론적인 가르침에 대해 취해야할 부류의 응답을 명시하기 위해 계획되었다.

주기도문은 필연적으로 간단하기 때문에 그 자체는 죄사함이라는 중심적인 측면에 국한되어 있다. 그러나 예레미아스 교수는 산상수훈에 관한 자신의 저술에서 선포-응답이라는 동일한 패턴이 예수의 전 윤리적 가르침의 밑바탕이 되고 있다고 주장하였다.

B. 산상수훈에 관한 예레미아스 교수의 주장

예레미아스는 간략하지만 극히 중요한 자신의 저술인 『산상수훈』(*Die Bergpredict*)에서[186] 산상수훈의 의미의 문제를 연구하고 있다. 그는 예수가 단순한 계명을 주고 제자들이 지키도록 기대했다는 완전주의자적 개념 (*perfectionist conception*)과 계명들은 인간을 절망으로 몰아넣음으로써 하나님의 경이와 자비에 눈을 뜰 수 있게 하기 위해 주어졌다는 불가능한 이상론 (*theory of the impossible ideal*)과 윤리적 가르침이 예수의 사역과 그 나라의

---

186) J.Jeremias, *Die Bergpredigt*(Calver Hefte 27), 1959(같은 저자에 의하여 *The Sermon on the Mount*, 1961로 영역됨).
187) 바이스와 슈바이처의 이론, 위의 pp.23 이하, 34를 보라.

도래 사이의 짧은 중간기에 요구되는 부류의 회개를 명시한다는 **중간윤리**의 개념 등을 검토한 후 하나하나 거부하고 있다.[187] 이에 대항하여 예레미아스는 그 특유의 세심하고 철저한 논리를 통해 산상수훈에 대한 나름의 이해를 전개하고 있다. 그 현재적 형태는 초대 교회의 교리문답의 형식을 보여주고 있으며 복음 선포 및 개종 다음에 위치하고 있다. 그러나 산상수훈 전체에 적용되는 것은 또한 그것을 구성하고 있는 개개 구절들에게 적용된다. 우리는 그것들을 이해하기 위해서 그 구절들이 다른 어떤 것, 즉 하나님의 나라의 선포 및 이것으로 제자들에게 가능해진 하나님과의 새로운 관계성의 다음에 위치하고 있다고 전제해야한다. 예레미아스는 다섯 가지의 실례를 들어서 이 점을 실증하고 있다. "너희는 세상의 빛이라"는 마태복음 5 : 14은 제자들이 예수 안에서 "세상의 빛"을 발견했다는 것을 전제하고 있다. "너희가 사람의 과실을 용서하지 아니하면 너희 아버지께서도 너희 과실을 용서하지 아니하시리라"는 마태복음 6 : 15은 무자비한 종의 비유의 결론에 비추어 읽혀져야 한다. "너희가 각각 중심으로 형제를 용서하지 아니하면 내 천부께서도 너희에게 이와 같이 하시리라"는 마태복음 18 : 35은 그러므로 비유가 말하고 있는 허다한 채무의 탕감을 전제하고 있다. 이혼에 관한 구절인 마태복음 5 : 32 이하는 구원의 때가 시작되고 있고 하나님의 순수한 천국의지가 이제 유효하므로(막 10 : 2-12) 율법의 시대가 끝났다는 선포를 전제하고 있다. 자신의 원수를 사랑하라는 명령인 마태복음 5 : 44 이하는 하나님의 무한한 양선(良善)의 역동성을 전제하고 있다. 다른 뺨을 돌려대라는 마태복음 5 : 38 이하는 보통 모욕을 받으라는 말이 아니라 예수를 따르는 자들이 이단자로 공식적인 박해를 당할 것임을 가리키면서 이사야 50 : 6을 지적함으로써 제자들을 예언적 승계의 반열에 넣고 있다. 우리는 이들 구절에서 산상수훈의 예수의 모든 말씀에도 적용되는 특수한 실례를 볼 수 있다. 그 구절들은 그 나라에 대한 예수의 선포와 이에 대한 제자들의 영접을 가정하고 있다. 그러므로 그것들은 "생명력있는 신앙"의 모범으로 제시되며, 하나님의 요구에 앞서 명확히 하나님의 선물이 선행하고 있는 것이다.

그렇다면 우리는 예수의 윤리적 가르침이 그의 사역에서 현재로서의 그 나라에 대한 선포를 전제하며 이에 대해 응답하는 사람들을 인도하고자 의도되었다고 주장할 수 있다. 그의 가르침은 사람들이 이 선포에서 자기들에게 허락된 것을 스스로 소유할 수 있도록 응답하게끔 그들을 인도하려고 계획된 것이었다. 그 나라는 궁극적으로 인간의 경험과 결부되어야 하기 때문에 그 윤리적 가르침은 사람들이 이 경험 속에 보다 완전히 들어갈 수 있는 응답에 관해 설명해준다. 여기서 우리는 다시금 현재와 미래 사이의 독특한 긴장에 세심한 주의를 기울이고, 이것이 개인적인 긴장임을 다시 한번 인정해야 한다. 그러나 우리는 이제 여기에 개인적인 긴장이란 현재와 미래 사이 뿐 아니라 부분과 전체, 시작과 완성 사이의 긴장이기도 하다는 인식을 추가시킬 수 있다. 예를 들어 죄사함의 경우에 사람들은 최초의 죄사함의 경험으로부터 "손으로 짓지 아니한 성전"에서 하나님과 누리게 될 완전한 성례전적 관계를 향하여 나아가면서 다른 사람들을 용서함으로써 응답해야 한다. 혹은 사랑의 법의 경우에 사람들은 그들의 경험 속에서 하나님의 사랑의 최초의 충격으로부터 "하나님의 나라에서 아브라함과 이삭과 야곱과 동석하여 앉는" 사랑의 완전한 교제를 향하여 나아가면서 원수를 포함하여 서로서로를 사랑함으로써 반응해야 한다. 이들 두 경우와 언급 가능한 다른 모든 경우에 최초의 추진력은 인간의 경험 속에서 하나님이 행하시는 일의 충격으로부터 유래되며, 이에 대한 반응은 사람들이 시작으로부터 완성을 향하여 나아갈 수 있는 원동력이다. 그래서 종말론은 순전히 실현된 종말론의 경우처럼 좀더 나은 일들의 존립의 기반으로서 시초에만 처해있는 것이 아니다. 또한 순전히 미래적 종말론과 중간윤리의 경우와 같이 사람들이 최선을 다하여 자신을 꾸준히 준비시켜야 하는 목적으로서 마지막에만 처해 있는 것도 아니다. 오히려 종말론은 신자, 곧 하나님의 나라에 관한 예수와 메시지의 도전에 응답하는 인간 존재의 차원을 결정짓는 것으로서 처음과 끝 양쪽에 동시에 처해있다. 그리고 윤리적 가르침은 사람들이 시초로부터 종말을 향하여 움직이는 그 역동적인 반응의 성격을 나타내준다.[188]

C. 성서적 율법 개념

여기서 우리는 구약에 관한 한, 우리 자신의 연구를 제시하기보다는 우리가 구약학에 대한 그 업적에 크게 빚지고 있는 학자 게르하르트 폰 라드의 연구에 다시 한 번 의존하고자 한다.

폰 라드에 의하면,[189] 구약 안에서 어떻든 형태상으로는 신약에서 복음이라고 부르는 것에 유사한 어떤 내용이 이미 발견된다. 구약에는 하나님의 당신의 백성을 위한 구원 행위의 선언이 발견된다. 구약의 율법은 이와 반대되기는 커녕 제대로 이해한다면 근본적으로 그에 대한 응답인 것이다.

폰 라드는 가나안으로 입성 한 때 이래로 세겜에서 「구속사」 (*Heilsgeschichte*)-당신의 백성을 위한 하나님의 구원 행위의 역사-가 낭송되었던 언약 갱신 축제가 있었으며, 이같은 낭송에 이어 계명에 대한 선포가 뒤따랐다고 주장하고 있다. 사람들은 그들이 계명을 준수할 것인지 여부가 아니라, 그들이 자기들을 위한 하나님의 구원 행위를 수용할 것인지 여부에 관한 결단에 직면하게 되었다. 이를 받아들인 사람들은 계명을 받아들임으로써 이에 응답했는데, 계명의 목적은 그들을 위한 구원 행위를 통해 가능하

---

188) 우리는 물론 완성이 인간의 응답에 달려있다거나, 인간의 응답에 의하여 초래된다고 말하려는 것은 아니다. 그 나라가 전적으로 하나님의 행위인 것처럼, 최초의 충격과 최종적 완성 모두는 전적으로 그의 소관이다.

189) 우리는 여기서 특히 von Rad, *Theoolgie* Ⅱ, pp.402-24를 따르고 있다.

게 된 하나님과의 관계를 증진시키는 것이었다. 말하자면 계명으로 인하여 이스라엘 사람들은 자기들에게 주어진 하나님의 구원의 선물을 더 깊이 경험할 수 있는 위치에 서게 되었다.

이같은 이해에 따르자면 구약에는 실상 사람들이 하나님 보기에 의를 성취하기 위하여 충족시켜야 하는 율법이 아니라, 사람들이 응답함으로써 자기들의 구속자인 하나님과의 역동적인 관계 속으로 진입하게 되는 복음이 있는 것이다. 이 역동적인 관계가 곧 "생명"이다(신 30 : 15, 19).

구약 율법에 대한 이같은 이해에서 중요한 요소는 하나님의 구원 행위와 사람들의 응답이라는 짝을 이룬 두 구성요소가 변화하는 환경과 경험에 따라 발전할 수 있다는 통찰력이다. 폰 라드는 이 점을 상세하게 설명하고 있지만,[190] 우리는 예언자들이 도입한 주된 변화에만 국한시켜 살펴보고자 한다.

예언자들은 사람들이 율법을 지키지 않았으며, 따라서 그들이 심판 아래 있다는 사실을 선포한다. 그렇지만 예언자들은 사람들이 개별적인 도덕적 계명을 성취하지 못했다는 의미로 율법을 지키는 데 실패했다고 사람들을 책망하지는 않는다는 점을 지적하는 것이 중요하다. 예를 들어 이사야 1 : 2-4에서 그들은 하나님의 구원 의지와 그들을 위한 구원 행위에 올바른 방식으로 응답하는데 실패했다고 하여 사람들을 책망한다. 또 이사야 28 : 22에서 사람들은 하나님의 구원 인도와 행위에 마땅한 바대로 응답하지 못했기 때문에 심판 아래에 놓여있다. 그러나 이 심판은 끝이 아닐 것이다. 예언자들은 심판 만이 아니라 종말론적 구원, 즉 **구속사**에서 새롭고 결정적인 시대의 도래, 예레미야 31 : 33, 에스겔 37 : 1-6에서처럼 하나님과의 새롭고 완전한 관계로 이끌 새롭고, 이번에는 완전한 응답을 가능하게

---

190) *Theologie* II, pp.406 이하.

해줄 하나님의 구원 행위를 선포하고 있다.

하나님의 구원 행위와 인간의 응답이라는 개념을 발전시킬 수 있었던 폰 라드의 논점은 이제 쿰란 사본에서 더욱 진전된 설명을 발견한다. 훈련교본(1 QS) 1 : 18 하반절- 2 : 18은 쿰란 사본의 계약 갱신의식으로부터 나온 것으로서 부분적으로 다음과 같은 내용이 나온다.

"제사장들과 레위족속이 계약을 맺을 때 그들은 구원의 하나님과 그의 모든 진리의 업적을 축복한다. 그리고 계약을 맺은 모든 사람들은 아멘, 아멘하고 말한다. 그런 다음 제사장들은 모든 하나님의 놀라운 업적과 더불어 그의 의로운 행위를 열거하며 이스라엘을 **향한** 모든 자비로운 은혜의 행사를 하나하나 설명한다(즉 그들은 **구속사**를 노래하는 것이다). 그런 다음 레위족속은 이스라엘 자손들의 죄와 그들의 모든 죄악된 범법 행위와 벨리알의 지배 안에서 행한 불의를 열거한다." 전체적인 고백이 뒤이는 다음, "…그러나 그는 우리에게 사랑의 자비를 영원부터 영원까지 베푸셨다. 그리고 제사장들은 하나님의 모든 길 안에서 완전하게 행하는 하나님의 모든 백성들을 축복한다…그리고 그런 연후에 레위족속은 벨리알에게 속한 모든 사람들을 **저주한다** …."

우리는 여기에서 다소 쿰란 사본 특유의 이원론에 의하여 영향받은 고전적인 선포의 양식과 그에 대한 반응을 보고 있다.

이 계약 갱신의식에 있어 중요한 점은 이런 식으로 정규적으로 갱신된 계약이 "일시적인" 계약이라는 것이다. 그것은 벨리알이 지배하는 동안에만 유효하다. 훈련교본 2 : 19에는 "그래서 그들은 연부년 벨리알이 지배하는 모든 날들 동안 살아갈 것이다."우리는 1호동굴 제34두루마리(1 Q34 ⅱ) 2 : 5-8에서 벨리알이 파멸된 이후에 되어질 일들에 대한 언급이 있음을 위에서 지적했다. [191] 이같은 벨리알의 파멸은 당신의 백성을 위한 하나님의 종말론적인 구원의 행위이자, "영광의 현시"요, 새로운 응답으로 이끌 "하나님의 의로우신 손의 업적"이요, "영광의 훈계이자 영원의 정점"이다.

그래서 쿰란 사본은 그로써 인간이 하나님과의 관계에 들어가게 되는 하나님의 구원 행위에 대한 응답으로서의 고전적인 구약의 율법 개념이 예수의 당대인들 사이에 통용되고 있다는 -비록 여기에 좀더 "형식주의적인" 이해가 혼합되어 있지만(예컨대 다마스커스규약 3 : 12-21)-사실에 대한 증거를 우리에게 제공해준다. 실로 이러한 기본적인 구약의 강조점의 고수야말로 율법이 심지어 고도의 "형식주의"를 고집한 랍비들에게조차 결코 짐이 아니라 기쁨과 특권으로 남아 있었던 이유인 것이다. 예수의 당대인들은 **구속사의 새롭고 결정적인(종말론적인) 시기**와 이에 대한 새로운 응답(그로써 그들이 하나님과의 온전한 관계에 들어가게 되는)을 고대할 수 있었고, 실제로 고대하였다. 이런 일이 자기의 사역 안에서 일어나고 있다는 것이 예수의 가르침의 정확한 논지이다. 그 나라는 지금 하나님이 그의 왕적인 행사를 드러낼 때 현존한다. 그리고 이에 대한 새로운 필수적인 응답은 종말론적 율법인 윤리적 가르침 속에 끊임없이 명시되고 있다.[192] 이런 이유 때문에 예수는 하나님의 뜻에 대한 자신의 이해를 모세의 율법(산상수훈의 반대)에 대항하여 제시하면서, 현재 유효한 하나님의 천국의지를 담대하게 선포하고 있는 것이다(막 10 : 6 이하).

---

191) Pp.103 이하.
192) 위의 pp.101-105을 보라.

Index

인명 색인

Abrahams, I., 282
Allegro, J. M., 241, 255
Andrson, G. W., 82

Bacon, B. W., 65, 66, 67, 114
Barrett, C. K., 192, 193
Barth, K., 15, 43
Barton, D. M., 36
Beasley – Murray, G. R., 179 – 186, 204
Bentzen, A., 227
Bertram, G., 253
Betz, O., 241
Billerbeck, P., 18, 93, 244, 247, 272, 273
Black, M., 85, 135
Bonhoeffer, D., 43
Bornkamm, G., 150, 164, 166, 167, 171, 172, 177
Bowman, J. W., 145
Braumann, G., 238
Bultmann, R., 96, 121, 122, 142, 148, 149, 153 – 178, 191, 193, 203, 221, 259
Burkitt, F. C., 48, 49, 50, 66, 67, 219, 220

Cadous, C. J., 35, 107, 108, 114, 144

Campbell, J. Y., 85, 87, 139, 140
Charles, R. H., 91, 251
Clark, K. W., 87
Conzelmann, H., 122, 149, 164, 167, 171, 173
Craig, C. T., 89
Cranfield, C. E. B., 87, 132
Creed, J. M., 87, 270
Cross, F. M., jun., 113, 134, 254, 255
Cullmann, O., 114 – 120, 147 – 148, 179, 186 – 188, 202, 203
Curtis, A. H., 74

Dahl, N. A., 155
Dalman, G., 25 – 32, 76, 78, 80, 82, 131, 132, 225, 268
Danker, F. W., 239
Daube, D., 239
Davies, W. D., 89, 92, 93, 102
Dehn, G., 171
Dewick, E. C., 25, 54 – 58
Dobschütz, E. von, 48
Dodd, C. H., 45, 72, 75 – 105, 107, 108, 110, 118, 119, 126, 135, 156, 191, 196, 197, 199, 200, 203, 220
Duncan, G. S., 139 – 140, 196

Dunkerley, R., 67

Easton, B. S., 66, 68–70
Eissfeldt, O., 134
Emmett, C. W., 49, 51, 65

Filson, F. V., 77, 89
Flew, R. N., 87, 137, 143
Fiebig, P., 266, 272, 273, 274
Foakes Jackson, F. J., 140, 141, 142
Fuchs, E., 122, 150, 161–179, 190, 223, 257
Fuller, R. H., 85, 86, 96, 107, 108, 110, 118–119, 149, 164, 166, 168, 169, 171, 173, 174, 176, 179
Fullerton, K., 61

Gaster, T. H., 103
Ginzberg, L., 62, 240, 242, 251
Glasson, T. F., 88, 179, 118–194, 196, 200
Gore, C., 88
Grant, F. C., 205, 208, 211
Grass, H., 209
Grässer, E., 179, 200–203
Gray, G. B., 249, 251
Gray, J., 226
Grobel, K., 142
Guthrie, S. C., 150
Guy, H. A., 107, 108, 109, 115

Hall, C. A. M., 150
Harris, R., 149, 251

Headlam, A. C., 66
Heidegger, M., 158
Higgins, A. J. B., 180
Holtzmann, H. J., 37, 38
Hooke, S. H., 97, 141
Hopkins, C. W., 58
Hoskyns, E. C., 71
Hunter, A. M., 107, 108, 109, 115
Hutton, W. R., 85

James, M. R., 149, 251
Jeremias, J., 97, 98, 110, 111, 120, 134, 143, 150, 156, 169, 200, 202, 203, 255, 267, 272, 273, 281, 282
Jerome, 270
Joüon, P., 85
Jülicher, A., 39

Käsemann, E., 164–167, 171, 172
Kay, D. M., 24
Kilpatrick, G. D., 272
Kingdon, H. P., 71
Kittel, G., 71, 150
Klostermann, E., 40
Knox, J., 142, 206, 211–215
Körner, J., 158
Kraus, H. J., 226
Kuhn, K. G., 229, 264, 275
Kümmel, W. G., 40, 43, 45, 119–121, 156, 169, 201, 202, 203, 238, 239
Lagrange, M. J., 86

인명색인 ○ *291*

Lake, K.,	140–142	Nestle, E.,	180, 264
Leckie, J. H.,	52–56	Nineham, D. E.,	115, 132
Lee–Woolf, B.,	77		
Levertoff, P. P.,	26	Ogden, S. M.,	154
Lightfoot, R. H.,	115, 122, 145	Origen,	124, 269
Lohmeyer, E.,	86, 190, 206, 266	Otto, R.,	77, 78, 156, 238
Lowrie, W.,	34,		
		Paker, P.,	140
Macaulay, A. B.,	14	Peabody, F. G.,	48
Macdougall, L. C.,	66	Preisker, H.,	85
Mackintosh, H. R.,	13, 14		
Major, H. D.,	115	Rabin, C.,	102
Manson, T. W.,	122–137, 138,	Rad, G. von,	222, 227, 284,
	148, 149, 196, 197, 239		285, 286
Manson, William,	52, 55, 81, 89,	Rahlfs, A.,	185, 249
	113, 129, 130, 144–145, 147	Rauschenbusch, W.,	57–62, 65
Mansoor, M.,	241	Rawlinson, A. E. J.,	41
Marsh, J.,	224	Richardson, A.,	140
Martin, H. V.,	86	Ritschl, A.,	13–22, 30, 130
Marxsen, W.,	132	Robinson, J. A. T.,	122, 179,
Mathews, S.,	59–61		188, 196, 199, 200, 201
MacArthur, H. K.,	198	Robinson, J. M.,	148, 149, 164,
MaCown, C. C.,	205–208		170, 194, 197, 276
Merk, A.,	271	Rössler, D.,	145, 146, 147
Messel, N.,	95, 96	Rosenthal, E. I. J.,	129
Meyer, E.,	41	Rowley, H. H.,	134, 146
Milik, J. T.,	134, 251	Ryle, H. E.,	248–251
Milligan, G.,	244		
Minear, P. S.,	89	Sanday, W.,	45–47, 48
Moffatt, J.,	53, 54	Schlatter, A.,	50
Montgomery, W.,	29	Schleiermacher, F.,	11, 12, 13
Morgenthaler, R.,	181–182	Schmauch, W.,	86
Moulton, J. H.,	244	Schmidt, K. L.,	71
Mowinckel, S.,	133, 226, 257	Schnackenburg, R.,	121

Schniewind, J.,	100	Tischendorf, C.,	272
Schrenk, G.,	239	Tödt, H. E.,	148–152, 172, 260–262
Schweitzer, A.,	11, 20, 24, 25, 33–43, 45, 46, 47, 49, 50, 51, 53, 55, 56, 60, 66, 68, 96, 139, 158, 162, 175, 189, 206, 220	Vielhauer, P.,	171
		Viteau, J.,	251
		Volz, P.,	229, 230
Scott, E. F.,	52, 62, 63	Wiss, J.,	11, 13, 16–18, 19, 20, 21, 23, 31, 33, 34, 38, 41, 45, 55, 60, 66, 67, 71, 87, 96, 155, 158, 162, 175, 200. 219. 220
Scott, R. B. Y.,	198		
Sjöberg, E.,	133, 134		
Smith, G. B.,	58		
Smith, M.,	233		
Soden, H. F. von,	272		
Souter, A.,	272	Wellhausen, J.,	41
Stendahl, K.,	228, 267	Wilder, A. N.,	206, 215–218
Strack, H. L.,	94	Windisch, H.,	110, 256–258
Struss, D. F.,	12, 180	Woude, A. S. van der,	228, 252
Strawson, W.,	26	Wrede, W.,	33, 56, 145
Swete, H. B.,	87, 88, 186	Wright, C. E.,	126
Taylor, V.,	107, 108, 116, 137, 196, 197	Zimmerli, W.,	144

성구 색인

OLD TESTAMENT

Genesis

6:	50
8:22	223

Exodus

3:1	103
15:18	27, 225
20:12	183
21:16	183
24:16 – 18	103

Deuteronomy

4:1	256
6:4 f.	183
6:17 f.	256
16:20	256
18:15, 18	230
26:5 ff.	223
30:15, 19	285

Joshua

24:2 ff.	223

Samuel

6:	226
7:	226

Psalms

2:	226
15:	256
24:	256
24:7 – 10	226
31(32):6	84
37:	231
37:10	231
37:11	254
37:21 f.	255
47:	226
72:	226
78:65 – 72	226
87(88):4	84
89:4 – 5, 20 – 38	226
93	226
94:2	80, 136
95: – 100:	227
106(107):18	84
110:1	197, 198
132:	226
145:11 f.	27
145:11 ff.	225

Isaiah

1:2 – 4	285
14:13	95
24:21 – 23	225
25:6 – 8	255
26:2 f.	256
28:22	285
32:10, 12	136
33:13 ff.	256

33:22	225	7:13 f.	116
34:4	184	7:27	91, 116, 247
35:5 f.	100	10:21	247
40:10	19	12:1	183, 228
41:25	86	12:2	229
42:1	136	12:11 – 13	183
49:8	103		
50:8	80	**Joel**	
51:5	81	3:1 f.(2:28 ff.)	89
52:7	19		
52:7 – 10	225	**Obadiah**	
52:9 f.	19	1:4	95
53:	136, 141, 143, 146, 213	1:21	225
56:1	86		
58:13 f.	256	**Jonah**	
61:1 f.	100	3:6	84

Jeremiah

Micah

28(51):9	84	2:12 f.	225
31:33	285	4:1 – 7	225
49:16	95		
51:53	95	**Habakkuk**	
		1:14	100

Ezekiel

Zephaniah

37:1 – 6	285	3:14 – 20	225

Daniel

Zechariah

2:28	183	2:6	184, 185
4:8, 19	84	14:9, 16 – 21	19
7:	62		
7:2	246	**Malachi**	
7:11	229	3:1	260
7:13	136, 138, 140, 144, 147, 197, 198		

EXTRA – CANONICAL WRITINGS

Ecclesiasticus(Siracides)
28:2	271
51:6	84

Psalms of Solomon
1:5	95
3:11 ff.	231
5:16 ff.	250
5:18	233, 248
5:18 f.	249, 250
14:10	232, 256
17:	29, 30
17:3	225, 233, 250
17:3 f.	29, 30
17:13 ff., 20	234
17:21	229
17:21 ff.	234
17:21 – 46	30
17:22	230
17:30 f.	91
17:40 f.	100
17:46	30, 234

Apocalypse of Baruch (Syriac Baruch)
4:3	231
6:8	230
13:3	230
14:13	227, 232
15:8	227, 231
21:23, 25	230
25:1	230
25:1 – 29:2	247
29:3	230
31:5	231
39:7	230
44:9	231
44:13, 15	232
48:47	227
48:49	229
49:3	229
51:3	232
51:5	231
53: – 74	247
54:15, 21	230
55:6	227
56:5	246
63:6	246
66:7	230
69:2	246
70:7	246
72:2	229
72:6	230
73:7	230
74:	247
76:2	229
85:14 f.	231

Assumption of Moses
1:18	228, 230
4:5	246
10:	30, 95
10:1	29, 233, 235

10:1 ff.	17	37:4	232
10:1 – 2	95	38:1f.	93
10:2	229	39:3 ff.	93
10:3	234, 246	39:3 – 5	93, 95
10:3 – 6	95	39:4	90
10:4 ff.	231	39:11	246
10:7 f.	235	40:9	232
10:7 – 10	95	45:3 f.	227
12:5	246	45:4 f.	229
		45:5 f.	93

Books of Adam and Eve
(Vita Adae et Evae)

		48:5	220
		51:5	229
29:7	94	53:2	93
		54:6	228
		58:6	247

Book of Jubilees

		61:9 – 12	229
1:29	231	62:14	94, 255
10:17	230	63:1 f f.	229
19:25	231	69:27 f.	93
23:18	231	71:	95, 96
23:23 ff.	246	71:15	93, 94, 228
24:28	227	71:16	94
		72:1	230

I Enoch(Enoch, Ethiopic Enoch)

		80:2 – 8	231
		85: – 90	100
1:6 f.	231	85:3	246
5:6	100	89:20, 59	246
5:7	232	89:20, 29	246
10:7	231	91: f.	231
10:21	230	91:12 – 17	247
19:1	228	91:13 f.	229
22:	231	91:16	230
22;11	227	92:2	246
27:3	229	93:1 – 14	247
37: – 71:	93, 133		

94: ff.	230	7:95	229
99:4 ff.	247	7:96	229
102:3	229	7:98	229, 247
103:2	247	8:1	227
104:1	229	8:51	229
105:1 – 2	94	9:31	229
106:19 – 107:1	247	11: f.	229
		12:32	228
Noah Fragment		13:6	228
108:1	229	14:9	228
		14:11 f.	246
		14:14, 49	228
Slavic Enoch			
18:6	227	**Sibylline Oracles**	
33:	228	3:46 f.	233, 234
50:2	229	3:47 ff.	28, 29
64:5	228	3:49	228
65:6 f.	229	3:80 – 90	229
65:8	227	3:652	228
66:6	229	3:652 – 795	249
		3:710 ff.	228
II (4)Ezra		3:761 – 71	249
3:14	228	3:767	29, 233, 248, 249
4:27	227	3:767 ff.	29
4:51 – 5, 13	247	3:769 – 71	29
6:16	229	3:772 f.	29
6:26, 34	228	4:40ff.	228
7:13	227	4:173 ff.	229
7:14	256	4:181 f.	230
7:28 ff.	228	5:108	229
7:32	229	5:212	230
7:38	227	5:414 f.	230
7:42	228	5:477 – 82	231
7:47	228	5:528 ff.	231

Testaments of the XII Patriarchs		9:8	94
Levi		**Dan**	
4:1	230	5:13	94
5:4	247	**Naph.**	
18:	229	8:1	230
18:2	246	8:3	94
Jud.		**Benj.**	
25:	230	4:1	231
Zeb.		10: f.	231

QUMRAN TEXTS

CD		4:22	241
3:12 – 21	287	5:16 – 18	254
3:19 f.	229	8:16 – 20	230
3:20	229	11:13 f.,	230
4:4	228	15:17	228
6:11	228	17:13, 15	230
7:5	103	18:29 f.	230
10:6	103		
12:23	104	**1QM**	
12:23 f.	228	1:9	231
14:19	104	1:12	240, 276
		6:6	233, 235
1QH		11:9, 13	254
2:21	241	11:15 – 18	92
2:32	254	12:	92
3:12 – 18	229	12:7	233, 235, 236
3:19 – 23	252	12:11 ff.	231, 233
3:25	254	15:6	228
3:25 – 36	229		
3:29	229	**1QS**	
4:21	231	1:17 ff.	275

		1QpHab	
1:18b – 2:18	286	2:5	229
2:15 ff.	231	2:6	241
2:19	286	7:2	228
3:1	103	7:7, 12	230
3:22 – 25	275	9:6	230
4:6 – 8, 12 ff.	231	10:4 – 11:2	100
4:16, 17	229	12:3, 6, 10	254
4:16 – 19	275		
4:18	228	**1Q21**	
4:20, 25	230	1:2	252
5:13	230		
8:1 ff.	135	**1Q34** ii	
8:3 f., 5 – 8	135	2:5 – 8	103, 286
9:11	229		
11:8	230, 232	**4QFlor**	
		1:1 – 7	113, 252
1QSa		1:3 – 7	231
1:1	104, 229		
1:5, 11	104	**4QpPs37**	
		1:8 f.	112, 232, 253
1QSb		2:10	254, 255
3:4	229	2:10 f.	112, 255
3:5	233, 248, 251	2:12	241
4:25 f.	248, 252	3:4	241
4:25 – 27	230	4:5	241
4:26	233		

NEW TESTAMENT

Matthew		5:17 ff.	102
4:17	21, 87	5:20	256
5:3 – 12	112, 116, 169, 253 – 255	5:25 f.	109
5:14	282	5:32 f.	282
5:17	199	5:38 f., 44 f.	282

6:	272	12:31 f.	141
6:10	279	12:32	145, 227
6:12b	272	12:33	262
6:14	272, 273	12:41 f.	100
6:15	282	13:16	53
6:22 f.	112	13:24 – 30	262
7:3 – 5, 16 – 20	263	13:44 – 46	80, 98, 109
7:21	109, 256	13:47 f.	262
8:11	80, 89, 109, 115, 116, 255, 262	15:14	262
8:20	145	16:2 f	109
9:36 – 38	99	16:25	169
10:	36 – 39, 40	16:27	193
10: – 11:	36, 38	16:28	89, 189
10:6	99	18:3	170
10:7	21, 237, 279	18:4	113, 254, 262
10:23	36, 39, 113, 115, 189, 202	18:35	282
10:26	113, 254, 262	19:3 – 19	102
10:32	189	19:28	193
10:34 f.	199	19:29	209
11:2 ff.	53	19:30	112, 254
11:2 – 6	100	21:31	256
11:4 – 6	79	21:31b	170
11:5	151, 157	21:43	256
11:12	77, 79, 118, 167, 211, 259	22:1 – 10	109
11:12 f.	53, 236 – 242	22:2 – 14	109
11:16 f.	112	23:12	113, 255
11:19	145, 199	23:26	244
12:25 – 28	35	23:34 –	199
12:25 – 29	17	23:37	263
12:28	21, 22, 53, 60, 76, 78, 101, 118, 119, 121, 192, 236, 237, 240, 269, 276, 278, 279	23:37 – 39	189
		24:8	228
		24:27	150, 261
		24:28	112
12:29	237, 241	24:30	138

성구색인 ○ *301*

24:37	143, 261	4:		36, 109
24:37 – 39	112	4:12		182
24:39	150, 261	4:21		99
24:42 – 44	199	4:29, 32		182
24:44	150, 261	6:		36
24:45 – 51	199, 201, 263	6:6 ff.		36, 40
25:1 – 13	109, 157, 198, 201	6:30 f.		36
25:14 – 30	109, 199, 201, 263	6:34		182
25:31 – 46	189, 193	7:10		182
25:32	99	7:31 – 8:26		41
26:45	85	7:31 – 9:30		40
26:64	196	8:18		183
28:16 – 20	210	8:31		140, 141, 145, 196
		8:34 – 9:30		40
		8:38		115, 140, 141, 150,
Mark				155, 189, 193
1;1	279	9:1		79, 83, 87, 88, 89,
1:15	21, 60, 78, 83,			108, 115, 117, 187, 189,
	85, 86, 87, 108, 116, 117,			191, 193, 202, 203, 262
	124, 157, 175	9:2 – 8		89, 117
2:1 – 12	192	9:9 f.		141
2:5	138, 141	9:12		141, 182
2:12	100	9:12b		214
2:17	80, 199	9:31		144, 196
2:18 – 19	80	9:32		141
2:18 – 22	99	9:47		109, 124, 256
2:19	256	9:50		263
2:19 f.	265	10:2 – 10		102
2:26	182	10:2 – 12		282
2:28	141	10:4, 7, 8		282
3:22	192	10:14 f.		256
3:27	101, 156, 157, 237, 240, 259	10:15		109, 267
3:28	141	10:23		170, 187
3:29	227	10:23 – 25		109, 256

10:25	170	14:38	276
10:30	227	14:58	113, 116, 263
10:31	254, 262	14:62	128, 138, 140, 141,
10:32 – 40	143		145, 187, 188, 196, 197, 198, 214
10:33 f.	196	15:29	113, 116, 263
10:45	199	16:9 – 20	181
11:12 – 14	263		
11:25	272, 273	**Luke**	
12:1	182	2:1 – 20	182
12:1 – 9	110, 157	4:16 – 21	100
12:1 – 12	199	6:20 f.	156
12:19, 26, 29 – 31, 36	182	6:20 – 23	253, 255, 262, 265
13:	180, 182, 183, 184, 202	6:20 – 26	112, 116
13:1 – 37	116	6:21	254, 255, 263
13:4	115	6:39	263
13:5 – 27	180, 181, 182, 185	7:18 ff.	53
13:7	183	7:18 – 23	100
13:8	228	7:31 f.	112
13:13 f., 19	183	8:1	279
13:21	243	9:2	279
13:25	183	9:27	89
13:26	138, 140, 141	9:62	170
13:27	184, 185	10:1 f.	99
13:28	98, 157	10:9	21, 84
13:28 – 29	109	10:9 – 11	79, 236, 237
13:28 – 37	180, 181	10:11	21
13:30	187, 202	10:15	95
13:32	117, 189, 201, 265	10:17 f.	118, 119
13:32 – 37	199, 201, 263	10:18	101, 119, 121, 156, 259
14:8	143	10:23	53
14:25	80, 89, 108, 115, 117, 255, 263	10:23 f.	79, 100, 121
		11:2	124
14:27	99	11:5 – 8	112
14:28	210	11:20	21, 22, 53, 76, 78,

성구색인 ○ *303*

	84, 101, 117, 236, 237	17:20	77
11:30	150, 157, 261	17:20 f.	156, 236, 242, 247, 260
11:31 f.	79, 100, 155	17:20–22	60
11:34–36	112	17:21	53, 156
11:49–51	199	17:22–30	113, 263
12:3 ff.	261	17:22–37	189, 248
12:8	171	17:23 f.	156
12:8 f.	150, 189, 192	17:26	17
12:16–20	109, 263	17:26–29	112
12:32	99	17:30	150, 261
12:33	85	18:2–8	112
12:35	01	18:7 f.	189, 202
12:35–38	99	18:14	113, 255
12:35–46	263	18:30	227
12:36–38	199	18:35, 40	85
12:39 f., 41–46, 49	199	19:10	199
12:49–53	113, 263	19:12–27	111, 199
12:50	196	19:41	85
12:52 f.	199	19:41–44	199
12:54–56	109, 112	21:8	85
12:58 f.	109	21:20	85
13:6–9	263	21:31	21
13:22–30	113, 263	21:34	263
13:28	255, 262	21:34–36	248
13:30	254	22:16	115, 255, 263
13:34	243, 196	22:28 f.	115
13:34–35a	199	22:29 f.	109
14:11	113, 255	22:47	85
14:15–24	109	22:69	196
14:16–24	109, 110	23:29–31	263
14:28–33	80, 98	24:15, 28	85
15:1	85	**John**	
15:3–7	99		
16:16	53, 79, 236, 238, 239	3:15	279

7:53 – 8:11	181	6:16	190

Acts of the Apostles

8:12	279	2:6 ff.	238
11:17 f.	280		
20:21	280		

Philippians

Ephesians

21:33	85	1:9 f.	279
23:15	85		

Romans

Hebrews

8:15	267	7:19	85
10:14	280		

I Corinthians

James

16:22	268	4:8	85

Galatianns

Revelation

4:4	279	3:10	276
4:6	267	21:1 – 4, 10 – 21	91, 92

NEW TESTAMENT APOCRYPHA

Coptic Gospel of Thomas

		69b	253

Oxyrhynchus Pap.

Logion 3	244		
54	253	654:3	244

◀ Norman Perrin ▶

- 맨체스터 대학과 런던 대학에서 수학
- 괴팅겐 대학에서 예레미아스 교수의 지도로 신학박사(신약학)
- 대표작
  · The Kingdom of God in the Teaching of Jesus(1964)
  · The New Testament : An Introduction(1974)
  · Rediscovering The Teaching of Jesus(1976)

◀ 이 훈 영 ▶

- 서울대 서양사학과 졸업
- 장로회신학대학원 졸업
- 동 대학원 졸업(역사신학)

◀ 조 호 연 ▶

- 서울대 서양사학과 졸업
- 동 대학원 졸업(서양중세사)
- 현, 러시아 공화국 뻬쩨르부르크 대학에 유학중

예수의 가르침 속에 나타난 하나님의 나라

1992년 2월 21일 초판 발행
2002년 9월 5일 4쇄 발행

저 자 / 노 먼 페 린
역 자 / 이 훈 영, 조 호 연
펴낸이 / 박 영 호
펴낸곳 / 도서출판 솔로몬

등록번호 / 제16-24호
출판등록 / 1990. 7. 31
주 소 / 서울 동작구 사당3동 207-3 신주빌딩 1층
전화번호 / 599-1482 팩시밀리 592-2104

ISBN 89-8255-219-7

잘못된 책은 바꿔 드립니다

값 9,000원